Birgit Frohn
Kursbuch Apfelessig

Birgit Frohn

Kursbuch Apfelessig

Inhalt

Vorwort 8
Apfelessig mit Acerola 9

Der Sauer-Stoff für Gesundheit und Wohlbefinden 10

Warum Apfelessig so wertvoll ist 11
Die Renaissance des Apfelessigs 11
Die besonderen Eigenschaften 13
Essigsäure für den Stoffwechsel 14
Das Wirkungsspektrum 16

Die Vitalstoffe des Apfelessigs 24
Die Stoffe des Lebens: Vitamine und Co. 24
Kleine Menge, große Wirkung: Mineralstoffe und Spurenelemente 29
Äpfel, der gesunde Rohstoff 34

Eine essigsaure Kulturgeschichte 38
Seit Jahrtausenden bewährt 39
Essig im alten Rom 42
Die wirtschaftliche Bedeutung 44
Essig in Fernost 45

Die saure Arznei – Essig als Heilmittel 47
Das älteste Desinfektionsmittel 48
Ein unentbehrliches Hilfsmittel 50

Wie Essig entsteht 52
Das Rätsel der Essiggärung 52
Pasteurs »Essigpilze« 52
Die Arbeit der Acetobacter 54
Die Seele des Essigs … 55
… und seine Mutter 56

Essigherstellung zwischen Tradition und Moderne 57
Die Orléans-Methode 57
Essigbildner-Verfahren 59
Submers-Verfahren 61
Die Rohstoffe entscheiden 61

Kleine Essigkunde 63
Die wichtigsten Essigsorten 63
Apfelessig in Eigenproduktion herstellen 68

Der Apfel ist das einzige Ausgangsprodukt für die Apfelessigherstellung. Er sollte aus kontrolliert ökologischem Anbau stammen.

Inhalt

Beim Anbau von Kräuteressig sind der Fantasie keine Grenzen gesetzt.

Der Sauertrunk als wirksame Medizin — 72

Altbewährtes und Neuentdecktes aus der Essigapotheke — 72
Das Rezept für Gesundheit und Wohlbefinden — 74

Von Bädern bis Waschungen: Anwendungen mit Apfelessig — 78
Bäder — 78
Brustwickel — 81
Essigstrumpf — 82
Gurgeln — 82
Inhalation — 83
Wadenwickel — 85
Waschungen — 86

Heilkräftiges Duett: Apfelessig und Kräuter — 87
Herstellung von Heilessig — 87
Haltbarkeit von Heilessig — 88
Die wirksamsten Essigkreationen — 90

Apfelessig bei Atemwegserkrankungen — 94
Erkältungen (grippale Infekte) — 94
Fieber — 96
Halsschmerzen — 98
Heuschnupfen — 100
Husten und Bronchitis — 101

Apfelessig bei Kreislaufbeschwerden — 103
Erhöhter LDL-Cholesterin-Gehalt im Blut — 103
Kreislaufstörungen — 104

Verdauungsbeschwerden — 105
Appetitlosigkeit — 106

Ein Vollbad mit Apfelessig pflegt die Haut tiefgreifend und wirkt wundervoll entspannend.

Inhalt

Aufstoßen	106
Blähungen	106
Durchfall	107
Magen-Darm-Beschwerden	108
Sodbrennen	110
Verstopfung	110

Nerven und Psyche — 111

Erschöpfungszustände	111
Kopfschmerzen	112
Schlafstörungen	113

Hauterkrankungen — 115

Akne	115
Ekzeme	117
Fußpilz	118
Warzen	119

Beschwerden des Bewegungsapparates — 120

Arthritis	121
Muskelkater und –krämpfe	121

Bei Schwangerschaft mobilisiert Apfelessig die Verdauung und stillt die Lust auf Saures.

Frauenleiden — 122

Blasenentzündung	122
Starke Menstruation	124
Scheidenentzündung	125
Schwangerschaftsbeschwerden	126

Kleine Verletzungen — 128

Leichte Verbrennungen	128
Prellungen und Verstauchungen	128
Wunden	130

Notabene: »Saure« Hausmittel von A bis Z — 132

Apfelessig für die Schönheit — 134

Natürlich gepflegt von Kopf bis Fuß — 134

Elixier für Haut und Haare	135
Die Haut – Spiegel der Seele	137
Saures für die Schönheit	139
Die Schönmacher im Apfelessig	141

Gesichtspflege mit Apfelessig — 143

Die verschiedenen Hauttypen	143
Masken und Packungen	146
Das saure Schönheitsgeheimnis	148

Rundum »sauergepflegt« — 158

Massagen	158
Essigbäder	158
Das saure Haartonikum	161

Inhalt

Apfelessigbäder beugen Fußpilz vor und entspannen müde Beine.

Zahnpflege	165
Hände und Füße	166

Kuren mit Apfelessig 168

Der vielseitige Fitmacher 168
Entschlacken und entgiften	169
Lassen Sie die Pfunde purzeln	170

Fahrplan zur »essigschlanken« Figur 177
Die Rezepte	179

Darmreinigung mit Apfelessig 189
Die Darmflora – ein kompliziertes Ökosystem	189
Saure Hilfe für den Darm	192
Was eine Darmreinigung bewirkt	193
Wie Sie sich auf eine Kur vorbereiten	197
Der Weg zum gesunden Darm	203
Entlastungstag	203
Erster Kurtag	204
Zweiter Kurtag	205
Dritter bis fünfter Kurtag	206
Aufbautage	207
Zur Abrundung des Kurprogrammes	208

Apfelessig in Küche und Haushalt 212

Saures für anspruchsvolle Gaumen 212
Von blumig bis würzig: Kräuter- und Gewürzessige	214
Kulinarisches rund um Apfelessig	222
Einmachen mit Apfelessig	234
Essigsaure Drinks	237

»Fleißiges Lieschen« Apfelessig 239
Saure Küchentricks	240
Haushaltstipps	242
Apfelessig in der Tierpflege	249

Bezugsadressen/Empfehlungen	251
Über dieses Buch	252
Register	253

Apfelessig im Spülwasser kann den Griff zum Weichspüler ersparen.

Vorwort

Schon im Altertum bediente sich die Heilkunst neben heilkräftigen Pflanzen auch bestimmter Nahrungsmittel zur Erhaltung und Wiederherstellung der Gesundheit – eine der bedeutsamsten Medizinen aus der Küche ist der Essig. Bereits Hippokrates (460–380/70 v. Chr.), bekannt als Begründer der empirischen Medizin, verordnete Essig bei zahllosen Beschwerden. Neben dem Medizinervater aus Kos schätzten auch viele andere Heilkundige die essigsauren Kräfte. Selbst das einfache Volk wusste um das immense Potenzial des sauren Trunkes: Man denke beispielsweise an den guten alten Essigwickel oder die Essigsocken zur Fiebersenkung.

Schon Hippokrates, der berühmte Begründer der empirischen Medizin, verwendete Essig bei der Behandlung zahlloser Beschwerden.

Große Wertschätzung unter allen Essigsorten wurde stets dem aus Apfelmost gewonnenen zuteil. Mit gutem Grund, denn Apfelessig wirkt gewissermaßen zweifach. Zum einen, weil er alle gesundheitsfördernden Effekte des Essigs entfaltet, zum anderen, weil er (fast) alle Apfelwirkstoffe besitzt. So enthält er verschiedene Vitamine, an die zwanzig Mineralstoffe und Spurenelemente, Essig-, Zitronen- und Propionsäure, zahlreiche Enzyme und Aminosäuren sowie Ballaststoffe. Solcherart »ausgerüstet« regt Apfelessig den Stoffwechsel an, entschlackt und entwässert, wirkt antibakteriell, stimuliert das Abwehrsystem, reguliert und saniert die Darmflora – um nur einiges aus der heilkräftigen Palette des fruchtig-sauren Getränks zu nennen, aufgrund derer es bis heute nicht nur zum Kochen und Haltbarmachen und zum Abtöten schädlicher Mikroorganismen, sondern auch erfolgreich zur Vorbeugung und zur Behandlung zahlreicher Beschwerden sowie zur Pflege von Haut und Haaren eingesetzt wird. Auch der kurmäßige Gebrauch von Apfelessig, sei es zur Reinigung des Darms und zur Sanierung einer gestörten Darmflora oder zur Entschlackung und Entgiftung des Körpers, stand stets hoch im Kurs.

Was Apfelessig so wertvoll für die Gesundheit macht und wie Sie seine Wirkstoffe anwenden können, möchte dieses Buch vermitteln.

Apfelessig mit Acerola

Damit Sie die graue Theorie auch gleich in die Praxis umsetzen und auf den sauren Geschmack kommen können, liegt diesem Buch ein Fläschchen höchstwertigen naturtrüben Apfelessigs bei. Dieser Essig wurde aus dem Saft sonnengereifter, biologisch angebauter Äpfel natürlich vergoren und besitzt einen Säureanteil von fünf Prozent. Er ist nicht filtriert oder geschwefelt und enthält keine Konservierungs- oder andere Zusatzstoffe – außer, und das ist sein Geheimnis: den reinen Press-Saft der Acerola-Kirsche. Der Acerola-Saft wurde ebenfalls ohne Verwendung von Konservierungs- und anderen Zusatzstoffen sehr schonend hergestellt, um seine wertvollen Inhaltsstoffe – allen voran das Vitamin C – zu bewahren. Denn die glänzendroten Früchte des Acerola-Baumes (Malpighia punicifolia L.) schlagen hinsichtlich ihres Vitamin-C-Gehaltes alle Obst- und Gemüsearten um Längen: so liefern sie über dreißigmal soviel des omnipotenten Vitamins wie die landläufig als Vitamin-C-Bomben bekannten Zitrusfrüchte Zitronen und Orangen.

Apfelessig mit Acerola-Saft liefert eine geballte Ladung an Vitamin C – welche enorme Bedeutung dies für die Gesundheit hat, zeigen die Forschungen der letzten Jahrzehnte: Vitamin C wirkt immunstimulierend und als Antioxidans, das die Zellen des Körpers vor den schädlichen Einflüssen freier Radikalen schützt – aggressive Sauerstoffverbindungen, die mit vielen Erkrankungen wie vorzeitigen Alterungserscheinungen, Herz-Kreislauf-Krankheiten sowie Krebserkrankungen assoziiert werden. Vitamin C blockiert die Bildung krebsauslösender Stoffe, vor allem von Nitrosaminen. Darüber hinaus hemmt Vitamin C Viren und senkt den Gehalt an schädlichem LDL-Cholesterin im Blut.

Fazit: Durch Apfelessig mit Acerola-Saft stärken Sie Ihre Gesundheit gleich doppelt. Dass das auch gut schmeckt, davon können Sie sich umgehend selbst überzeugen. Der Vitamin-C-trächtige Spezialessig ist seit Anfang diesen Jahres in Reformhäusern erhältlich (Hersteller Henselwerk GmbH Magstadt).

Die Kombination mit Acerola-Saft erhöht den natürlichen Vitamin-C-Gehalt von Apfelessig beträchtlich, denn in hundert Milliliter des frischen Presssaftes stecken 800 Milligramm reinste Ascorbinsäure, Vitamin C.

Der Sauer-Stoff für Gesundheit und Wohlbefinden

Auch der römische Arzt Claudius Galen wusste um die Heilkräfte des Essigs.

Schon Hippokrates (460–380/70 v. Chr.), der »Vater« der empirischen Medizin, verordnete Essig bei zahllosen Beschwerden – ob pur oder mit anderen heilsamen Zutaten versetzt. Der berühmte Arzt der Antike war sich der zahlreichen heilkräftigen Wirkungen der »Essigapotheke« bewusst. So findet sich im »Corpus hippokraticum«, in dem seine Lehren für die Nachwelt festgehalten wurden, eine Vielzahl essigsaurer Rezepturen gegen so fast alles, was das Wohlbefinden beeinträchtigen kann: von Atemwegserkrankungen bis hin zu Verdauungsproblemen. Sein Ausspruch »Lasst Nahrungsmittel eure Heilmittel und Heilmittel eure Nahrungsmittel sein.« galt besonders für Essig. Den regelmäßigen innerlichen wie äußerlichen Gebrauch empfahl er seinen Zeitgenossen zur, heute würden wir sagen, Gesundheitsprophylaxe. Die Bedeutung von Essig für die Erhaltung und Wiederherstellung von Gesundheit und Wohlbefinden war demnach bereits in der Antike bekannt.

»Gesundheit erflehen die Menschen von den Göttern. Dass es aber in ihrer Hand liegt, diese zu bewahren, daran denken sie nicht. Ihre Unmäßigkeit macht sie selber zu Verrätern an ihrer eigenen Gesundheit.«
Demokrit, griechischer Philosoph (470–380 v. Chr.)

Neben dem Medizinervater aus Kos schätzten viele andere Heilkundige die essigsauren Kräfte, beispielsweise Hildegard von Bingen oder Paracelsus.

Doch nicht nur die »Medizingelehrten«, auch das einfache Volk wusste um die gesundheitsfördernden Wirkungen des Essigs: Unsere Volksmedizin bietet eine reichhaltige Palette an Hausmitteln mit Essig, man denke nur an den guten alten Essigwickel oder die Essigsocken zur Fiebersenkung. Essig war fester Bestandteil der Hausapotheke und kam bei unterschiedlichsten Beschwerden, Krankheiten und Wehwehchen zum Einsatz.

Warum Apfelessig so wertvoll ist

Unter allen Essigsorten schätze man dabei vor allem den aus Apfelmost gewonnenen als besonders potenten Sauer-Stoff für die Gesundheit. Denn Apfelessig ist eine wahre Vitamin- und Mineralstoffbombe, ganz abgesehen von den wertvollen Effekten der Essigsäure und anderer organischer Säuren sowie der Ballaststoffe.

Nachdem der in zahlreichen alten Heilbüchern und -rezepten genannte Apfelessig für längere Zeit von der Bühne der natürlichen Heilmittel abgetreten war, feiert das prickelnd-saure Elixier heute ein glanzvolles Come-back – sowohl unter Feinschmeckern und Vollwert-Gourmets als auch bei Anhängern der Naturapotheke. Sicher lässt sich die Wiederentdeckung auf das steigende Gesundheitsbewusstsein und das Interesse der breiten Öffentlichkeit an naturnahen Heilmethoden zurückführen. Doch viel mehr noch verdankt der essigsaure Apfelmost seine neue Popularität seinen universellen Einsatzmöglichkeiten. Denn beim Kochen, Heilen oder Pflegen entfaltet er seine umfassende Wirkung auf unsere Gesundheit, unsere Schönheit und damit auf unser Wohlbefinden.

Nicht zuletzt trägt der Umstand, dass Apfelessig ein naturreines, biologisch hergestelltes Produkt ist, zu seiner stetig wachsenden Beliebtheit bei. Die einfache Anwendung des kostengünstigen Essigs, der daneben noch gut schmeckt, tut ihr Übriges.

Großmutters guter alter Apfelessig findet heute wieder großen Anklang: So stieg der bundesweite Verbrauch des fruchtigen Sauertrunks 1997 im Vergleich zum Vorjahr um beachtliche 73 Prozent an.

Die Renaissance des Apfelessigs

Es gibt viele Gründe, Apfelessig wieder aus der Schatztruhe der Naturapotheke hervorzuholen und damit altbewährtes Heilwissen in neuem Licht zu sehen. Dabei stellt sich nun die Frage, warum gerade ihm unter allen Essigsorten der Vorzug zu geben ist, wenn es um die Erhaltung oder Wiederherstellung von Gesundheit und Wohlbefinden sowie die Pflege von Haut und Haaren geht. Denn unbestritten haben auch andere seiner »Kollegen« gesundheitsfördernde Effekte, zum Beispiel Molke- oder Weinessig (Kombiprodukte der Firma Hensel aus dem Reformhaus).

Aber nur Apfelessig bietet eine so reichhaltige Auswahl lebenswichtiger Wirkstoffe, denn die Inhaltsstoffe des Ausgangsproduktes, des Apfels, bleiben fast alle erhalten – und zwar in konzentrierter Form. Hieraus ergibt sich ein Essig, der zusätzlich zu seinen eigenen wirksamen Substanzen und der medizinisch wertvollen Essigsäure die nahezu vollständige Palette der Apfelwirkstoffe aufweist. So enthält er verschiedene Vitamine, an die 20 Mineralstoffe und Spurenelemente, Essig-, Zitronen- und Propionsäure, zahlreiche Enzyme und Aminosäuren sowie Ballaststoffe. Diese wertvollen Inhaltsstoffe aktivieren den Stoffwechsel und unterstützen zahlreiche seiner Funktionen. Sie halten die Verdauung auf Trab und den Säure-Basen-Haushalt im Lot, fördern die Entschlackung und Entgiftung des Körpers und helfen unter anderem noch dabei, überflüssige Pfunde zu verlieren. Kein Wunder, dass Apfelessig in den letzten Jahren zum sauren Lieblingsstoff der Gesundheitsbewussten avanciert ist.

Apfelessig ist also in zweifacher Hinsicht besonders wertvoll: zum einen, weil er alle gesundheitsfördernden Effekte des Essigs entfaltet, zum anderen, weil er (fast) alle Apfelwirkstoffe besitzt.

■ Wirkungsvoll, aber kein Allheilmittel

Bei allen wohltuenden Effekten, wertvollen Inhaltsstoffen und Berichten über Heilerfolge mit dem sauren Apfelgebräu – eine »Wunderdroge« ist es nicht und auch kein Medikament im eigentlichen Sinn; schon gar nicht gegen schwere und ernsthafte Erkrankungen.

Apfelessig ist vielmehr ein äußerst wirksames und dabei vollkommen natürliches Mittel zur Vorbeugung sowie zur Behandlung einfacher Alltagsbeschwerden. Denn obwohl es bis jetzt keine kontrollierten klinischen Studien über die Heilkräfte des Apfelessigs gibt, lässt sich seine umfassende Wirksamkeit – sogar mit den gestrengen Augen der Wissenschaft betrachtet – nicht von der Hand weisen. Nicht wenige der positiven Effekte des Sauertrunks sind mittlerweile eingehend untersucht und heute wissenschaftlich anerkannt. So mancher Mediziner, auch von der streng konventionellen, schulmedizinischen Seite, greift gerne ab und an darauf zurück, um seine Patienten bei einfachen Beschwerden natürlich und nebenwirkungsfrei zu behandeln.

Neuesten medizinischen Erkenntnissen zufolge ist Apfelessig den aus anderen Grundstoffen gewonnenen Essigen in ihrer gesundheitlichen Bedeutung überlegen.

Apfelessig – eine »Wunderdroge«?

■ Auf die Mischung kommt es an

Die umfassend gesundheitsfördernde Wirkung des Apfelessigs beruht jedoch nicht auf einzeln für sich agierenden Komponenten, sondern, wie bei vielen anderen Nahrungs- und Heilmitteln, auf dem wechselseitigen Zusammenspiel aller Inhaltsstoffe. Erst aufgrund deren fein aufeinander abgestimmten Kombination entfalten sich die vielen wertvollen Effekte des sauren Getränks auf unseren Organismus.

Die besonderen Eigenschaften

Apfelessig besitzt ein ungeheuer breites Spektrum an Wirkungen auf den Körper. Dass der saure Gesundheitsbrunnen Wohlbefinden und Vitalität steigert sowie bei vielen Beschwerden heilend und lindernd wirkt, wusste man schon vor Tausenden von Jahren. Im essigsauren Dunkel verborgen waren jedoch die Gründe für die vielfältigen gesundheitsfördernden Effekte. Dies brachte erst das Forschungstreiben Ende des letzten Jahrhunderts ans Licht. Man fand heraus, dass sich das immense Potenzial des sauren Saftes hauptsächlich auf drei Eigenschaften zurückführen lässt:

➤ Apfelessig wirkt stark keimtötend und desinfizierend; damit entfaltet er gute Heilwirkungen bei allen Krankheiten, die durch Bakterien, Viren oder Pilze verursacht sind.

➤ Apfelessig kurbelt die Vorgänge im Stoffwechselgeschehen an und hat damit auch einen fördernden Einfluss auf das Verdauungsgeschehen, von dem vor allem Magen und Darm sehr profitieren – übrigens auch der Kreislauf: Denn die Fließeigenschaften des Blutes werden verbessert, und die Blutzirkulation wird angeregt. Zudem

Die gesundheitsfördernden Eigenschaften der Apfelwirkstoffe im Verbund mit jenen der Essigsäure sind es, die aus Apfelessig einen solchen Gesundbrunnen machen und ihm zu dem guten Ruf verholfen haben, ein bewährtes Hausmittel gegen vielerlei Beschwerden zu sein.

Naturreiner Apfelessig – nur wenige Naturprodukte bieten derartig viele Vorzüge.

Der Sauer-Stoff für Gesundheit und Wohlbefinden

Die fruchtigsaure Essenz dient nicht nur der Pflege der Gesundheit, sondern auch der des Körpers – ob als tägliches Einreibemittel für die Haut, als Spülung für die Haare oder als hautpflegender Badezusatz.

Saures hebt die Stimmung

Eine alte Volksweisheit besagt, dass sauer lustig macht. Einige Wissenschaftler haben sich mit der Frage beschäftigt, ob dies den Tatsachen entspricht. Dabei haben sie Folgendes herausgefunden: Saure, besonders essigsaure Speisen, kurbeln den Stoffwechsel an und haben eine vitalisierende Wirkung auf den Körper. Der angeregte Stoffwechsel stimuliert auch das Gemüt und wirkt aufhellend auf die Stimmung. Man fühlt sich angenehm angeregt, wird gelassener und heiterer.
Diesen Effekt erleben Sie beispielsweise, wenn Sie den Apfelessigtrunk (Zubereitung siehe Seite 75) zu sich nehmen oder aber eine Scheibe frische Zitrone auslutschen.

sorgt Apfelessig dafür, dass Schlacken- und Giftstoffe leichter aus dem Organismus entfernt werden können.
▶ Apfelessig enthält eine Vielzahl wertvoller Vitamine und Mineralstoffe. Auf diese Weise lassen sich durch seinen regelmäßigen Genuss zum einen Mangelerscheinungen an bestimmten dieser Vitalstoffe vorbeugen und zum anderen die Abwehr- und Heilungskräfte des Körpers stärken.

Essigsäure für den Stoffwechsel

Der wichtigste Bestandteil, die Essigsäure, ist verantwortlich für den typisch sauren Geschmack und verleiht dem Essig seine konservierende und keimtötende Eigenschaft. Der deutsch-amerikanische Biochemiker Hans Adolf Krebs wies nach, dass die meisten Lebewesen und auch wir Menschen in ihrem Organismus ständig Essigsäure produzieren, die zur Aufrechterhaltung der Stoffwechselvorgänge benötigt wird. Denn bei fast allen Vorgängen im Körper entsteht als Zwischenprodukt immer wieder Essigsäure. Für diese Erkenntnis wurde der Wissenschaftler 1953 mit dem Nobelpreis für Medizin belohnt. Die milde organische Säure spielt zudem eine tragende Rolle bei der Umsetzung von Eiweißstoffen sowie beim Abbau von Fetten und Kohlenhydraten.

Essigsäure – Katalysator für die Körperfunktionen

Der von den Essigsäurebakterien so fleißig im Zuge der Gärung produzierte Sauer-Stoff entfaltet nun eine ganze Reihe erfreulicher Wirkungen.

■ Hilfe für die Verdauung

Essigsäure gibt dem Stoffwechselgeschehen einen regelrechten Kick – dies beginnt bereits im Mund: Sobald man beispielsweise eine Essiggurke, Apfelessig oder andere essigsäurehaltige Speisen zu sich nimmt, wird die Sekretion von Speichel angeregt – es läuft ihnen buchstäblich das Wasser im Mund zusammen. Durch die vermehrte Speichelabsonderung wird gleichzeitig die Produktion der Verdauungssäfte in Magen, Darm und Bauchspeicheldrüse gesteigert.

Das ist deshalb von entscheidendem Vorteil, weil damit schon vom ersten Bissen an die Verdauung besser arbeitet. Denn Verdauungssäfte und Speichel enthalten Enzyme, welche diese Nährstoffe in ihre einzelnen Bestandteile aufspalten und somit für den Organismus verwertbar machen. Mit zu den wichtigsten Enzymen gehören die Amylasen, die langkettige Stärkemoleküle in kleine Einfachzucker zerlegen.

Essigsäure ist unverzichtbar für die Stoffwechselvorgänge – täglich verbraucht unser Körper rund 100 Gramm davon: Für die Verwertung von einem Gramm Fettsäure werden beispielsweise zwei Gramm Essigsäure benötigt.

Wie Essigsäure wirkt

- Wirkt desinfizierend
- Ist antibakteriell, antiviral und fungizid
- Tötet schädliche Bakterien und Krankheitserreger ab
- Kurbelt den Stoffwechsel an
- Saniert eine gestörte Darmflora und unterstützt die Darmfunktionen
- Erhöht die Durchblutung der Schleimhäute in den Atemwegen
- Hilft bei der Entgiftung und Entschlackung
- Regt die Speichelbildung und damit die Verdauungstätigkeiten an
- Fördert den Abbau von Fett und hält den Fettstoffwechsel im Gleichgewicht
- Hält das Säure-Basen-Gleichgewicht langfristig im Lot
- Beeinflusst und reguliert den Cholesterinspiegel

Der Sauer-Stoff für Gesundheit und Wohlbefinden

Essigsäure ist gewissermaßen der Motor für den Stoffwechsel. Er beschleunigt nicht nur sämtliche Um-, Auf- und Abbaureaktionen im Körper, sondern verbessert unter anderem auch die Eisenverwertung und damit die Bildung roter Blutkörperchen, die den Sauerstoff transportieren – Fazit: der Organismus wird besser mit Sauerstoff versorgt.

Unterstützung beim Abnehmen

In der Stimulation von Enzymen, insbesondere von fettaufspaltenden, sieht die Forschung den erfreulichen Effekt des Apfelessigs als wirksame Hilfe beim Abnehmen begründet. Denn Essigsäure verstärkt und beschleunigt den Abbau von Fetten und Kohlenhydraten im Körper. Sie hilft folglich dabei, überflüssige Pfunde zu verlieren und fettstoffhaltige Schlacken auszuscheiden. Gleichzeitig trägt Essigsäure dazu bei, den Fettstoffwechsel im Gleichgewicht zu halten oder dieses wieder herzustellen. Für die Aufgabe, Fette und Kohlenhydrate abbauen zu helfen und ihre Verwertung zu unterstützen, wird Essigsäure überdies selbst vom Körper produziert.

■ Schlechte Zeiten für schädliche Keime

Schon immer diente Essig außer als Gewürz und zum Konservieren von Lebensmitteln besonders zum Abtöten von Keimen; es war das erste natürliche Antibiotikum. Mit gutem Grund, denn das Produkt besitzt eine ausgeprägte antibakterielle Wirkung. Essigsäure rückt bereits in relativ geringen Konzentrationen schädlichen Mikroorganismen zu Leibe, indem sie deren Säuregehalt ansteigen lässt – dadurch fühlen sich die Einzeller nicht wohl und sterben ab. Das geschieht sogar recht schnell: So werden beispielsweise Staphylokokken, häufige Eitererreger, binnen 25 Minuten durch die Einwirkung zweiprozentigen Essigs abgetötet.

Auch der Apfelsaft selbst, der Vorläufer des Apfelmostes und des Essigs, erwies sich in zahlreichen Untersuchungen als wirksam gegen Bakterien und Viren; insbesondere Polioviren rückt er zu Leibe.

Die starke desinfizierende und keimhemmende Wirkung der Essigsäure hilft nicht nur gegen Schimmelpilze und Fäulnisbakterien in Lebensmitteln. Sie lässt sich außerdem sehr effektiv für die Erhaltung der Gesundheit einsetzen.

Das Wirkungsspektrum

Insbesondere für unser Verdauungssystem ist Apfelessig eine wertvolle Unterstützung: Essigsäure befreit Magen und Darm von schädlichen Bakterien und anderen Keimen und trägt dazu bei, die Darmflora langfristig gesund zu halten. Außerdem werden schädliche Fäulnis- und Gärungsprozesse im Darm wirksam verhindert. Zudem unterstützt die Säure andere Organe wie Nieren, Blase und Leber bei ihren Entgiftungstätigkeiten.

Die stoffwechselanregende Wirkung des Apfelessigs geht allerdings nicht allein auf seine Säure zurück – auch die enthaltenen Vitamine, Mineralstoffe und Spurenelemente tragen erheblich dazu bei, dass der Stoffwechsel auf Touren kommt.

■ Saures stärkt den Darm ...

Mit Apfelessig können Sie sehr viel für die Gesundheit Ihres Darms tun, sofern diese noch nicht zu sehr angegriffen ist oder Sie unter ernsten Erkrankungen wie etwa Magengeschwüren leiden.

Zum ersten greift die Essigsäure schädliche Keime im Darm direkt an und tötet diese ab. Ist den gesundheitsschädlichen Winzlingen im Darm der Garaus gemacht, wirkt dies zudem ungesunden Gärungs- und Fäulnisprozessen entgegen. Infolgedessen entstehen weniger Giftstoffe. Das entlastet den gesamten Organismus und lindert nach einiger Zeit spürbar alle Beschwerden, die von einer gestörten Darmflora und Darmgiften herrühren. Schon nach wenigen Tagen des Apfelessigtrinkens spürt man eine Besserung: Unangenehme Stuhlgerüche, Blähungen und Völlegefühle gehen zurück und schwinden mit der Zeit völlig.

Auf diese Weise lassen sich durch Apfelessig sowohl akute Verdauungsstörungen beheben, als auch die Bakterienflora im Darm dauerhaft sanieren, was die Verdauung langfristig wieder auf die Beine bringt. Die reinigende und sanierende Wirkung auf den Darm wird durch die im Apfelessig enthaltenen Ballaststoffe unterstützt. Denn die Faserstoffe – wie zum Beispiel Pektin – verhelfen der Nahrung zu einer schnelleren Darmpassage und tragen dazu bei, den Darm rasch von Giftstoffen und schädlichen Mikroorganismen zu befreien.

■ ... und unterstützt den Magen

Zweitens erhöht Apfelessig durch seine Säure das saure Milieu im Darm – eine der wichtigsten Voraussetzungen dafür, dass unsere kleinen Darmbewohner sich wohl fühlen

Ein saures Darmmilieu kann das Wachstum krankheitserregender Keime nachhaltig hemmen – eine der wirksamsten Methoden, das saure Milieu in Magen und Darm zu erhöhen, und langfristig für eine ausgewogene Darmflora zu sorgen, ist die regelmäßige Einnahme von Apfelessig.

Der Magen-Darm-Trakt braucht besondere Aufmerksamkeit und Pflege.

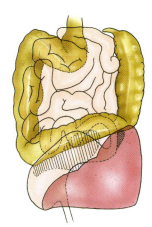

Der Sauer-Stoff für Gesundheit und Wohlbefinden

Apfelessig eignet sich aufgrund seiner genannten Eigenschaften ideal zu einer mehrtägigen Darmreinigungskur; wie Sie diese durchführen, lesen Sie ab Seite 180. Dort finden Sie auch Weiteres zum Thema gesunder Darm mit Apfelessig.

und im für unsere Gesundheit äußerst wichtigen Gleichgewicht bleiben. Dies schon allein deshalb, weil schädliche Bakterien Säure nicht gut vertragen – mit der Grund, warum sie sich mit so großer Vorliebe im basischen Milieu unseres Darms ansiedeln. Ein Großteil der unliebsamen Eindringlinge wird bereits durch die Salzsäure im Magensaft gestoppt. Diese Barriere können Sie durch Apfelessig noch verstärken, denn er vermag das saure Milieu im Magen deutlich zu erhöhen: Der pH-Wert sinkt ab, die Salzsäure im Magen nimmt zu und kann damit den schädlichen Bakterien ihren Weg in den Darm noch effektiver versperren.

Apfelessig wirkt im Stoffwechsel zwar eher basisch als sauer, aber dieser Effekt stellt sich erst nach seiner Magen-Darm-Passage ein. Er ist also ideal dazu geeignet, Magen und Darm zu reinigen und von schädlichen Bakterien und anderen Keimen zu befreien. Und außerdem dämpft Apfelessig auch Hungergefühle, was ebenfalls dazu beiträgt, einer dauerhaften Überbelastung des Darms durch zu reichliche Nahrungszufuhr entgegenzuwirken.

■ Hält Säuren und Basen in Balance

Die moderne Zivilisationskost bringt mit ihrem reichlichen Angebot an Fleisch und Wurstwaren, weißem Zucker, Produkten aus weißem Mehl sowie Kaffee und anderen Genussmitteln wie Alkohol den Säure-Basen-Haushalt des Körpers beträchtlich ins Wanken. Normalerweise zugunsten der Säuren, denn bei der Verdauung dieser Nahrungsmittel werden in hohem Maß Säuren freigesetzt. Dies führt langfristig zu einer Übersäuerung des Körpers und den damit in Zusammenhang stehenden Beschwerden wie Magenschleimhautentzündungen oder schmerzhafte Ablagerungen in den Gelenken.

Unser Speiseplan setzt sich heute meist aus zu viel säurebildenden Speisen zusammen. Daher sollten wir versuchen, dieses Übermaß durch Basenbildner auszugleichen – etwa durch Apfelessig. Denn obwohl er selbst Säure enthält, wirkt er in unserem Stoffwechsel basisch. Der Grund dafür ist im hohen Gehalt an basischen Mineralstoffen wie Kalium und Magnesium zu

Apfelessig beugt der Übersäuerung des Körpers vor

Geben Sie Ihrem Darm Saures

- Tötet Fäulnisbakterien und andere schädliche Mikroorganismen ab
- Unterstützt die Abwehrfunktion des Darms und schützt vor Infektionen und anderen Erkrankungen
- Bringt eine gestörte Darmflora wieder ins gesunde Gleichgewicht, indem es die Vermehrung säurebildender Bakterien fördert
- Regt die Peristaltik an und trägt so dazu bei, dass der Speisebrei nicht im Darm liegen bleiben und faulen kann
- Unterstützt sämtliche Stoffwechselfunktionen, vor allem die Entgiftung des Körpers durch Leber und Nieren

suchen. Darüber hinaus vermag der pH-Wert des Apfelessigs die Magensäure zu regulieren.

Das regelmäßige Trinken von Apfelessig hat demnach keine Übersäuerung des Körpers zur Folge, sondern wirkt dieser entgegen und hilft, das Verhältnis von Säuren und Basen im Körper langfristig wieder ins Gleichgewicht zu bringen.

■ Mitarbeiter der körpereigenen »Müllabfuhr«

In unserem Körper fallen durch die vielfältigen »Auf-, Ab- und Umbauarbeiten« fortwährend Abfallprodukte an. Die so genannten Stoffwechselschlacken müssen aus den Geweben und Organen abtransportiert und ausgeschieden werden. Außerdem muss sich der Körper auch schädlicher Umweltstoffe und giftiger Substanzen, beispielsweise aus Medikamenten und mit allerlei Zusatzstoffen versehenen Nahrungsmitteln, entledigen.

Die körpereigene »Müllabfuhr«, die sich tagtäglich um die Entsorgung kümmert, rekrutiert sich aus Nieren, Blase, Lungen, Leber und natürlich der Haut. Deren wichtige Tätigkeiten kann Apfelessig aus mehreren Gründen wirksam unterstützen: Er mobilisiert den Stoffwechsel und sorgt so dafür, dass alle Prozesse und Reaktionen im Körper schneller und effektiver ablaufen – auch die Eliminierung von Schlacken- und Giftstoffen. Zudem gleicht

Nahrungsmittel lassen sich unterteilen in Säure- und in Basenbildner: Zur ersten Gruppe gehören unter anderem tierische Lebensmittel sowie Genussmittel und zuckerhaltige Speisen. Basenbildend sind dagegen pflanzliche Nahrungsmittel, allen voran Getreideprodukte, Gemüse und Obst. Um das Säure-Basen-Gleichgewicht zu erhalten, sollte der Speiseplan zu 80 Prozent aus basischer und zu 20 Prozent aus saurer Nahrung bestehen.

Apfelessig, wie Sie gerade erfahren haben, das Verhältnis zwischen Säuren und Basen im Körper aus und trägt somit zur Entschlackung des Körpers bei. Denn der Gehalt an Säuren und Basen beeinflusst die Ausscheidungsvorgänge ganz entscheidend: Je übersäuerter wir sind, desto schwieriger ist es für den Körper, Schlacken und Giftstoffe loszuwerden. Umgekehrt bewirkt aber ein Zuviel an Schlackenstoffen eine Störung des Säure-Basen-Gleichgewichts. Daneben sorgt der hohe Kaliumgehalt im Apfelessig dafür, dass sich der Körper besser von allem Schädlichen befreien kann. Denn, wie Sie noch lesen werden, Kalium entwässert die Zellen und hat so einen wichtigen Einfluss auf die Entgiftung des gesamten Organismus.

▪ Wider dem schädlichen Cholesterin

Obgleich Cholesterin für den Körper notwendig ist, kann sein erhöhter Gehalt im Blut zu schwerwiegenden Erkrankungen, besonders des Herz-Kreislauf-Systems führen.

Das kommt daher, dass es verschiedene Cholesterinarten gibt. Von besonderer Bedeutung sind hierbei zwei Gruppen: das LDL (low density lipoproteins: Fett mit niedriger Dichte) und das HDL (high density lipoproteins: Fett mit hoher Dichte).

Ohne Cholesterin kommt unser Körper nicht aus. Es ist Bestandteil der Zellmembranen und in allen Körperzellen vorhanden. Cholesterin ist Ausgangsmaterial für Galle und Vitamin D sowie für die Hormone der Keimdrüsen.

In seinem Grundzustand ist LDL an und für sich nicht schädlich. Wird es jedoch durch Oxidationsreaktionen – also durch die Verbindung mit Sauerstoff – chemisch verändert, kann es sich an den Innenwänden der Arterien anlagern und diese »verstopfen«. Damit ist der Arteriosklerose und anderen Erkrankungen von Herz und Kreislauf der Weg geebnet.

HDL dagegen schützt die Blutgefäße vor Ablagerungen, indem es das LDL an sich bindet und zur Leber transportiert, wo es abgebaut oder umgewandelt wird.

Aus diesen Gründen ist es wichtig, LDL im Blut zu reduzieren und HDL zu erhalten – und genau dabei kann der regelmäßige Genuss von Apfelessig helfen. Denn der gesunde Sauertrunk enthält reichlich Pektin, ein Ballaststoff des Apfels, der das schädliche LDL-Cholesterin nachgewiesenermaßen zu reduzieren vermag.

Cholesterinbremse Apfelessig

■ Ballaststoffe für die Gesundheit

Äpfel enthalten eine Menge Ballaststoffe. Als einer der gesundheitlich wirksamsten dieser nicht verwertbaren, pflanzlichen Faserstoffe des Apfels gilt das Pektin. Wissenschaftliche Untersuchungen bescheinigen ihm unter anderem eine ausgeprägt positive Wirkung auf den Gehalt an LDL-Cholesterin im Blut: Pektin, das sich direkt unter der Apfelschale befindet, senkt deutlich den LDL-Spiegel und erhöht zudem das »gute« HDL-Cholesterin.

In weiteren Studien stellte sich heraus, dass dieser Effekt beim Verzehr des ganzen Apfels stärker ist als bei der Einnahme von reinem Pektin. Die Wissenschaftler nehmen an, dass die Senkung des LDL-Cholesterins auf das Zusammenwirken des Pektins mit anderen Inhaltsstoffen im Apfel zurückzuführen ist.

Doch nicht nur das Pektin, auch die anderen Ballaststoffe des Apfels und damit des aus ihm gewonnenen Essigs haben positive Wirkungen: Aktuelle Studien zeigen, dass der regelmäßige

Ballaststoffe, die unverdaulichen Faserstoffe in pflanzlichen Nahrungsmitteln, nehmen beim Pressen und Entsaften der Äpfel keinen Schaden, sondern gelangen unverändert in den Apfelmost und damit in den Essig. Allerdings nur, wenn der betreffende Essig nicht gefiltert oder durch pektinspaltende Enzyme geklärt wurde (Seite 52 ff.).

(Kauf-)Kriterien für Apfelessig

Naturtrübem und aus ganzen Äpfeln hergestelltem Apfelessig sollten Sie, einerlei zu welchem Verwendungszweck – ob zum Kochen, Einlegen, für Heil- oder Pflegerezepturen – den Vorzug geben. Achten Sie auch darauf, dass die Äpfel aus kontrolliertem ökologischem Anbau stammen. Um die wertvollen Inhaltsstoffe, die Enzyme, Ballaststoffe, Vitamine und Mineralstoffe in vollem Umfang zu erhalten, sollte der Essig zudem nicht erhitzt sowie nicht gefiltert worden sein. Solcherart naturbelassene Essige besitzen aufgrund ihres höheren Pektin- und Kaliumgehaltes auch bessere gesundheitliche Wirkungen als klare, weil gefilterte beziehungsweise erhitzte und destillierte Sauertrunke.

Es empfiehlt sich deshalb in jedem Fall, Apfelessig in Reformhäusern oder direkt von einem Hersteller zu erstehen, von dem Sie wissen, wie er den Essig gewinnt. Bezugsadressen und Einkaufstipps finden Sie darüber hinaus im Anhang auf Seite 251.

Der Sauer-Stoff für Gesundheit und Wohlbefinden

Der Apfel – der »König der Früchte« – ist eines der gesündesten Nahrungsmittel, die die Natur uns schenkt.

Äpfel und Apfelessig sind ideal für all jene Menschen, die einen steilen Anstieg des Zuckergehaltes im Blut vermeiden wollen oder müssen, weil sie beispielsweise an Diabetes (Zuckerkrankheit) leiden.

Genuss von ballaststoffreichen Nahrungsmitteln chronischen Darmleiden bis hin zum Darmkrebs vorbeugen kann. Die Ballaststoffe halten die Darmflora gesund und erhöhen das Stuhlvolumen, was entscheidend ist. Denn je größer die Stuhlmenge ist, desto schneller passiert diese den Darm. Dadurch verringert sich das Risiko für Erkrankungen im Verdauungstrakt, da schädliche Substanzen nicht dazu kommen, ihre negativen Wirkungen zu entfalten. Auch anderen Beschwerden können Ballaststoffe wirksam vorbeugen. So wird beispielsweise das Risiko für Herz-Kreislauf-Krankheiten durch den regelmäßigen Verzehr von ballaststoffhaltigen Nahrungsmitteln gesenkt.

■ Der Blutzuckerspiegel bleibt konstant

Auf dem so genannten »Glykämischen Index«, dem Maßstab dafür, wie schnell der Blutzuckerspiegel nach dem Essen ansteigt, stehen Äpfel ganz unten. Im Klartext heißt das: Der Apfel bewirkt trotz seines natürlichen Gehaltes an Fruchtzucker keinen schnellen Anstieg des Zuckerspiegels im Blut, sondern kann diesen im Gegenteil vermeiden. Diesen regulierenden Effekt auf den Blutzuckerspiegel finden Sie auch beim Apfelessig.

Schlank und fit mit Apfelessig

■ Bringt die Pfunde zum Purzeln

Apfelessig hilft dabei, überflüssige Pfunde loszuwerden. Das liegt zum einen daran, dass der Sauertrunk lipolytische, also fettfreisetzende Mechanismen im Körper aktiviert. Dadurch wird dieses rascher abgebaut und kann sich gar nicht erst in Form von »Pölsterchen« festsetzen. Zweitens reduziert Apfelessig, wie Studien ergaben, die Lust auf Kalorienbomben wie beispielsweise Süßigkeiten und salzig-fetthaltige Nahrungsmittel wie etwa Chips oder Erdnüsse.

Als Nächstes wirkt Apfelessig im Magen als »Säurelocker«: Dies regt die Eiweißverdauung an, was dazu führt, dass die Fettzellen leichter aufgeschlossen und im Anschluss schnell abgebaut werden können.

Ein weiteres figurfreundliches Plus: Die Stoffwechseltätigkeiten werden unterstützt, was die Aktivitäten steigert, für die wiederum Fett zur Energiegewinnung abgebaut wird.

Ebenfalls gut für die schlanke Linie ist die erhöhte Zellatmung. Indem die Zellen besser mit Sauerstoff versorgt werden, steigt auch deren Energiegewinnung und damit der Verbrauch an körpereigenem Fett. Das heißt, bei einer Diät mit Apfelessig verlieren Sie nicht nur überschüssiges Wasser, wie das bei vielen anderen Kuren zumindest zunächst der Fall ist, sondern Sie bauen von Anfang an überflüssiges Fett ab.

Die positiven Wirkungen von Apfelessig lassen sich sehr gut für eine Schlankheitskur nutzen; auf Seite 168 ff. erfahren Sie mehr darüber.

■ Mobilisiert die Abwehrkräfte

Mit seinen Wirkungen greift Apfelessig unserem Immunsystem hilfreich unter die Arme: Er wirkt krankheitserregenden Mikroorganismen entgegen, fördert die Ausscheidung schädlicher Schlacken- und Giftstoffe, hält den Darm und somit den ganzen Organismus gesund und sorgt für eine optimale Stoffwechseltätigkeit. All dies hilft dabei, die Gesundheit zu erhalten und damit das Immunsystem in seiner Arbeit zu unterstützen. Nicht

Apfelessig unterstützt Ihre Diätanstrengungen, da er verdauungsfördernde Enzyme enthält und die Produktion körpereigener Enzyme ankurbelt. Zudem gleicht er einen Mangel an Vitaminen, Mineralstoffen und Spurenelementen aus und ist somit ein wirksames Mittel gegen die Einlagerung von Fett im Körpergewebe.

zu vergessen ist der hohe Vitamin- und Mineralstoffgehalt des Apfelessigs: besonders Vitamin A und natürlich Vitamin C, eines der besten Immunstimulanzien.

Die Vitalstoffe des Apfelessigs

Angesichts all der eben genannten gesundheitsfördernden Wirkungen stellt sich sicherlich die Frage, worauf diese denn zurückzuführen sind. Zum einen natürlich auf die bereits erwähnte Essigsäure, zum anderen jedoch auf die im Apfelessig in großer Zahl vereinten Vitamine, Mineralstoffe und Spurenelemente. Davon, welche Stoffe es nun genau sind, die das fruchtig-saure Getränk zu einem derartig umfassend wirksamen Gesundheitselixier machen, und was sie im Körper bewirken, handeln die folgenden Seiten.

Der Gehalt an Fruchtsäuren, Mineralstoffen und Spurenelementen schwankt je nach verwendeter Apfelsorte und Bodenbeschaffenheit des jeweiligen Anbaugebietes – allerdings handelt es sich hierbei nur um feine Nuancen, die sich auf den gesundheitlichen Nutzen des betreffenden Apfelessigs so gut wie nicht auswirken.

Die Stoffe des Lebens: Vitamine und Co.

Dass der Körper seine zahlreichen Funktionen ohne deren regelmäßige und ausreichende Zufuhr nicht erfüllen könnte, ist heute hinlänglich bekannt. Das immense Potenzial allerdings, welches in Vitaminen hinsichtlich Vorbeugung und Heilung schlummert, brachten erst die letzten Jahre zum Vorschein. Vor allem in Bezug auf die im Apfelessig enthaltenen Vitamine C, A und E sowie Beta-Karotin gibt es erstaunliche Neuigkeiten aus den Labors: Internationale Studien haben ergeben, dass diese Substanzen freie Radikale abfangen und für den Körper unschädlich machen können.

Diese so genannten Antioxidanzien sind leicht oxidierbare Substanzen, die freien Sauerstoff gut an sich binden und auf diese Weise andere Stoffe vor der Oxidation schützen können. Antioxidanzien verhindern somit die Bildung freier Radikale. Diese aggressiven Sauerstoffverbindungen spielen eine bedeutsame Rolle bei der Entstehung vieler chronischer Erkrankungen: Sie können die Körperzellen schädigen, genetisches Material und Sperma angreifen, Zellen im Auge sowie Nervenzellen zerstören

Mit Antioxidanzien gegen aggressiven Sauerstoff

> ### Die Trübung macht's
>
> Die natürliche Trübung von Apfelessig ist kein Manko, sondern ganz im Gegenteil ein Zeichen für hohe Qualität und damit gesundheitlichen Wert. Denn was den Essig trübt, sind nichts anderes als wertvolle Mineralstoffe, vor allem Kalium, und Ballaststoffe sowie die Essigmutter. Auch ein Großteil der hier genannten Vitamine sind nur in naturtrübem Apfelessig enthalten. Da Vitamine in der Regel lichtempfindlich sind, sollten Sie Ihr saures Elixier in dunklen Glasflaschen und zudem kühl (am besten unter 20 °C) aufbewahren.

Das saure Elixier hat einiges an Vitamin A zu bieten – statt Karotten knabbern, können Sie deshalb auch täglich einen Apfelessigtrunk zu sich nehmen.

und Entzündungen fördern. Wegen dieser gefährlichen Auswirkungen bringt man sie heute in Verbindung mit frühen Alterungserscheinungen, Lichtschäden der Haut, Herz-Kreislauf-Krankheiten und mit der Entstehung von Krebserkrankungen.

Durch den regelmäßigen Genuss von Apfelessig beugen Sie Krankheiten vor und versorgen Ihren Körper mit den lebenswichtigen Radikalfängern. Auch die vorbeugende Wirkung von Beta-Karotin gegenüber Krebs ist inzwischen vielfach wissenschaftlich belegt. Daneben erwies sich auch das Vitamin C als guter »Schutzengel« gegen Krebserkrankungen. Deswegen wird es bei Hensel-Apfelessig aus der Acerola-Kirsche zugesetzt, die dreißigmal mehr Vitamin C enthält als die Zitrone.

■ Nicht nur für die Augen: Vitamin A

Dass Vitamin A unerlässlich für die Aufrechterhaltung unserer Sehkraft ist, indem es zur Bildung des Sehpurpurs beiträgt, ist nichts Neues. Die Tatsache, dass Vitamin A auch einen wirksamen Schutz vor Krebs bieten kann und eine wichtige Rolle für unser Immunsystem spielt, indem es das Wachstum der Thymusdrüse anregt, ist weniger bekannt.

Darüber hinaus dient Vitamin A dem Aufbau der Haut, der Schleimhaut sowie der Binde- und der Knorpelgewebe und sorgt für schöne Haut, gesundes Haar und kräftige Nägel.

Ein Mangel an Vitamin A macht sich zum einen bemerkbar durch Sehschwäche, Hornhauttrübungen, Leberschäden, Neigung zu Gallen- und Nierensteinen sowie Wachstumsverzögerungen und Störungen beim Knochenaufbau und bei der Zahnbildung. Zum anderen gehören eine blasse Haut, die zu Unreinheiten und Verhornung neigt, wie auch sprödes Haar zu den Mangelerscheinungen.

■ Schach den freien Radikalen: Beta-Karotin

Beta-Karotin ist ein sekundärer Pflanzen- und Farbstoff und zugleich die Vorstufe von Vitamin A. Es gilt heute als eines der wirksamsten Antioxidanzien, das den Körper vor freien Radikalen schützen kann. Zudem ist heute durch zahlreiche Studien belegt, dass Beta-Karotin sowohl das Fortschreiten einer Krebserkrankung verzögern, als auch den Krebsmechanismus selbst blockieren kann.

Besonders wirksamen Schutz bietet es vor nikotinbedingten Krebserkrankungen wie Lungen- und Kehlkopfkrebs. Zudem kann Beta-Karotin Hautkrebs sehr effektiv vorbeugen, da es die Haut vor den schädlichen Wirkungen der UV-Strahlen schützt. Alle Effekte sind unabhängig davon, ob es sich in Vitamin A umwandelt oder nicht.

Ein Mangel an Beta-Karotin äußert sich in ähnlichen Symptomen wie Vitamin-A-Mangel.

■ Regeneriert die Nerven: Vitamin B$_1$

Dieses Vitamin hat eine wichtige Bedeutung bei der Energiegewinnung aus der Nahrung, vor allem bei der Verwertung von Eiweiß und Kohlenhydraten. Von ganz besonderer Bedeutung ist es jedoch für die Nerven. Es stärkt sie und beugt Funktionsstörungen vor. Zudem fördert es die Konzentrationsfähigkeit und verbessert das Gedächtnis.

Ein Mangel an Vitamin B$_1$ zeigt sich durch verminderte Leistungsfähigkeit, Appetitlosigkeit, Durchfall, seelische Labilität, brüchige Nägel und stumpfes Haar. In schweren Fällen können Nervenstörungen und Lähmungen auftreten.

Bei Stress, großen geistigen Belastungen und schwerer körperlicher Arbeit steigt der Bedarf an Vitamin B$_1$.

Abwehrstoffe gegen vielerlei Krankheiten und Beschwerden

■ Wichtig für unsere Energie: Vitamin B$_2$

Dieser Vitalstoff des Apfelessigs wird auch Riboflavin genannt und spielt eine wichtige Rolle bei der Energiegewinnung aus Fetten, Kohlenhydraten und Eiweiß. Ebenso ist es bei Aufbaureaktionen, beispielsweise der Synthese von Fettsäuren, notwendig. Da Vitamin B$_2$ im Auge vorkommt, ist es außerdem für den Sehvorgang von Bedeutung.

Mangelerscheinungen können langfristig Wachstumsverzögerungen, Schäden an Augen und Schleimhäuten, rissige Mundwinkel, Hautentzündungen und -unreinheiten sowie Blässe zur Folge haben.

■ Motor des Eiweißstoffwechsels: Vitamin B$_6$

Dieses Vitamin ist an über 50 enzymatischen Auf- und Abbaureaktionen im Körper beteiligt, vornehmlich im Stoffwechsel der Eiweißstoffe, den Aminosäuren. Darüber hinaus aktiviert Vitamin B$_6$ die Bildung von Gewebshormonen und von Hämoglobin, dem Blutfarbstoff. Auch für die Funktionen der Abwehrkräfte und der Nerven ist es unerlässlich – Vitamin B$_6$ macht uns wider-

---

Sekundärstoffe schützen zusätzlich

Neben den Vitaminen sorgen zudem die so genannten sekundären Pflanzen- oder Begleitstoffe aufgrund ihrer zahlreichen gesundheitsfördernden Wirkungen zunehmend für Schlagzeilen in der Wissenschaftspresse. Diese Stoffe benötigen Pflanzen nicht als Nährstoff, sondern als Farbstoff, der zur Abwehr von Schädlingen sowie zur Regulation ihres Wachstums dient.

Nach neueren Forschungen können sekundäre Pflanzenstoffe in die Entwicklung von bösartigen Tumoren eingreifen, indem sie bereits in der Anfangsphase die krebsauslösenden Stoffe blockieren. So greifen sie gleich zu Beginn der Krebsentstehung »rettend« ein. Ein weiterer Vorteil der Begleitstoffe ist ihr antioxidativer Effekt, mit dem sie unseren Körper vor dem schädlichen Einfluss freier Radikale bewahren können.

Insbesondere in der Krebsforschung wird den sekundären Pflanzenstoffen zunehmend Aufmerksamkeit geschenkt. Die tumorhemmende Wirkung der Sekundärstoffe gilt mittlerweile als wissenschaftlich nachgewiesen und belegt.

standsfähiger gegen Krankheiten und Stress. Ein Mangel zeigt sich durch Hautveränderungen, nervöse Störungen, Muskelschwäche und -abbau sowie durch eine geschwächte Abwehrkraft.

■ Baustein für das Blut: Vitamin B$_{12}$

Da der Mensch diesen Stoff aufgrund fehlender spezieller Proteine nicht selbst bilden kann, sind wir vollständig auf die Versorgung mit Vitamin B$_{12}$ durch die Nahrung angewiesen. Vitamin B$_{12}$ fördert die Entstehung und Reifung der roten Blutkörperchen und ist an vielen wichtigen Stoffwechselreaktionen, an der Zellteilung sowie an der Bildung der Nukleinsäuren beteiligt. Vitamin-B$_{12}$-Mangel kann zu Blutarmut, Abbau der Magenschleimhaut und zu einem Rückgang der Magensäureproduktion führen.

■ Immunstimulans: Vitamin C

Für die Erhaltung und Wiederherstellung unserer Gesundheit ist Vitamin C notwendig, da es die Abwehrkräfte stimuliert und uns damit vor Krankheiten schützt. Zudem ist es der Motor des Zellstoffwechsels, erforderlich zur Energiegewinnung und zur Bildung der Stützgewebe wie Knochen, Knorpel, Zähne und Bindegewebe sowie zur Wundheilung. Daneben ist Vitamin C ein besonders effektiver Schutz gegen Krebserkrankungen: Es wirkt antioxidativ und kann Karzinogene, krebsauslösende Stoffe, blockieren. Darüber hinaus wurde wissenschaftlich gezeigt, dass Vitamin C Viren hemmen und den Gehalt an schädlichem LDL-Cholesterin im Blut senken kann. Steht dem Körper zu wenig Vitamin C zur Verfügung, zeigt sich das durch Müdigkeit (Frühjahrsmüdigkeit), verringerte Leistungskraft und Konzentrationsfähigkeit, Zahnfleischbluten, eingerissene Mundwinkel, erhöhte Infektanfälligkeit sowie durch unreine und schlaffe Haut.

Vitamin C ist Bestandteil jeder tierischen und pflanzlichen Zelle.

■ Schutzengel der Zellen: Vitamin E

Mit das Beste für die Gesunderhaltung der Zellen ist Vitamin E. Es stabilisiert die Zellmembran und wirkt so ihrer frühzeitigen

Alterung entgegen. Zudem ist Vitamin E ein hervorragendes Antioxidans und schützt dadurch die Zellen vor dem Angriff freier Radikaler sowie die roten Blutkörperchen vor der Zerstörung durch oxidierende Stoffe. Darüber hinaus wirkt es Durchblutungsstörungen und Entzündungen entgegen, fördert die Fruchtbarkeit und hält Haut und Haare gesund und schön. Ein Mangel an Vitamin E ist eher selten und zeigt sich unter anderem durch erhöhte Infektanfälligkeit, fahle Haut, Haarausfall, brüchiges Haar und verminderte Fruchtbarkeit.

Kleine Menge, große Wirkung: Mineralstoffe und Spurenelemente

Mineralstoffe und Spurenelemente werden zwar nur in geringen Mengen gebraucht, wir können allerdings nicht völlig auf sie verzichten. Denn ohne diese Substanzen könnten eine Anzahl lebenswichtiger Körperfunktionen nicht ablaufen – beispielsweise die Stoffwechseltätigkeiten oder die Weiterleitung von Nervenimpulsen. Beinahe sämtliche Mineralstoffe und Spurenelemente müssen dem Körper mit der Nahrung zugeführt werden. Apfelessig bietet sich hierbei als Unterstützung an, denn er liefert an die 20 dieser wertvollen Substanzen. Mit seinem regelmäßigen

In jeder Zelle unseres Körpers, einerlei ob Muskel-, Leber-, Herz- oder Nervenzelle, finden sich acht Mineralstoffe: Natrium, Kalzium, Kalium, Magnesium, Eisen, Schwefel, Phosphor und Chlor. Alle diese Stoffe sind auch im Apfelessig enthalten.

»An apple a day, keeps the doctor away«, pflegen unsere britischen Nachbarn zu sagen.

> **Wirksamer Reigen: Die Mineralstoffe und Spurenelemente im Apfelessig**
>
> - Bor
> - Chloride
> - Eisen
> - Fluor
> - Kalium
> - Kalzium
> - Kupfer
> - Magnesium
> - Natrium
> - Phosphor
> - Schwefel
> - Silizium

Apfelessig ist eine regelrechte »Mineralstoffbombe«. Er enthält neben Vitaminen alle lebenswichtigen Mineralstoffe und Spurenelemente, die für die Aufrechterhaltung sämtlicher Körperfunktionen notwendig sind.

Genuss können Sie deshalb eventuelle Defizite einfach ausgleichen. Nachfolgend eine Auswahl der wichtigsten Mineralstoffe und Spurenelemente in diesem Sauertrunk.

■ Mineralstoff der Frauen: Eisen

Eisen ist für den Transport von Sauerstoff im Blut von den Lungen zu den Zellen und für die Verwertung des Sauerstoffs im Zellstoffwechsel unerlässlich. Zudem aktiviert es die Produktion roter Blutkörperchen, der Erythrozyten, und wirkt somit blutbildend. Ein weiterer wichtiger Effekt liegt in der Stärkung der körpereigenen Abwehrkräfte.

Von Eisenmangel sind, bedingt durch die monatliche Periodenblutung, vor allem Frauen betroffen. Insbesondere stillende und schwangere Frauen müssen auf eine ausreichende Zufuhr achten, denn ihr Eisenbedarf ist etwa dreimal so hoch wie normalerweise. Typische Anzeichen für Eisenmangel sind Müdigkeit, Antriebslosigkeit, Blutarmut, Blässe und Appetitlosigkeit.

■ Macht Knochen und Zähne stabil: Fluor

Fluor sorgt für eine bessere Stabilität von Knochen und Zähnen, denn es steigert die Festigkeit der Spongiosa – der Knochensubstanz – sowie des Dentins – des Zahnbeins. Darüber hinaus beugt es Karies vor, indem es die Bakterien im Mundraum hemmt, welche die Zuckerreste fermentieren und daraus Zahnbelag bilden.

Fluor verbessert außerdem die Resorption, die Aufnahme von Eisen im Darm, und trägt also mit zum Schutz vor Eisenmangel bei. Zudem begünstigt Fluor die Wundheilung. Ein Fluormangel kommt relativ selten vor. Allerdings sollte ein zu hoher Fluorgehalt im Körper vermieden werden, da er die Jodversorgung und damit die Schilddrüsenfunktionen beeinträchtigen sowie zu Übelkeit führen kann.

■ Regulator des Zellstoffwechsels: Kalium

Dieses Mineral ist maßgeblich an der Regulation der Druckverhältnisse innerhalb der Zelle, dem osmotischen Druck der Zellflüssigkeit, beteiligt. Somit hat Kalium einen direkten Einfluss auf die Wasserverteilung im Körper sowie auf dessen Entgiftung und Entschlackung. Es sorgt gleichzeitig dafür, dass die Zellen stets ausreichend mit Sauerstoff und Nährstoff versorgt sind. Der Stoffwechsel und damit die Gesundheit der Körperzellen sowie deren Regenerationsfähigkeit sind demnach in hohem Maße auf diesen Mineralstoff angewiesen. Bei zu wenig Kalium werden die Zellwände geschädigt, die Zellen gehen zugrunde und die Körpergewebe nehmen Schaden.

Ebenso erhält Kalium das Säure-Basen-Gleichgewicht, indem es steuernd in die Ausscheidung von Wasser und Gewebeflüssigkeit eingreift. Es aktiviert wichtige Enzyme im Körper und leitet Nervenimpulse auf die Muskeln weiter. Da Kalium ein Bestandteil der Verdauungssäfte im Magen-Darm-Trakt ist, wird es auch rasch im Körper aufgenommen. Kaliummangel kann neben den erwähnten Zellschädigungen zu Herzleistungsstörungen, Muskelschwäche, spannungsloser und faltiger Haut, Appetitlosigkeit, unregelmäßigem Puls und zu Blähungsneigung führen.

Wie die Äpfel enthält Apfelessig viel Kalium – mit rund 1000 Milligramm pro Liter ist er der Spitzenreiter unter den kaliumreichen Nahrungsmitteln. Er kann deshalb bei regelmäßiger Einnahme den genannten Mangelerscheinungen wirksam vorbeugen. Der hohe Gehalt an Kalium erklärt sowohl die blutdrucksenkende Wirkung von Äpfeln als auch von Apfelessig. Denn die ent-

Bei schweren und lang anhaltenden Durchfällen sowie bei Erbrechen kann es zu erheblichen Kaliumverlusten kommen; diese müssen durch eine erhöhte Zufuhr ausgeglichen werden. Das Gleiche gilt für die Einnahme von abführenden und harntreibenden Mitteln.

wässernde Wirkung dieses Mineralstoffs und damit die verbesserte Ausscheidung von Kochsalz lässt zu hohe Blutdruckwerte nachhaltig sinken.

■ Stützt die Knochen: Kalzium

Dieses Mineral ist am häufigsten im Körper zu finden – denn es ist unerlässlicher Baustoff für unsere Zähne und Knochen. Daher ist Kalzium nicht nur in Spuren, sondern in größeren Mengen für den Organismus erforderlich. Doch auch für die Muskeln, die meisten inneren Organe und zur Blutbildung ist Kalzium wichtig. Zudem ist es notwendig für die Blutgerinnung, die Erregbarkeit von Nerven und Muskeln sowie für die Durchlässigkeit der Zellmembranen. Kalziummangel zeigt sich in schweren Fällen bei Säuglingen und Kleinkindern in den Krankheitsbildern Rachitis und bei Erwachsenen in Osteoporose, der Verminderung von Knochensubstanz. Anzeichen für leichten Kalziummangel sind Nervosität und die erhöhte Reizbarkeit der Muskeln (Muskelkrämpfe).

Mit Apfelessig kann man durch Kalziummangel bedingten Beschwerden wirksam vorzubeugen. Nicht nur, weil der gesunde Sauertrunk viel davon enthält, sondern vor allem deshalb, weil er den wichtigen Mineralstoff dem Körper in der für ihn besten »Aufbereitung« anbietet. Denn Apfelessig enthält neben der Essig- auch Zitronensäure, die aus den Äpfeln selbst stammt. Diese verbessert die Aufnahme von Kalzium deutlich.

US-Wissenschaftler haben nachgewiesen, dass Menschen, die mit ihrer Nahrung viel Kalzium zu sich nehmen, seltener an Krebs, vor allem Dickdarm- und Magenkrebs, erkranken. Man vermutet, dass die Schutzwirkung darin begründet ist, dass Kalzium im Verdauungstrakt Gallensäure entgiftet, welche die Krebsbildung fördern kann.

■ Unerlässlich für den Stoffwechsel: Kupfer

Ein essenzielles Spurenelement, das der Körper zur Aufrechterhaltung lebenswichtiger Funktionen benötigt. Ein Großteil des Kupfers liegt im Körper in Eiweißkomplexen gebunden vor. Diese Kupferproteine dienen zum einen als Enzyme für abbauende Stoffwechselreaktionen. Gleichzeitig sind sie an der Beseitigung der freien Radikale beteiligt. Außerdem spielt Kupfer eine wichtige Rolle für den Eisentransport im Körper sowie für den Stoffwechsel der Bindegewebe. Kupfermangel tritt nur sehr selten auf; dabei ist der Gehalt kupferhaltiger Enzyme im Körper herabgesetzt.

Alles drin – von Eisen bis Silizium

■ Schützt bei Stress: Magnesium

Wer unter starker Anspannung und Stress steht, kann sich durch die vermehrte Zufuhr von Magnesium schützen. Denn damit kann der Körper Überbeanspruchungen der Leistungskraft, Lärm und Hektik besser Paroli beiten. Überdies ist dieses Mineral wichtig für den Aufbau von Knochen und Sehnen sowie für die Weiterleitung von Reizen auf Muskeln und Nerven. Magnesium ist ferner Bestandteil wichtiger Enzyme des Kohlenhydrat- und Proteinstoffwechsels und unbedingt notwendig für die Bildung von Antikörpern – es ist also an der Aufrechterhaltung der Immunkräfte beteiligt.

Magnesiummangel kann zu Gewichtsverlust, Muskelzuckungen, Wadenkrämpfen, Herzrhythmusstörungen und einem Mangel an Antikörpern führen.

■ Gut fürs Nervenkostüm: Phosphor

Dieses Spurenelement unterstützt die Aktivität der Nervenzellen und trägt mit zum seelischen Gleichgewicht bei. Phosphor stärkt aber nicht nur die Nerven, sondern wie Kalzium auch Knochen und Zähne. Er ist zudem von Bedeutung für die Verwertung zahlreicher Vitamine durch den Körper. Ebenso ist er dem Körper bei der Energiegewinnung und -umwandlung aus den zugeführten Nährstoffen unentbehrlich. Ein ernährungsbedingter Phosphormangel ist nicht bekannt.

Phosphorverbindungen gehören mit zu den wichtigsten Bausteinen unserer Zellen, denn sie sind Bestandteil der Nukleinsäuren, der Träger der Erbinformationen.

■ Regeneriert und entschlackt: Schwefel

Schwefel unterstützt die Zellregeneration, insbesondere von Haut und Haaren, hält die Fingernägel gesund und beugt Gelenkerkrankungen vor. Zudem hilft es dem Körper bei der Ausscheidung schädlicher Stoffwechselprodukte sowie Schlackenstoffe und stärkt die körpereigenen Abwehrkräfte.

■ Strafft das Bindegewebe: Silizium

Eine der wichtigsten Aufgaben von Silizium ist die Stärkung der Bindegewebe, die es elastisch und kräftig hält. Darüber hinaus

Der Sauer-Stoff für Gesundheit und Wohlbefinden

Wer regelmäßig frische Äpfel isst, lebt nachweislich gesünder.

Bei einer Studie mit 1300 Studenten in Michigan stellte sich 1961 heraus, dass Apfelesser in allen Bereichen bei weitem gesünder waren als die Nichtapfelesser. Auf der Basis dieser Studie erklärten die US-Wissenschaftler den Apfel, zur Gesundheitsnahrung schlechthin.

dient es der Kräftigung von Knorpeln und Knochen, beugt deren frühzeitiger Alterung vor und ist unerlässlich für die Gesundheit von Haut und Haaren.

▪ Äpfel, der gesunde Rohstoff

Nachdem nun auf den vorangegangenen Seiten so viel von den zahlreichen gesundheitsfördernden Wirkungen des Apfelessigs die Rede war, abschließend ein kurzer Blick auf sein alleiniges Ausgangsprodukt, den Apfel. Er verleiht dem gesunden Gärtrunk einen nicht geringen Teil seines immensen Potenzials. Denn wie bereits erwähnt, finden sich nahezu alle der wertvollen Inhaltsstoffe des Apfels auch in dem aus ihm gewonnenen Essig wieder: Die Kombination der umfassend wirksamen Essigsäure mit den wertvollen und nicht minder effektiven Apfelwirkstoffen macht Apfelessig schließlich erst zu jenem Gesundbrunnen, dessen Wirkungen Sie zum Teil bereits kennen gelernt haben und im weiteren Verlauf dieses Buches noch in vielfältiger Hinsicht »am eigenen Leib« erleben werden.

Bei der Herstellung eines gesunden und naturtrüben Apfelessigs werden außer Äpfeln keine anderen Zutaten verwendet; weder bei der Mostgewinnung noch bei der anschließenden Vergärung. Damit ist klar, dass die Qualität des Endproduktes, des Apfelessigs, zu einem sehr großen Teil von den Eigenschaften der Äpfel abhängt. Diese sollten im Ganzen verarbeitet werden und, vor allem, aus kontrolliert ökologischem Anbau stammen. Nur wenn diese Kriterien erfüllt sind, kann Apfelessig auch tatsächlich zum Gesundheitselixier werden. Aber nicht jede Apfelsorte eignet sich gleich gut zur Essiggewinnung. Als die hierzu besten gelten unter anderem Boskop, Golden Delicious und Cox Orange; weitere finden Sie im Kapitel »Wie Essig entsteht« auf Seite 52 ff. Daneben gibt es natürlich bei der Essigherstellung enorme Unterschiede, die sich auf Qualität und Geschmack des Gärtrunkes auswirken – doch mehr dazu ab Seite 57.

Die Gesundheitsfrüchte und ihre Wirkungen

- Fördern die Verdauung
- Regulieren den Stuhlgang: lindern sowohl Durchfall wie auch Verstopfung
- Regen die Aktivitäten des Stoffwechsels an
- Senken den Gehalt an LDL-Cholesterin im Blut
- Wirken regulierend bei zu hohem Blutdruck
- Unterstützen die körpereigene Abwehr
- Wirken antibakteriell und antiviral
- Beugen Herz- und Kreislauferkrankungen vor
- Stabilisieren den Blutzuckerspiegel (gut bei Diabetes mellitus)
- Fördern die Entgiftung und Entschlackung des Körpers
- Dämpfen Hungergefühle und kurbeln den Fettabbau an
- Apfelessen massiert das Zahnfleisch und reinigt die Zahnzwischenräume; hält also Zähne und Zahnfleisch gleichermaßen gesund und beugt Karies sowie Parodontose vor
- Lindern Kopfschmerzen, Migräne sowie auch einen »Kater«

Der König der Früchte

Malus sylvestris, ein Rosengewächs, stammt ursprünglich aus Asien. Doch bereits um 3000 v. Chr. war der Apfelbaum auch in Europa heimisch. Von da an begann der Siegeszug des Apfels, quer durch alle Erdteile und Kulturkreise.

Kaum einer anderen Frucht wird bis heute eine solche Wertschätzung zuteil wie der »Ursubstanz« des Apfelessigs: Schon im Garten Eden hing er am Baum der Erkenntnis, viele Jahrhunderte später fand er Eingang in zahlreiche Mythen und Sagen, Könige und Kaiser erhoben ihn in Gestalt des Reichsapfels zum Symbol ihrer Macht. Bis heute ist der Apfel das Lieblingsobst der Deutschen – durchschnittlich 35 Kilogramm werden in einem Jahr pro Kopf verzehrt.

Dass sich die Stellung des Apfels als »König der Früchte« bis heute nicht verändert hat, liegt nicht zuletzt daran, dass er zu den gesündesten Nahrungsmitteln zählt, die uns die Natur schenkt.

Aus der »Naturalis historia« des römischen Historikers Plinius (23–79 n. Chr.) geht hervor, dass die alten Römer bereits um die 30 verschiedene Apfelsorten kultivierten.

Der Sauer-Stoff für Gesundheit und Wohlbefinden

Wissenschaftler nehmen an, dass der Apfel einen großen Teil seiner Heilkräfte dem Pektin verdankt; einem Ballaststoff, der sich direkt unter der Apfelschale befindet und der übrigens auch zum Gelieren verwendet wird.

Das alte Wissen um die Heilkräfte des Apfels hat inzwischen umfassende wissenschaftliche Bestätigung seitens der modernen Forschung gefunden: Äpfel haben einen weitreichenden Einfluss auf den gesamten Stoffwechsel und können bei vielen, auch chronischen Erkrankungen vorbeugend und lindernd wirken. Ebenso besitzen Äpfel einen regulierenden Effekt auf den Stuhlgang und wirken sowohl Verstopfung als auch Durchfällen entgegen. Zudem wirken sie entgiftend, vor allem auf die Verdauungsorgane, sowie blutreinigend und zeigen erstaunliche Heilerfolge bei Herz- und Kreislauferkrankungen, bei Nierenleiden und einem zu hohen Gehalt an LDL-Cholesterin im Blut.

Erwähnt sei außerdem eine bislang wenig bekannte Wirkung: Äpfel helfen dabei, dem Rauchen zu entsagen. Wissenschaftler haben nämlich herausgefunden, dass der reichliche Verzehr von Äpfeln die Lust aufs Rauchen mindert. Passionierte Raucher haben meist eine Abneigung gegen Äpfel, da sie diese aufgrund des Nikotins im Körper nicht so gut verdauen können. Wer sich also vom Rauchen verabschieden möchte, sollte seinen anfänglichen Widerwillen überwinden und eine Apfelkur durchführen – empfohlen werden dazu sieben bis acht Äpfel täglich.

Statt blauem Dunst lieber grüne Äpfel: Apfelverzehr verringert die Lust aufs Rauchen.

Wenn es um den gesundheitlichen Wert des Apfels geht, darf natürlich auch sein hoher Gehalt an Vitaminen, Mineralstoffen und Spurenelementen nicht außer Acht gelassen werden – an die 20 dieser wichtigen Vitalstoffe hat der Apfel, und damit auch der Apfelessig, zu bieten. Was im »König der Früchte« und damit im Apfelessig alles Gutes enthalten ist, zeigt die folgende Übersicht.

Wertvolle Inhaltsstoffe

Vom Apfel zum Apfelessig

	Apfel	Apfelsaft frisch	Apfelessig	Apfelessig mit Trester* gefiltert	Apfelessig mit Trester* ungefiltert
Wasser	84 g	87 g	92,5 g	86 g	69 g
Eiweiß	0,3 g	0,1 g	3,5 g	1,7 g	2,4 g
Fett	0,6 g	0	0	0,3 g	0,35 g
Cholesterin	0	0	0	0	0
Kohlenhydrate	15 g	13 g	3,2 g	4 g	6 g
Vitamin A	90 IE	43 IE	17 IE	27 IE	33 IE
Vitamin B1	0,04 mg	0,01 mg	0,01 mg	0,01 mg	0,02 mg
Vitamin B2	0,02 mg	0,02 mg	1200 mg	700 mg	900 mg
Vitamin B6	0,03 mg	0,03 mg	0,02 mg	0,02 mg	0,02 mg
Nicotinsäure	0,1 mg	0,5 mg	0,1 mg	0,1 mg	0,3 mg
Pantothensäure	0,1 mg	0,02 mg	–	–	–
Vitamin C	5 mg	1 mg	1 mg	2 mg	3 mg
Folsäure	+	+	+	+	+
Biotin	+	+	+	+	+
Apfelsäure	700 mg	700 mg	140 mg	223 mg	405 mg
Zitronensäure	30 mg	230 mg	70 mg	130 mg	150 mg
Oxalsäure	1,5 mg	0	–	0,2 mg	0,5 mg
Natrium	1 mg	2 mg	1,9 mg	2 mg	2,2 mg
Kalium	116 mg	100 mg	97 mg	105 mg	114 mg
Kalzium	7 mg	6 mg	6 mg	6,3 mg	6,7 mg
Magnesium	5 mg	0	0	0,5 mg	1,3 mg
Mangan	0,07 mg	0	0	0,04 mg	0,05 mg
Eisen	0,3 mg	0,6 mg	0,5 mg	0,4 mg	0,4 mg
Kupfer	0,08 mg	0,35 mg	0,2 mg	0,25 mg	0,3 mg
Phosphor	10 mg	9 mg	3 mg	7 mg	8 mg
Schwefel	5 mg	0	0,3 mg	3,7 mg	4,2 mg
Chlor	4 mg	0	0,4 mg	–	–
Purinstoff	0	0	–	–	–

Alle Angaben bezogen auf 100 Gramm
– es liegen keine verwertbaren Angaben vor
+ ist in der Analyse nachweisbar, mengenmäßig aber nicht erfassbar
* mit 250 Gramm Apfelfrischtrester als Zusatz zu 0,75 Liter Apfelessig. Entsprechend unserem generellen Vorschlag, jedem für Heilzwecke eingenommenen Essig frischen Trester zuzufügen, damit jene Stoffe, die bei der alkoholischen Gärung vom Most zum Wein zerstört wurden, wieder ergänzt werden. Auf diese Weise erhalten wir einen Heilessig, der die alkohollöslichen Stoffe und die in Essigsäure löslichen Stoffe in optimaler Bioverfügbarkeit enthält.

Fügen Sie jedem zu Heilzwecken gedachten Essig frischen Trester zu: Damit lassen sich die Stoffe wieder zuführen, die bei der alkoholischen Gärung verloren gehen.

Eine essigsaure Kulturgeschichte

Im Grunde genommen ist die Geschichte des Essigs weit älter als die des Menschen, denn die Essiggärung ist ein absolut natürlicher Vorgang, der ohne Zutun von außen abläuft. Was dazu notwendig ist, sind Luft, Essigbakterien und alkoholhaltige Flüssigkeiten. Beispielsweise kann in herabgefallenen Früchten durch Einwirkung warmer Sonnenstrahlen eine alkoholische Gärung stattfinden und Essig entstehen.

Der Essig musste folglich nicht erst »erfunden« werden, sondern der Mensch musste lediglich nach und nach entdecken, wofür er ihn verwenden konnte. Wie sich im Laufe der Zeit herausstellte, war dies eine ganze Menge: zum Konservieren von Lebensmitteln, Zartmachen von Fleisch, zum Würzen und Veredeln von Speisen, mit Wasser verdünnt als Getränk sowie zur Pflege von Haut und Haaren.

Vor all dem stand jedoch der Einsatz des Essigs als wirksames Heilmittel gegen zahllose Leiden und um Bakterien und Krankheitserregern zu Leibe zu rücken. Denn Essig gilt als das erste Antibiotikum in der Geschichte, dass sicherlich vielen Menschen das Leben gerettet hat.

■ Die Anfänge des Essigs

Ihren Anfang nahm die essigsaure Geschichte mit vergorenem Traubensaft – irgendwann wurde wohl rein zufällig entdeckt, dass offener Wein und andere alkoholische Flüssigkeiten mit der Zeit sauer werden. Und so lässt sich auch heute nicht mehr genau verifizieren, wann und wo Menschen sich zum erstenmal des Essigs bedienten. Ziemlich sicher ist dies jedoch geschehen, lange bevor die Sumerer ihre Streitwägen mit Scheibenrädern ausstatteten, die Ägypter die Vorzüge des Ackerbaus mit Pflügen erkannten und lange bevor diese frühen Hochkulturen darauf kamen, Getreide wie Gerste anzubauen und daraus Mehl zu mahlen oder Bier zu brauen. Die wohltuenden Wirkungen von Essig waren dem Menschen sehr wahrscheinlich schon um 6000 v. Chr. bekannt. Viele

Im Reich der Mitte war Essig wohl bereits um 6000 v. Chr. bekannt – dies lassen archäologische Funde in China vermuten.

Archäologen datieren die Essigentdeckung sogar noch früher: auf 11.000 bis 10.000 v. Chr.

■ Die Entdeckung seiner Bedeutung

Einerlei, wie alt der Essiggebrauch durch den Menschen nun tatsächlich ist, und unabhängig davon, ob vielleicht ein künftig gefundener steinzeitlicher Krug eine exakte Altersanalyse erlaubt – er gehört neben Alkohol und Olivenöl zu den ältesten Konservierungsmitteln und neben Salz zu den bedeutendsten Gewürzen der Frühzeit.

Von seiner zentralen Rolle im täglichen Leben hat der Essig im Laufe der Jahrtausende nie auch nur das Geringste eingebüßt. Denn sehr schnell entdeckten die frühen Kulturen, dass er sich außer zum Haltbarmachen und Würzen von Speisen noch zu sehr viel mehr gebrauchen ließ. So war der Gärtrunk bereits zu jenen Zeiten, als die erste Pyramide aus dem Wüstensand erwuchs, ein geschätztes Heilmittel und Kosmetikum. Das Wissen um die heilsamen und hautpflegenden Wirkungen des Essigs war über den ganzen Erdball und in vielen Kulturkreisen verbreitet.

Bis in unser Jahrhundert hinein ist die Wertschätzung, die dem sauren Elixier seit unzähligen Generationen zuteil wird, unvermindert geblieben. Auch wenn der Essig zwischenzeitlich immer wieder ein wenig in den Hintergrund getreten ist, hat man sich stets sehr rasch wieder auf seine vielen guten Wirkungen besonnen.

Davon, was sich auf dem langen Weg des »Urgewürzes« des Menschen durch die Epochen so alles an Interessantem und zum Teil auch Kuriosem zugetragen hat, handelt die folgende essigsaure Kulturgeschichte.

Seit Jahrtausenden bewährt

Obgleich die eigentlichen Anfänge der Essigkultur im Dunkeln verborgen liegen, haben wir einige Anhaltspunkte, ab wann der Sauertrunk wohl seinen Siegeszug angetreten hat. So wurden beispielsweise in altchinesischen Krügen Spuren von Essigresten nachgewiesen, die auf etwa 6000 v. Chr. datiert wurden und als

Drei Dinge kann ein Essig:
- *In der Küche dient er als Würz- und Konservierungsmittel für vielerlei Speisen und Lebensmittel.*
- *Mit Wasser verdünnt ist er ein erfrischendes Getränk.*
- *Er ist ein wirksames Heilmittel gegen unzählige Leiden, das Bakterien und Krankheitserreger bekämpft.*

die ersten gesicherten Indizien des Essiggebrauchs durch den Menschen gelten können. Rund zwei Jahrtausende jünger sind in mesopotamische Tontafeln gemeißelte Inschriften mit Erwähnungen von »saurem Bier«, einem alkoholischen Getränk, das aus Gerste gebraut und vergoren wurde.

Etwa zu gleichen Zeit begannen die Babylonier, Essig gewissermaßen kommerziell, in großen Mengen zu gewinnen, um damit Handel zu treiben. Am verbreitetsten zu diesen biblischen Zeiten war Dattelessig, in den man Lebensmittel, insbesondere Fleisch von Jagdzügen, einlegte. Damit wollte man nicht nur die Speisen vor dem Verderben schützen, sondern im symbolischen Sinn Unreinheiten und bösen Zauber entfernen. Mehr der Erfrischung diente im Land zwischen Tigris und Euphrat eine Mixtur aus Essigwasser, ein auch in späteren Epochen äußerst beliebter, da überaus gesunder Durstlöscher.

■ Essig als Heilmittel

Auch in der Bibel sowie im Talmud finden sich viele lobende Hinweise auf Essig und seine umfassenden Verwendungsmöglichkeiten.

Darüber hinaus machten die alten Babylonier zudem von den heilkräftigen Wirkungen des Essigs regen Gebrauch. Darauf deutet nicht zuletzt die damals übliche Bezeichnung für Ärzte hin: Sie bedeutet, ins Deutsche übersetzt, so viel wie »Essig- und Ölkundiger«. Die babylonischen Heilkundigen bedienten sich des Essigs zum Kühlen von Schwellungen und zur Desinfizierung von Wunden. Außerdem nahmen sie ihn gegen Schlangenbisse und Insektenstiche, Entzündungen und zur Fiebersenkung. Eine alte babylonische Inschrift rühmt den Essig als Lebenselixier, dessen Geruch die Lebensgeister wieder erwecke.

Neben den Babyloniern war auch den Phöniziern das breite Spektrum an Verwendungsmöglichkeiten, welche Essig bereithält, bestens bekannt. Sie schätzten neben den heilkräftigen Wirkungen vor allem ihren »shekar«, ein Getränk aus mildem Apfelessig verdünnt mit Wasser. Gleiches gilt für Chinesen, Japaner und Assyrer: Überlieferte Texte der alten Assyrer nennen eine Vielzahl an Heilrezepten mit Essig, darunter beispielsweise Einreibungen und Umschläge, um Hautbeschwerden und Ohrenschmerzen zu

Wie man ein Vermögen vertrinkt

»Cocktail à la Kleopatra«: Man nehme ein Perlenkollier und löse es in Essig auf – sehr zum Wohl!

lindern. Die Chinesen erhoben den Essigkrug sogar zum Symbol des Lebens schlechthin und die japanischen Samurai schätzten Essig als omnipotenten Kraftspender.

■ Kleopatras Perlenessig …

Neben amourösen Anekdoten ist uns von Kleopatra überliefert, dass sie eine glühende Verehrerin jedweder Gewinnspiele war und für ihr Leben gerne wettete. Eine ihrer vielen Wetten ging dabei in die Geschichte ein. Sie hatte darum gewettet, dass sie anlässlich eines Festessens nur für ihren eigenen Genuss über eine Million Sesterze ausgeben könne. Eine ungeheure Summe, von der eine kinderreiche Familie im antiken Alexandria, der damaligen Hauptstadt Ägyptens, viele Jahre problemlos hätte leben können. Selbst mit den teuersten Speisen und Getränken der damaligen Zeit konnte ein einzelner dieses Geld nicht »vertafeln« – so dachten Kleopatras Wettgegner und willigten in den Handel ein.

Doch die Königin belehrte sie eines Besseren: Sie aß und trank im gewohnten Ausmaß und ließ sich schließlich zum Abschluss des Mahls ein Glas puren Essig kommen. In dieses gab sie ein Perlenkollier, dessen Wert sich auf eine Million Sesterze belief. Nun

Um die berühmte Herrscherin Ägyptens ranken sich zahlreiche Legenden. Nicht nur, was ihre Verführungskünste anbetrifft, denen die Edlen ihrer Zeit reihenweise erlegen sind. Auch ihr legendärer Perlencocktail würde heute wohl so manchen Barkeeper in Verzückung versetzen.

musste Kleopatra nur noch darauf warten, bis sich das kostbare Schmuckstück unter Einwirkung der Essigsäure auflöste. Um ihre Wette zu gewinnen, genügte es, das Glas mit den im Essig aufgelösten Perlen zu leeren. So gelang es Ägyptens Regentin, dass teuerste Diner in der Geschichte einzunehmen. Ihr essigsaurer Trick ging in die Annalen ein und versetzte nicht nur ihre Zeitgenossen, sondern auch viele nachfolgenden Generationen immer wieder in Staunen – so mancher, der er sich leisten konnte, eiferte ihr nach. Zum Beispiel der römische Kaiser Caligula (12–41 n. Chr.), der es sich bei seinen berühmt-berüchtigten Gelagen nur ungern nehmen ließ, mit dem Perlenessig seine Gäste zu beeindrucken.

Doch zurück zu bodenständigeren Verwendungszwecken des Essigs – etwa dem »Sauerbier«, einem aus vergorenem Gerstenbier gewonnenen Getränk. Es wurde im Land der Pharaonen sehr geschätzt, wo man es »hequa« nannte und nebenbei bemerkt schon zum Morgenmahl servierte.

Essig im alten Rom

Posca, einem Gemisch aus Wasser und Essig, wurde vor allem im Imperium Romanum eifrig zugesprochen. Ursprünglich handelte es sich bei dem römischen Essigwasser um eine Notlösung. Weil man sauer gewordene Getränke wie Wein, Most oder Bier nicht wegschütten wollte, verfiel man auf den Gedanken, die ansonsten wertlosen Getränke probeweise einfach mit Wasser zu verdünnen. Der Versuch glückte und fand breiten Anklang – allerdings weniger bei der Oberschicht, sondern vielmehr beim einfachen Volk. Posca diente besonders Bauern, Soldaten und Sklaven als Durstlöscher. Denn das erfrischende Getränk war zum einen kostengünstig, zum anderen sehr bekömmlich.

Die römischen Legionäre waren sogar per Dekret dazu verpflichtet, täglich ihren Humpen Posca zu trinken. Das half zwar gegen den Durst, doch diente diese Maßnahme vor allem der innerlichen Desinfektion. Denn der mit Wasser verdünnte Essig schützte die Truppen vor schädlichen Keimen, ließ Wunden schneller abheilen und war bestens dazu geeignet, verseuchtes

Mit Posca war wohl auch der Schwamm getränkt, den ein römischer Legionär dem darbenden Christus am Kreuz reichte – nicht, wie oftmals angenommen, als zusätzliche Pein, sondern im Gegenteil zur Erfrischung.

Wasser genießbar zu machen. Posca hatte folglich eine wichtige Bedeutung für die Kampfkraft des römischen Heeres, obwohl er unter den Soldaten wenig Anhänger hatte. Sie setzten letztlich durch, die von oben verordnete Essig-Wasser-Mixtur nur alle paar Tage trinken zu müssen. Stattdessen wurde hin und wieder Wein ausgegeben. Nach einiger Zeit ersetzte die tägliche Weinration das ungeliebte Essigwasser, und Posca wurde gänzlich von der Getränkeliste der römischen Legionen gestrichen. Wie so mancher Chronist vermutet, könnte der Tausch des gesundheitlich wertvollen Posca gegen Wein durchaus mit zum Untergang des römischen Imperiums beigetragen haben.

■ Das beliebteste Aroma aller Zeiten

Das saure Getränk war für die geschmacklichen Vorlieben der damaligen Zeit genau das Richtige. Im antiken Rom stand Saures, am besten mit einem Hauch von Süßem, hoch im Kurs. Nahezu jedes zweite der zahllosen Rezepte, mit denen vor allem die Oberschicht sich und ihren Gästen kulinarische Genüsse bereitete, erhielt durch einen Schuss Essig erst die gewünschte Note. Häufig fügte der Küchenchef noch einen Klecks Honig oder etwas gekochten Most hinzu, um das Aroma ein wenig mehr in Richtung süßsauer zu trimmen.

Außer zur Freude der Geschmacksnerven diente Essig zum Haltbarmachen von Nahrungsmitteln. Ob Gemüse, Eier, Fisch und Fleisch oder Obst, alles wanderte in die saure Würze, um so vor dem Befall von Bakterien und Schimmelpilzen sicher zu sein.

Waren die im Essig eingelegten Nahrungsmittel aufgebraucht, bereitete man aus dem Rückstand häufig eine mit Honig, etwas Mehl, Öl, Zwiebeln und anderen Gewürzen aufgekochte Sauce zu. Übrigens wurden im Imperium Romanum nicht nur die Lebensmittel in Essig eingelegt, sondern auch die Gefäße zu deren Lagerung – Krüge, Töpfe und Kisten – regelmäßig mit unverdünntem Essig ausgerieben.

Daneben hatte Essig noch eine weitere wichtige Aufgabe, besonders in sozial schlechter gestellten Haushalten: Durch sein Aroma

Aus den landwirtschaftlichen Lehrschriften des römischen Schriftstellers Columella geht hervor, dass Essig, der zur Konservierung von Lebensmitteln vorgesehen war, zusätzlich mit etwas Salzlake versetzt wurde, um die Haltbarkeitsdauer zu verlängern.

ließ sich der Geschmack qualitativ minderwertiger beziehungsweise leicht verdorbener Nahrungsmittel mühelos »aufpeppen«. Davon profitierte neben dem Gaumen auch die Gesundheit, denn durch die Essigwürze wurden krank machende Keime schon im Vorhinein unschädlich gemacht.

Die wirtschaftliche Bedeutung

Schon bald nahm Essig im Altertum die Stellung eines »Allroundmittels« ein. Kein Haushalt, der in seiner Vorratskammer nicht verschiedene Essige zur Körperpflege, als Heilmittel, zum Hausputz und natürlich auch zum Verzehr gelagert hatte. Kein Wunder also, dass der Handel mit dem Sauer-Stoff zum lukrativen Geschäft avancierte.

Essig, einerlei aus welchem Produkt er gewonnen wurde, spielte im täglichen Leben der antiken Völker eine bedeutende Rolle: kein Haushalt, und sei er noch so bescheiden, ohne einen Krug Essig im Vorratsraum. Und so kam es, dass der Handel mit Essig kreuz und quer durch die damals bekannte Welt reiche Blüten trieb.

Von dem bedeutenden römischen Schriftsteller L. J. M. Columella, der sich überwiegend den Angelegenheiten des Ackerbaus, der Viehzucht und der Haushaltung widmete, sind ausführliche Notizen über die Möglichkeiten der Essiggewinnung überliefert. Wie in seinem Werk »De re rustica« zu lesen ist, dienten als Ausgangsprodukte für Columellas Essigempfehlungen Gerste, Trauben- und Feigenmost sowie Wein. Aus letzterem war der größte Teil des im alten Rom verwendeten Essigs hergestellt.

■ Von sauren Geschäften

Im Mittelalter war Saures ebenso begehrt wie im alten Rom: Man genoss mit Essig versetzte Speisen und ersann dazu immer neue Mixturen. Von Anissamen angefangen, über Gewürznelken und Knoblauch bis hin zu Zimtpulver reichte die Palette der Zutaten zur Verfeinerung des beliebten Sauer-Stoffs. Natürlich gab es auch beim Essig selbst die verschiedensten Varianten. Sehr beliebt neben Apfelessig war ein Weinessig, der mit Himbeeren, Holunder, Orangenblüten oder Rosenknospen veredelt wurde.

Essig landete jedoch nicht nur auf den Tellern, sondern fand außerdem Eingang in die mittelalterlichen Badestuben. Essigbäder gehörten bei den Damen von Stand zur täglichen Körperpflege. Die Anwendungen sollten die Haut straffen, deren Durchblutung anregen und eine zarte Röte auf die Wangen zaubern.

Um den Haushalten einen steten Essignachschub zu gewährleisten, ging man bald dazu über, den Verkauf des begehrten Gutes mit Essigkarren direkt auf der Straße zu bewerkstelligen. Darauf lagen die Fässer mit Essigen unterschiedlichster Geschmacksrichtung und Güteklasse. Junge Burschen, die so genannten Essigträger, lieferten die saure Ware dann frei Haus in Tonkrügen oder kleinen Holzfässchen.

Seines breiten Verwendungsspektrums wegen avancierte Essig im ausgehenden Mittelalter zum wirtschaftlich bedeutenden Handelsgut. Der Handel florierte derart gut, dass in Frankreich im 13. Jahrhundert sogar Steuern für Produkte mit und aus Essig erhoben wurden. In Hessen trat die Essigsteuer erst 1553 in Kraft, die britischen Nachbarn mussten für das wertvolle Nass ab 1673 unter König Charles II. tiefer in die Tasche greifen.

Im Mittelalter war Essig die stärkste erhältliche Säure und in jenen kühlschranklosen Zeiten, weit vor der Entwicklung jeglicher Verfahren und Mittel zur Konservierung, eine unschätzbare Hilfe in Haushalt und Küche.

Essig in Fernost

Vielleicht gelangte die Kunde, wie einträglich die Sache mit den Essigsteuern war, auf schnellstem Weg bis ins ferne Reich der Mitte. Denn zu Beginn des 13. Jahrhunderts entschloss sich der mongolische Khan Ögödei – ob bewusst oder nicht – seinen westlichen Herrscherkollegen nachzueifern: Er führte bei seinen unterjochten chinesischen Untertanen eine Art Monopolsteuer auf Essig und Salz ein.

Außer dem Obulus gibt es in Sachen Essig allerdings noch weitere Parallelen zwischen Orient und Okzident. Denn auch in China und in Japan war man sich der wohltuenden Effekte des sauren Trunks sehr wohl bewusst.

■ Nippons Kraftquell

Von den Samurai, den Rittern im Land der aufgehenden Sonne, ist überliefert, dass sie sich ihre Kampfkraft durch den täglichen Genuss eines Gläschens puren Reisessig erhielten. Als besonders wirkungsvoller Stärkungstrank galt der »tamago-su«, eine Mixtur, bei der die Kräfte des Reisessigs durch Zugabe eines frischen Hühnereies erhöht wurden. Diese Rezeptur hat sich bis heute in

Der Sauer-Stoff für Gesundheit und Wohlbefinden

In Japan ist es bis heute üblich, Sushi-Reis mit Essig zuzubereiten, um so Bakterien abzutöten, die unter Umständen zu einer Lebensmittelvergiftung führen könnten, sowie um den Reis vor dem Verderben zu schützen.

Japan erhalten: Man legt ein rohes Ei samt Schale für eine Woche in Reisessig. Danach hat sich die Eierschale und anschließend das Ei selbst vollkommen aufgelöst. Von dieser Zubereitung nimmt man dreimal täglich einen Löffel in etwas warmem Wasser verrührt zu sich, um seine Gesundheit zu stärken und sich vor Krankheiten und Schwäche zu wappnen.

Von den japanischen Sushi-Meistern gibt es dagegen eher Kosmetisches mit Essig zu berichten: Der »itamae-san«, der Sushi-Koch, hielt eine Menge darauf, stets makellos gepflegte Hände zu haben; und das trotz des täglichen Kontakts mit Fisch und Meeresfrüchten, kaltem Wasser und scharfen Saucen. Sein Geheimnis waren schlicht und einfach mehrmals täglich vorgenommene Einreibungen der Hände mit purem Essig. Die mild wirkende Essigsäure schützte die Haut vor dem Austrocknen und pflegte sie.

Who is who des Essigs – von berühmten Persönlichkeiten und dem Sauertrunk

- Hippokrates (460–370/80 v. Chr.), der legendäre Arzt, verordnete seinen Patientinnen das regelmäßige Trinken puren Essigs, um sich so vor ungewollten Schwangerschaften zu schützen.
- Die ägyptische Herrscherin Kleopatra (69–30 v. Chr.) bediente sich des Essigs, außer um mit seiner Hilfe ihre Tafelgenossen zu beeindrucken (siehe Seite 41), überwiegend zu kosmetischen Zwecken: Sie erhielt sich ihre Schönheit unter anderem durch regelmäßige Essigbäder.
- Hannibal (247–183 v. Chr.) hingegen ging mit der in der Tat äußerst vielseitig verwendbaren Gärflüssigkeit wesentlich brachialer um. Der Feldherr der Karthager soll der Überlieferung nach mittels Essig Steine gesprengt haben, die ihm bei seiner Alpenüberquerung den Weg versperrt hatten. Er ließ um die steinigen Hindernisse Feuer entzünden und – sobald diese eine angemessene Temperatur erreicht hatten – Essig darüber gießen. Wie die Chronisten weiter berichten,

Prominente Zeitgenossen und »ihr« Essig

war es dann nur noch ein Kinderspiel, diese mittels Hacken auseinander zu brechen. Von dieser Methode sollen übrigens auch die Kelten Gebrauch gemacht haben, um Erze abzubauen.
- Die heilkundige Klosterfrau Hildegard von Bingen (1098–1179) schätzte den Essig vor allem aufgrund seiner verdauungsfördernden Wirkungen und empfahl die saure Medizin in ihrer »Causae et curae« gegen jedwedes Leiden rund um die Verdauung.
- Die Renaissancefürstin Lucrezia Borgia (1480–1519), gerühmt als die schönste Frau ihrer Zeit, pflegte – wie knapp 1500 Jahre vor ihr schon Kleopatra – zur Erhaltung ihres makellosen Äußeren täglich ein Vollbad in Essig zu nehmen.
- Mehr aus eitlen Beweggründen, denn aus Sorge um die Verdauungskraft griff Lord George Byron (1788–1824) zum Essig: Der englische Dichter führte regelmäßige Kuren zum Abspecken durch, im Zuge derer er über mehrere Tage nichts anderes als eine Mixtur aus Wasser und Essig sowie etwas trockenen Zwieback zu sich nahm.

Was bereits zahlreiche Zeitgenossen wussten und schätzten ist über lange Jahre hinweg in Vergessenheit geraten. Erst seit wenigen Jahren greift man wieder zunehmend zurück auf alte und wirksame Hausmittel, unter anderem auf Essig.

Die saure Arznei – Essig als Heilmittel

Vor all den genannten Anwendungen stand jedoch der Gebrauch von Essig zu heilsamen Zwecken, denn man darf nicht vergessen, dass die saure Essigflüssigkeit über Jahrtausende eines der wichtigsten Heilmittel war: Die Medizin der Antike wäre ohne diese saure Arznei kaum oder nur schwerlich ausgekommen; zumindest aber wäre sie nicht so wirksam gewesen. Zahllose medizinische Schriftwerke der damaligen Zeit, einerlei ob sie von Indern, Persern, Chinesen, Römern, Griechen oder Germanen stammen, preisen die stärkenden, heilenden und vor allem die desinfizierenden Kräfte des Acetums. Er war fester Bestandteil der Hausapotheken und kam in Gestalt von Umschlägen beispielsweise bei Verstauchungen, Insektenstichen und Schlangenbissen sowie zur Wundbehandlung zum Einsatz. Innerlich wurde er eingenom-

Der Sauer-Stoff für Gesundheit und Wohlbefinden

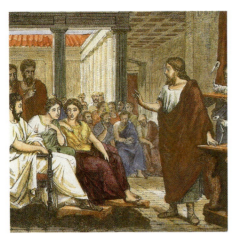

Claudius Galen – Lehrer der Anatomie zu Rom.

men bei Verdauungsbeschwerden, Fieber oder zur Entschlackung. Essigdämpfe galten schon damals als hilfreich bei Beschwerden der Atemwege, Kopfschmerzen und gegen eine verstopfte Nase.

Hippokrates (460–370/80 v. Chr.) verordnete Einreibungen mit unverdünntem Essig bei Blutergüssen und eitrigen Entzündungen. Zudem empfahl er regelmäßiges Gurgeln mit Essigwasser, um Mundgeruch und Atembeschwerden zu vertreiben. Auch zur Verdauungshilfe setzte ihn der berühmte griechische Heilkundige häufig ein.

Von einem seiner Kollegen, dem römischen Arzt Claudius Galen (129–199 n. Chr.), ist überliefert, dass er Essig als Allheilmittel gegen nahezu alles und für jedes empfahl: von Waschungen bei Augenentzündungen über das Gurgeln bei Heiserkeit bis zu Auflagen mit essiggetränkten Tüchern gegen Zahnschmerzen.

Das älteste Desinfektionsmittel

Die am längsten bekannte und dazu bedeutendste unter den vielen heilkräftigen Wirkungen des Essigs ist zweifelsohne seine antibakterielle und desinfizierende Eigenschaft. Essig gilt als das erste Antibiotikum in der Chronik der Medizin. Denn die enthaltene Essigsäure macht – was man damals freilich noch nicht wusste – schädlichen Mikroorganismen das Leben schwer. Diesen keimhemmenden Effekt der Essigsäure nutzte man seit Menschengedenken, unter anderem, um Wunden zu reinigen und zu desinfizieren. Oder man beugte durch Essigeinreibungen übertragbaren Erkrankungen, vor allem Hautleiden, vor. Essig diente für zahlreiche Belange, bei denen es darum ging, Krankheitserregern zu Leibe zu rücken, als Heilmittel.

Ohne Essig hätten die verheerenden Seuchen des Mittelalters vermutlich noch weit mehr Menschenleben gekostet.

Allein dem Essig ist es wohl zu verdanken, dass Verletzte nicht dem zumindest in vergangenen Zeiten meist tödlich endenden Wundbrand zum Opfer fielen. Die Wundbehandlung mit Essig

Von antiken Gelehrten und mittelalterlichen Schurken

war bis in unser Jahrhundert hinein üblich; noch im ersten Weltkrieg hatten die Feldärzte stets ein Fläschchen im Gepäck, um Verwundeten damit erste Hilfe zu leisten.

■ Schutz vor Seuchen

Das Desinfektionsmittel und natürliche Antibiotikum Essig blieb über viele Jahrhunderte ohne Konkurrenz. Während des gesamten Mittelalters, aber auch noch in der Gotik und Renaissance, war er das wichtigste Mittel gegen Bakterien, Viren und andere Mikroorganismen. Mit seiner Hilfe schützte man sich vor der Ansteckung mit so mancher schweren Krankheit – in Zeiten ohne sanitäre Einrichtungen und Abwassersysteme sowie weniger ausgeprägtem hygienischem Empfinden eine unschätzbar wertvolle Hilfe.

Zu den gesundheitlichen Gefahren in jenen Zeiten gehörte die Pest, die durch Europa wütete und ganze Landstriche nahezu unbevölkert zurückließ. Man rieb den gesamten Körper mehrmals am Tage mit Pest-Essig ein, pur oder mit zusätzlich desinfizierenden Kräutern versetzt, und inhalierte Essigdämpfe, um sich auch innerlich gegen die Seuche zu wappnen.

Der »Vier-Räuber-Essig«

In diesem Zusammenhang gibt es eine recht illustre Anekdote aus dem mittelalterlichen Marseille: Dort sollen sich vier Räuber daran gemacht haben, die aufgrund der Pest verwaisten Häuser zu plündern oder dem Tod geweihte Pestopfer zu bestehlen. Um sich vor der Ansteckung zu schützen, rieben sie sich mit Gewürzessig ein und spülten den Mund damit aus. Der Essig enthielt neben Honig und Gewürzen wie Zimt, Vanille und Muskatnuss auch heilkräftige Kräuter wie Lavendel und Rosmarin. Die Mischung bewahrte sie tatsächlich vor der tödlichen Seuche und verhalf ihrem räuberischen Tun zu großem Erfolg. Fortan ging diese Essigzubereitung als der »Vier-Räuber-Essig« in die Annalen ein, der in einigen Gegenden Frankreichs noch heute zu haben sein soll.

Ähnliche Rezepturen wie der »Vier-Räuber-Essig« galten im Volk auch als probates Mittel zum Schutz vor bösen Hexenkräften, üblem Zauber und gegen seelische Schieflagen.

Der Sauer-Stoff für Gesundheit und Wohlbefinden

Als Pest und Cholera im Mittelalter in Europa wüteten, wurde Essig als Desinfektionsmittel eingesetzt.

Da Essig das einzig verfügbare Desinfektionsmittel war, wurde er nahezu überall eingesetzt, wo gründliche Hygiene ein Problem war, zum Beispiel in Hospitälern oder auf Schiffen.

Ein unentbehrliches Hilfsmittel

Klöster waren im Mittelalter und noch lange Zeit danach Zentren heilkundlichen Wissens. Unter den medizinisch versierten Kirchendienern befand sich eine Äbtissin, deren Wissen um die Heilkräfte der Natur heute wieder große Beachtung findet. Hildegard von Bingen (1098–1179) hieß die Klosterfrau, die allerlei heilkräftige Zubereitungen mit Essig in ihrem Rezepterepertoire hatte. Ganz besonders schätzte sie diese, um Beschwerden rund um die Verdauung zu kurieren: »Der Essig reinigt das Stinkende im Menschen und sorgt dafür, dass sein Essen den richtigen Weg geht.«

■ Essig im Krankenzimmer

Der Essigboom des Mittelalters und der Gotik ebbte auch in den folgenden Jahrhunderten nicht ab. Weiterhin diente er als wichtiges Gewürz- und Konservierungsmittel, praktische Haushaltshilfe und vor allem als umfassend wirksame Arznei. Bis zu Beginn des 19. Jahrhunderts wurde weit über die Hälfte des in Europa produzierten Essigs für Heilzwecke sowie zur Herstellung von Medikamenten verwendet. Besonders zu Desinfektionszwecken und zum Schutz vor einer Ansteckung mit übertragbaren Krankheiten war Essig eine unentbehrliche Hilfe: Man stellte in Krankenzimmern und auf den Gängen der Hospitäler mit Essig gefüllte Schalen auf; das durch die Verdunstung ausströmende Essigaroma sollte die Krankheitserreger vertreiben und die Luft desinfizieren.

Auch auf See durften die heilkräftigen und schützenden Effekte des Essigs nicht fehlen. Dies war sogar gesetzlich festgelegt: Unter keinen Umständen durfte ein Schiff ohne eine ausreichende Menge Essigkrüge im Bauch in See stechen – bis in das 19. Jahrhundert hinein blieb diese Vorschrift bestehen. Essig diente zum Reinigen der Kajüten und des Schiffsdecks und mit Wasser gemischt als erfrischendes und zugleich wirksames krankheitsvorbeugendes Getränk. Und er blieb natürlich das wichtigste Utensil des Schiffsarztes.

■ »Nachbarin, Ihr Fläschchen …«

Solcherart angesprochen, wusste in früheren Zeiten jeder, was zu tun war: rasch das Fläschchen mit dem Essig gezückt und der Bittstellerin zu Hilfe geeilt. Außer krank machende Keime zu entschärfen und die Gesundheit zu erhalten, nutzte man Essig nämlich zudem, um üble Gerüche zu vertreiben beziehungsweise erträglicher zu machen. Das saure Elixier diente auch als Erfrischung unterwegs und half dabei, plötzlich auftretende Unpässlichkeiten zu meistern.

Ganz besonders versiert hinsichtlich aromatischer Hilfsmittel im täglichen Leben war man in Frankreich. Dort ersann man immer neue und diffizilere Duftkompositionen, um sich gegen olfaktorisches Ungemach zu wappnen. Die in der Regel auf Essigbasis hergestellten Mixturen füllte man in die berühmten Riechfläschchen, ohne die eine Dame von Stand nur im Notfall das Haus verließ. Und so legte die bekannte Marquise de Sévigné (1626–1696) ihrer frisch vermählten Tochter dringlichst ans Herz: »Halte stets die Moral fest in Händen und das Riechfläschchen mit Essig gefüllt unter die Nase, um niemals im Leben Schiffbruch zu erleiden …«

Die Riechfläschchen, die sich die Damen der Oberschicht bis ins 19. Jahrhundert hinein bei Unpässlichkeiten unter die Nase hielten, um drohende Ohnmachten abzuwehren, enthielten in der Regel Essig – sowohl pur wie auch aromatisiert.

Verantwortlich für die Essiggärung: Acetobacter, Essigsäurebakterien.

Wie Essig entsteht

Überall in der Natur kann aus alkoholhaltigen Flüssigkeiten Essig entstehen – einzige Bedingung ist, dass genügend Sauerstoff vorhanden ist. So kam es, dass Essig schon sehr früh durch den Menschen genutzt wurde. Obwohl jedoch im Laufe der Jahrtausende während Essiggeschichte unzählige Verwendungsmöglichkeiten für den sauren Trunk gefunden wurden, blieb stets ungeklärt, wie Essig entsteht und was dabei geschieht. Erst in der Neuzeit fand man nach und nach Antworten auf diese Frage und fügte die bruchstückhaften Erkenntnisse zusammen, um letztendlich Essig gezielt herstellen zu können. Die Hauptakteure im essigsauren Geschehen sind die Acetobacter, die Essigsäurebakterien. Bis man ihnen und ihrem Treiben jedoch auf die Spur kam, sollte es bis fast in unser Jahrhundert hinein dauern.

Das Rätsel der Essiggärung

Rein chemisch und kurz und knapp auf den Punkt gebracht, handelt es sich bei Essig um das Produkt, das entsteht, wenn alkoholische Verbindungen für längere Zeit der Luft ausgesetzt sind. Das klingt sehr simpel und macht verständlich, weshalb Essig überall in der Natur »von selbst« entstehen kann und nicht erst erfunden werden musste. Was jedoch tatsächlich erst gefunden werden musste, war die Erklärung für das Rätsel der Gärung.

Der Name Acetobacter leitet sich von dem lateinischen Begriff »acetum«, Essig, ab. Durch die Anwesenheit dieser Bakterien entsteht jene wohl bekannte »klare, farblose bis gelbliche Flüssigkeit von saurem Geschmack und typischem Geruch«.

Pasteurs »Essigpilze«

Licht ins essigsaure Dunkel brachte der französische Naturforscher Louis Pasteur. Er fand heraus, dass nur durch die Mithilfe bestimmter Kleinstlebewesen aus Luft und alkoholhaltigen Flüssigkeiten Essig entstehen kann. In seiner 1863 veröffentlichten Studie über die »Krankheiten des Weines« zeigt Pasteur, dass der

Vom Begründer der Mikrobiologie

»allgegenwärtige Essigpilz« die Essiggärung hervorruft und damit die Entstehung und Erhaltung von Wein stört. Entsprechende Untersuchungen stellte er auch zu den »Krankheiten des Bieres« an; seine daraus gewonnenen Erkenntnisse erschienen etwas später, im Jahr 1876.

Was sich unter Pasteurs Mikroskop tummelte, hielt der französische Naturwissenschaftler für Pilze – von ihm »Mycoderma acetii« getauft. Sie waren nichts anderes als Essigsäurebakterien – natürliche, überall vorkommende Mikroorganismen. Diese Winzlinge, bewegliche und unbewegliche Stäbchen der Gattung Acetobacter und Acetomonas, sind ebenso wie wir Menschen aerob – benötigen also zum Überleben Sauerstoff. Was sie jedoch wiederum von anderen Lebewesen unterscheidet, ist ihre Ernährung: Diese besteht nämlich ausschließlich aus Alkohol. Der Grund, warum sie sich mit solcher Vorliebe auf allem Alkoholhaltigen ansiedeln.

All diese Feinheiten rund um Leben und Werk der Acetobacter brachte die Wissenschaft erst nach und nach zu Tage. Um die Jahrhundertwende wurden Pasteurs »Essigpilze« entlarvt und das

Erst gegen Ende des 19. Jahrhunderts kam man – dank der Forschungen Louis Pasteurs – den von Mikroorganismen ausgelösten Gärungsprozessen bei der Essigentstehung auf die Spur.

Frankreichs Held der Wissenschaft

Louis Pasteur (1822–1895) führte die Medizin zur Bakteriologie und gilt gewissermaßen als Vater der Mikrobiologie: Er war es, der entdeckte, dass Mikroorganismen für Gärungs- und Zersetzungsprozesse verantwortlich sowie darüber hinaus ursächlich an der Entstehung verschiedener Krankheiten, etwa Milzbrand und Tollwut, beteiligt sind. Sein Forschungstreiben war bahnbrechend für die Seuchenbekämpfung des 19. und 20. Jahrhunderts: Unter anderem entwickelte er Impfstoffe gegen den Milzbranderreger sowie gegen Tollwut und tat damit den ersten Schritt in das Zeitalter der »aktiven Immunisierung«. Aufgrund seiner immensen Verdienste wurde der Wissenschaftler in seiner Heimat bereits zu Lebzeiten als Nationalheld verehrt.

Wie Essig entsteht

Geheimnis des Essigs vollständig gelüftet, indem man dem Treiben der Essigbakterien auf die Schliche kam und so den Gärvorgang im Einzelnen erklären konnte.

Die Arbeit der Acetobacter

Zwei deutsche Wissenschaftler fanden 1903 die letzten Puzzlestücke der Essiggärung und setzten sie zu folgender einfacher Formel zusammen: Alkohol + Sauerstoff = Essigsäure + Wasser + Wärme. In Worte gefasst: Essigsäurebakterien aus der Luft siedeln sich auf der Oberfläche einer alkoholischen Flüssigkeit – beispielsweise Wein, Bier oder eben wie in unserem Fall Apfelmost – an und vermehren sich dort. Dazu benötigen sie Sauerstoff und Alkohol, welche sie mittels Enzymen an der Außenseite ihrer Zellmembranen miteinander verbinden. Was dabei entsteht ist nichts anderes als Essigsäure, nämlich oxidierter, also mit Sauerstoff verbundener Alkohol. Während dieses biochemischen Vorgangs bildet sich vorübergehend auch Acetaldehyd – wer sich einmal selbst als Essigsieder versucht, sollte sich demnach nicht vom kurzzeitig auftretenden Geruch nach »Uhu« stören lassen. Die Acetobacter geben ihr Werk, die Essigsäure, an die Gärflüssigkeit ab und verwandeln diese nach und nach in Essig. All das gelingt jedoch nur, wenn die Randbedingungen stimmen.

Außer Essigsäure produzieren die Essigsäurebakterien auch Wasser und Wärme – der Grund, warum die Gärbehälter bei der großangelegten, kommerziellen Essigproduktion stets von außen, etwa durch Kühlrohre gekühlt werden müssen.

■ Die richtigen Voraussetzungen

Entscheidend für das Wohl und Wehe der sauren Arbeiter sind die Gärtemperatur und eine ausreichend große Sauerstoffzufuhr. Wird es den Essigsäurebakterien nämlich zu warm, sterben sie ab, und charakteristische Aromastoffe lösen sich durch Verdunstung buchstäblich in Luft auf. Das gleiche Schicksal ereilt die fleißigen Einzeller, wenn ihnen die Luft weg bleibt, ihnen also Sauerstoff fehlt. Denn wie bereits erwähnt, können sie ohne diesen nicht überleben.

Außer den unbedingt erforderlichen Existenzgrundlagen – Alkohol, der richtigen Gärtemperatur und genügend Sauerstoff – wünschen sich die Acetobacter noch ein gewisses Quantum an

Acetobacter verwandeln Wein in Essig

> ### Revolution der Lebensmittelindustrie: die Pasteurisierung
>
> In seinen Ausführungen zu den »Krankheiten des Weines« beschreibt Pasteur, wie die Zersetzung des alkoholischen Traubensaftes zu verhindern ist: durch das kurzzeitige, nur wenige Minuten andauernde Erhitzen auf Temperaturen um die 70 °C. Dadurch werden die im Wein enthaltenen Keime, darunter auch die »Essigpilze«, abgetötet und die kostbare Flüssigkeit vor dem Verderben bewahrt. Damit schlug die Geburtsstunde der »Pasteurisierung«, welche die Lebensmittelindustrie von Grund auf verändern sollte. Denn das nach seinem Entdecker benannte Verfahren erwies sich bald auch bei anderen Lebensmitteln, so beispielsweise bei Milch und Milchprodukten, als probates Mittel zur Haltbarmachung. Die kurzzeitige Erwärmung von Lebensmitteln zur Abtötung von Keimen und Mikroorganismen barg in sich grundlegend neue Möglichkeiten für die Lebensmittelchemie.

bestimmten Nährstoffen, um optimale Leistung bringen zu können. Dabei handelt es sich überwiegend um Kalzium und Kalium – beides Substanzen, die sie beispielsweise beim Apfelmost in Hülle und Fülle vorfinden. Wo dies nicht der Fall ist, behelfen sich manche Essighersteller mit der Zugabe von Zucker, Phosphaten, Chloriden oder Kalisulfaten, um den Acetobactern auf die Sprünge zu helfen. Bei naturbelassenen Essigen wird auf diesen »Kunstkniff« jedoch strikt verzichtet, denn die zugesetzten Substanzen sind in der Regel synthetischen Ursprungs und können die Qualität des Essigs sehr beeinträchtigen.

Die Seele des Essigs …

Die Essigsäure ist gewissermaßen die Seele des Essigs, denn sie verleiht ihm den sauren Geschmack und seine vielen gesundheitsfördernden, allen voran die konservierenden und keimtötenden, Wirkungen. Bei natürlich vergorenem Essig liegt der

Handelsübliche Essigessenz besitzt einen Säuregehalt von 25 Prozent und darf nur zu Haushaltszwecken verwendet werden.

Wie Essig entsteht

Gehalt an Säure bei fünf bis zehn, jedoch nie höher als 15 Prozent. Sonst würden die Essigbakterien selbst abgetötet und die Gärung würde unterbleiben.

Man kann Essigsäure heute jedoch synthetisch durch Oxidation von Acetylen, einem Stoff aus der Erdölchemie, herstellen. Soll diese Essigsäure zu Speisezwecken dienen, muss sie allerdings stark verdünnt werden – der Säuregehalt derart gewonnener Essige darf fünf Prozent nicht überschreiten. Essigessenz hingegen, wie sie etwa für den Haushalt im Handel erhältlich ist, besitzt einen Säuregehalt von 60 bis 80 Prozent. Sie darf nur zu Haushaltszwecken (Entkalken, Fleckentfernung) verwendet werden (siehe Seite 239 ff.).

... und seine Mutter

Bei der Oberflächengärung, wie sie etwa beim Orléans-Verfahren stattfindet, bilden die Essigbakterien an der Oberfläche der Gärflüssigkeit eine schleimige Hautschicht – die so genannte »Essigmutter«, auch als Kahmhaut bezeichnet. Oft wird die Essigmutter, die im Wesentlichen aus Essigbakterien besteht, abgeschöpft und als »Bakterienüberträger« in einen neu anzusetzenden Most oder Wein gegeben. Auf diese Weise entstehen regelrechte Generationen von Essigmüttern, die besonders von Herstellern feinster Balsamessige wohl behütet werden, um ihren Erzeugnissen ihr charakteristisches Aroma gleich einem Stempel aufzudrücken.

Verwendbar ist allerdings nur die frische Essigmutter mit lebenden Essigbakterien; sollte sie auf den Boden des Gärgefäßes abgesunken sein, sind die Bakterien abgestorben und die Kahmhaut ist damit wertlos geworden.

■ Die heilende Wirkung

Außer für die »corporate identity« des Essigproduzenten zu sorgen, besitzt die Essigmutter auch gesundheitliche Vorzüge: Sie gilt, teelöffelweise eingenommen, als hochwirksam gegen arthritische Schmerzen in den Gelenken und gegen Darmparasiten sowie als hervorragendes Mittel zur Stärkung der Abwehrkräfte. Auf die Haut aufgetragen, bringt sie Entzündungen und Geschwüre zum Abheilen.

Diese zugegebenermaßen nicht gerade attraktive Medizin können Sie übrigens ganz einfach selbst herstellen: Sie füllen Essig und Most zu gleichen Teilen in ein Gefäß und lassen dieses offen an einem warmen Ort stehen – nach einigen Tagen bildet sich an der Oberfläche eine schaumige Haut, die Sie mit einem Holzlöffel abschöpfen und so, wie sie ist, anwenden können.

Essigherstellung zwischen Tradition und Moderne

Bis weit ins Mittelalter hinein überließ man die Essigherstellung im Grunde mehr oder minder der »Willkür« der Natur – man ließ offene und nicht vollständig gefüllte Gefäße mit alkoholhaltigen Flüssigkeiten einfach so lange stehen, bis deren Inhalt zu Essig vergoren war. Später ging man dann dazu über, statt der sich zufällig ansiedelnden Essigbakterien gezielt »handverlesene« Zuchtkulturen einzusetzen. Durch Zugeben von bereits fertig gereiftem »Stammessig« oder Essigmutter hatte man eine gewisse Kontrolle über die Art der Essigbakterien und damit über den Geschmack des neu entstehenden Essigs. Denn die Hauptakteure im essigsauren Prozess bestimmen ganz entscheidend die geschmackliche Qualität des Endproduktes. Nach und nach mauserte sich die Essiggewinnung zum steuerbaren Prozess.

Diese ursprünglichen Methoden nehmen allerdings sehr viel Zeit in Anspruch, welche die heutige kommerzielle Essigfabrikation aus Rentabilitätsgründen normalerweise nicht aufbringen kann. Und so hat die Industrialisierung auch bei der Essigherstellung in Gestalt verschiedener »Schnellverfahren« Einzug gehalten: Boerhaave-, Drehbildner-, Rundpump-, Generator-, submerses Durchlüftungs- sowie Schützenbachverfahren sorgen heute überwiegend für die rationale und rentable Gewinnung des sauren Gutes.

Die Orléans-Methode

Ob dieses Verfahren ursprünglich tatsächlich aus der Stadt an der Loire stammt, ist fraglich; sicher ist dagegen, dass es gegen Ende des 14. Jahrhunderts eingeführt wurde.

»Handgemachte« Essigspezialitäten sind ein kulinarischer Genuss höchster Qualität. Bezugsadressen von Herstellern finden Sie auf Seite 251 – oder fragen Sie einfach einmal direkt bei einem Winzer oder Weingut nach dem sauren »Gustostückerl«.

Wie Essig entsteht

Einige kleinere Betriebe, die qualitativ und geschmacklich hochkarätigen Essig herstellen möchten (und sich dies auch leisten können), arbeiten noch mit dem Orléans-Verfahren, auch Pasteur-Verfahren genannt. Dabei werden große Holzfässer mit der zu vergärenden Flüssigkeit gefüllt, und zwar nur bis zur Mitte. Der Gärflüssigkeit wird ein gewisses Quantum an altem »Stammessig« oder Kahmhaut beigegeben, welche die gewünschten Essigbakterien liefern. Mehrere Luftlöcher oberhalb des Flüssigkeitsspiegels sorgen für genügend Sauerstoffzufuhr, und Temperaturen von mindestens 20 °C stellen optimale Gärbedingungen sicher.

Der Vorteil gegenüber der althergebrachten »Urmethode« ist, dass die Fässer liegen und, da sie nur zur Hälfte gefüllt sind, eine größere Oberfläche bieten, an der die Essigbakterien angreifen können; Orléans- und Pasteur-Verfahren werden deshalb auch Oberflächengärung genannt.

■ Gutes Aroma braucht seine Zeit

Pro Quadratmeter Flüssigkeitsoberfläche und Tag wird allerdings günstigstenfalls ein halber Liter Alkohol zu Essig umgesetzt – im Vergleich zu den modernen Verfahren ein »Schneckentempo«. So kann die Gärdauer bei der Orléans-Methode auch mehrere Wochen betragen. Sie gilt als beendet, sobald der Alkoholgehalt der Flüssigkeit auf wenige Zehntelprozent abgesunken ist. Eine vollständige Vergärung des Alkohols wird tunlichst vermieden. Denn zum einen könnten sich die Bakterien bei Alkoholmangel – Nahrungsentzug – über die Essigsäure hermachen und sie aufzehren. Zum anderen hat die Erfahrung gezeigt, dass sich zugleich mit dem Verschwinden der letzten Alkoholreste die Qualität des Essigs rapide verschlechtert. Das lässt sich darauf zurückführen, dass die gebildeten Aromastoffe vernichtet werden, sobald der Alkohol aufgebraucht ist.

Haben die Acetobacter ihr Werk zufriedenstellend getan, wird ein Teil des Essigs abgezapft und durch neuen Wein, Most oder eine andere alkoholische Flüssigkeit ersetzt. Dabei achtet der

»Gut' Ding will Weile haben.« – sagt schon eine alte Volksweisheit. Gleiches gilt auch bei der Essiggärung. Je langsamer und ausgiebiger die Essigbakterien ihre Arbeit verrichten dürfen, desto hochkarätiger wird der Essig.

»Sauertrunk riserva«

Essigsieder peinlichst genau darauf, die von den Bakterien gebildete Kahmhaut an der Oberfläche nicht zu zerstören, da sie sonst absinken und ihren Wert verlieren könnte.

■ Auf die Reife kommt es an

Nach der Vergärung ist der Essig jedoch noch nicht vollendet. Damit sich das Bouquet voll entwickelt, bedarf es einer gewissen Reifezeit in Holzfässern. Mindestens zwölf Monate muss lagern, was ein geschmacklich hervorragender Essig werden will. Besonders feine Gärprodukte reifen hingegen über mehrere Jahre ihrem vollendeten Geschmack entgegen.

Qualitativ hochwertiger Essig reift mindestens ein Jahr im Holzfass.

Ein, wie eben geschildert, mit viel Sorgfalt und über Jahre gewonnener Essig hat seinen Preis und wird den Anforderungen zur Produktion großer Mengen an Essig nicht gerecht. Die industrielle Essigfabrikation arbeitet deshalb mit so genannten Schnellessigverfahren. Von kommerzieller Bedeutung sind vor allem folgende zwei Methoden.

Essigbildner-Verfahren

1823 begann eine neue Ära der Essigherstellung: Der süddeutsche Essigfabrikant Johann Schützenbach stellte eine Technik vor, mittels derer es möglich wurde, Essig binnen 48 Stunden zu erzeugen. Heute bedient sich die industrielle Großmengenfabrikation von Gärungsessig nahezu ausschließlich dieses Verfahrens; nach seinem Erfinder Schützenbach-Verfahren, nach der zu Grunde liegenden Methodik zum Teil Essigbildner-Verfahren genannt.

Diese Schnellessigproduktion geht zwar von dem gleichen Prinzip aus wie das Pasteur- und Orléans-Verfahren, doch der

Was heute in den Regalen der Supermärkte an Essig steht, ist ausschließlich durch Schnellessigverfahren hergestellt – viele Verbaucher kennen zumeist nur solcherart industriell gewonnenen Essig.

Wie Essig entsteht

Trick dabei ist, dass die Essigbakterien nicht mehr nur an der Oberfläche der Gärflüssigkeit zu Werke gehen. An Stelle der Oberflächengärung findet eine so genannte Fesselgärung statt. Dabei rieselt die zu vergärende Flüssigkeit langsam über spiralförmig gerollte Buchenholzspäne, Birkenzweige oder Maiskolbenspindeln. Damit wird die Gärflüssigkeit auf eine wesentlich größere Oberfläche verteilt, was den Essigbakterien eine breitere Angriffsfläche gibt.

Um zu wissen, wann die Gärflüssigkeit den gewünschten Säuregehalt erreicht hat, prüft ein Alkograph rund um die Uhr den Stand der Gärung – damit kann der richtige Zeitpunkt zum Absetzen des fertigen Essigs exakt bestimmt werden.

■ Das Werk der Essigbildner

Das Ganze läuft in stehenden, sich nach oben konisch verjüngenden Holzbottichen von zwei bis acht Metern Höhe und einem Durchmesser von bis zu fünf Metern ab. Diese werden von unten ständig mit Sauerstoff belüftet. Im Inneren der Bottiche befinden sich zwischen zwei löcherigen Siebböden die mit Essig getränkten und mit Essigmutter überzogenen Holzspäne, Zweige oder Maiskolben – die mit Essigbakterien »infizierten« Essigbildner, an denen die Gärung vor sich geht und die dieser Methode ihren zweiten Namen gaben. Die zu vergärende alkoholische Flüssigkeit fließt langsam und gleichmäßig über die Essigbildner in den unteren Fassteil ab und wird mehrmals täglich wieder nach oben gepumpt,

Mit der Erfindung des Essigbildner-Verfahrens begann die industrielle Massenproduktion.

um erneut ihren Weg über die Essigbildner zu nehmen. Dies wird solange wiederholt, bis der gesamte Wein oder Most zu Essig vergoren ist – in der Regel ist das nach zwei bis drei Tagen der Fall.

Submers-Verfahren

Noch flotter, fast über Nacht, geht es mit dieser Methode, die seit den fünfziger Jahren in Gebrauch ist. Im Zuge derer werden die Essigbakterien nicht mehr auf Trägermaterialien wie etwa Holzspäne aufgebracht, sondern direkt in die zu vergärende Flüssigkeit gegeben – gewissermaßen in diese untergetaucht. Daher auch der Name »Submers-Verfahren«, denn der lateinische Begriff »submers« bedeutet »untergetaucht«. Bei dieser Methode erhalten die Essigbakterien eine noch größere Angriffsfläche und können so schneller arbeiten. Zudem wird konstant Sauerstoff in die Gärflüssigkeit eingeleitet, was die Gärung darüber hinaus beschleunigt – in ein bis maximal zwei Tagen ist sie komplett abgeschlossen.

Die Rohstoffe entscheiden

Mindestens ebenso wichtig, wenn nicht gar entscheidend, ist neben dem Herstellungsverfahren die Qualität der Rohstoffe. Denn aus einem schlechten Wein oder einem minderwertigen Apfelmost kommt auch bei sorgfältigster Weiterverarbeitung kein guter Essig mehr zustande. Und da sich so fast aus allem, was einen gewissen Alkoholanteil aufweist, Essig machen lässt, ist höchstmögliche Umsicht bei der Auswahl angesagt. Denn neben Wein, Most und Bier lassen sich nahezu alle Obstsorten bis hin zum Nachtschattengewächs Kartoffel, Zuckerrüben, Honig und verschiedene Getreidearten wie etwa Reis zu Alkohol vergären und können so »vergeistigt« als Ausgangsprodukt für Essig dienen. Angesichts der sich daraus ergebenden Vielfalt an Essigsorten muss viel Wert auf die Auswahl ihrer Rohstoffe gelegt werden, um sich nicht im »essigsauren Dschungel« verschiedenster Qualitätsansprüche zu verlieren.

Wie bei vielen anderen Nahrungsmitteln ist unter den Essigen jenen der Vorzug zu geben, die mittels natürlicher Verfahren unter

Essig – für die einen Industrieprodukt, für die anderen Passion und Leidenschaft. Qualitativ hochwertiger Essig kommt heute vielfach von kleinen Betrieben oder Weinbauern, die sehr viel Sorgfalt und Zeit für die Herstellung ihrer Sauerprodukte aufwenden.

Wie Essig entsteht

Handelsübliche Weinessige aus Großmarkthalle oder Supermarkt bestehen in der Regel aus einem Teil echtem Weinessig und vier Teilen Branntweinessig (Spritessig).

Vom sauren Etwas

- Wurde synthetisch hergestellte Essigsäure durch Verdünnen mit Wasser zu für Speisezwecken tauglichem fünfprozentigen Essig verdünnt, muss dieser die Aufschrift »Essig aus Essigsäure« oder »Essig aus Essigessenz« tragen.
- Natürlicher Gärungsessig, der mit Säureessig verschnitten (gestreckt) wurde, muss sich als solcher durch den Vermerk »Hergestellt unter Zusatz von Essigsäure beziehungsweise Essigessenz« zu erkennen geben.
- Der Säureanteil muss bei allen Speiseessigen laut Gesetz mindestens fünf Prozent, bei echten Weinessigen sogar sechs Prozent betragen. Der Gehalt an Essigsäure darf jedoch 15 Prozent nicht überschreiten.
- Echter Weinessig darf nur aus Wein, Traubenmost oder Traubenmaische hergestellt werden. Wird den genannten Rohstoffen Branntweinmaische zugesetzt, muss der so gewonnene Sauertrunk als Weinessigverschnitt deklariert werden.
- Synthetische Farbstoffe sind laut Essigverordnung bei allen Essigarten verboten; die Färbung mit Zuckercouleur, was einen gleichmäßig gelblich braunen Farbton bewirkt, ist jedoch außer bei Weinessig erlaubt. Zuckercouleur wird bei Bio-Essigen generell nicht eingesetzt.
- Laut Essigverordnung dürfen zudem in Gäressigen pro einem Liter bis zu 50 Milligramm schwefelige Säure enthalten sein. Schwefelige Säure soll eine spätere Trübung durch Essig- und Schleimbakterien verhindern. Bei Bio-Essigen wird darauf grundsätzlich verzichtet, denn die Schlierenbildung wird als Zeichen der Naturbelassenheit angesehen.

Verwendung von Rohstoffen aus biologischem Anbau hergestellt sind und so naturbelassen wie nur möglich auf dem Markt kommen. Doch hier gibt es enorme Unterschiede – der Griff in die Regale der Naturkosthändler ist allein noch keine Garantie für qualitativ hochwertigen Essig. Um sich in der allgemeinen

Essig von A bis Z

Begriffsverwirrung besser zurechtfinden zu können, sind im Anschluss einige Eckdaten zu den sauren Qualitätskriterien und damit zum Kauf aufgeführt.

Kleine Essigkunde

Essig kann wie gesagt grundsätzlich aus allen alkoholhaltigen Flüssigkeiten hergestellt werden. Daraus ergeben sich natürlich mannigfaltige Möglichkeiten zur geschmacklichen Nuancierung. Abhängig von der Herstellung lassen sich jedoch zwei Grundtypen unterscheiden: der Gäressig und der Ansatzessig.

Ersterer entsteht durch die Essiggärung aus alkoholhaltigen Flüssigkeiten, beispielsweise Apfelmost oder einem anderen Obstwein sowie Wein. Entscheidend dabei ist die Qualität des Ausgangsproduktes, denn diese bestimmt über den Geschmack des fertigen Essigs: Apfelessig schmeckt überwiegend nach Apfelmost und Rotweinessig eben nach Rotwein. Somit ist klar: Aus einem minderwertigen Apfelmost kann kein guter Apfelessig werden.

Beim Ansatzessig hingegen wird ein bereits fertiger, möglichst neutral schmeckender Essig mit Zusatzstoffen versehen, die ihm ein vollkommen anderes Aroma verleihen. Bei den Zusätzen handelt es sich im Normalfall um Kräuter und Geschmacksträger wie Gewürze. Der Fantasie sind dabei keine Grenzen gesetzt, sodass von Anis-, über Kamillen- bis hin zu Vanille- und Zimtessig alles machbar und erhältlich ist. Übrigens lässt sich derart aromatisierter Essig gut selbst herstellen; wie das geht, können Sie ab Seite 68 nachlesen.

Aromatisierte Ansatzessige finden sich immer häufiger auf den Wochenmärkten und in den Regalen der Feinkostläden – die Palette der kulinarischen Möglichkeiten der essigsauren Küche erweitert sich damit beständig (Seite 212 ff.).

Die wichtigsten Essigsorten

Eine kleine Auswahl der bekanntesten Essigsorten finden Sie im Folgenden aufgeführt. Die Auflistung erhebt jedoch keinen Anspruch auf Vollständigkeit. Sollten Sie Ihren Lieblingsessig also nicht aufgeführt finden, so hat dies nichts mit der Geringschätzung Ihres Sauer-Stoffs zu tun: Er ist lediglich der gebotenen Kürze zum Opfer gefallen.

Wie Essig entsteht

Welchen Essig Sie letztendlich zu welchem Gericht auswählen oder welcher Essig auch immer zu Ihrem Lieblingssauertrunk avanciert, hängt einzig und allein von Ihrem persönlichen Gusto ab – Ihrer Gesundheit zuträglich sind alle Sorten.

■ Balsamessig

Er ist gewissermaßen der König unter den Essigen, nicht nur im Hinblick auf seinen Geschmack und seine Verwendungsvielfalt, sondern auch was seine aufwendige, zum Teil Jahrzehnte überdauernde Herstellung und demgemäß seinen Preis betrifft. Dieser ist, handelt es sich um einen alten, in Modenas Eichenfässern über Jahre gereiften Aceto balsamico, fürwahr stattlich: Über 100 DM muss man für nur wenige Milliliter berappen.

Ausgangsprodukt für das kostbare saure Nass sind die weißen Trebbiano-Trauben, die in den Weinbergen rund um Modena wachsen. Diese werden eingedickt und in speziellen Holzfässern für einige Monate gelagert. Dabei verliert der Saft stetig an Flüssigkeit und somit an Volumen. Nach der Lagerzeit wird der nun noch konzentriertere Traubendicksaft mit Weißweinessig und einem »Hauch« des teuren Tradizionale vermischt.

Es gibt spezielle Auktionen für Balsamessige, auf denen ein alter Aceto balsamico di Modena zum Teil astronomische Preise erzielen.

Bevor ein Balsamessig den Namen Aceto balsamico tradizionale – auf letzteres kommt es an – tragen darf, muss er einen wesentlich längeren, über viele Jahre dauernden Herstellungsprozess durchlaufen haben. Mindestens zwölf Jahre muss ein solcher Spitzenessig an Lagerzeit auf dem Buckel haben, besser sind natürlich 30 und mehr. So mancher Essighersteller in Modena hat in seinem Keller über ein Jahrhundert alte Veteranen lagern – angesichts der Preise, die solche sauren Schätze erzielen, eine hervorragende Geldanlage.

Seine Reifezeit, und darin unterscheidet er sich von allen anderen Essigsorten, verbringt der traditionell hergestellte Balsamessig in eigens dafür gefertigten Fässern aus Eichen-, Kastanien-, Kirschen-, Maulbeeren- oder Eschenholz, die ihr jeweils eigenes Aroma an die Gärflüssigkeit weitergeben. Was diesen Essig so teuer macht, ist die große Verdunstung: Während der Reifezeit konzen-

Das »schwarze Gold« aus Modena

Balsamessig, Olivenöl, Tomaten und Basilikum – eine köstliche und gesunde Kombination.

triert er sich zu jenem begehrten süß-säuerlichen, dunklen und dickflüssigen Balsam. Die Verdunstungsverluste werden jährlich durch jüngeren Essig aus dem nächstgrößeren Fass ausgeglichen.

■ **Branntweinessig**

Von den Höhen geht es nun nahtlos über in die »Niederungen« der Essigkunst; zumindest, was den konventionell hergestellten Branntweinessig betrifft. Dieser wird aus reinem Ethylalkohol landwirtschaftlichen Ursprungs gewonnen, dem Destillat einer Mischung gärfähigen Materials – in der Regel Kartoffeln, Getreide oder Zuckerrüben. Der Alkohol wird verdünnt und dann vergoren. Was dabei herauskommt, hat, außer sauer zu sein, nichts an eigenem Aroma zu bieten und wandert in die weiterverarbeitende Industrie als Würzmittel oder zum Einlegen.

Anders dagegen der Öko-Branntweinessig, der wesentlich hochwertiger ist und sich demgemäß auch zum Kochen eignet: Er wird aus reinem, biologisch angebautem Weizen oder Roggen gewonnen, indem das Getreide in einer Brennerei verzuckert und der so gewonnene Zucker mit Hefe zu einer Alkoholmaische vergoren wird.

Welchen Essig Sie zu Ihrem Lieblingsessig erklären, ist ausschließlich eine Frage des persönlichen Geschmacks. Bei der Auswahl sollten Sie sich jedoch stets über Ausgangsprodukte und Herstellungsverfahren informieren. Nur so können Sie sicher sein, Essige höchster Qualität zu kaufen.

Wie Essig entsteht

▪ Einlegeessig

Dies ist gewissermaßen die salonfähige Variante des Branntweinessigs, wofür dieser gesalzen und mit Kräuterzusätzen oder künstlichen Aromastoffen geschmacklich aufgepäppelt wird. Die Gastronomie, vor allem Großkantinen und Mensaküchen, verwenden ihn – leider – noch sehr häufig zum Anmachen von Salaten.

▪ Gewürz- und Kräuteressig

Bis vor wenigen Jahren nur experimentierfreudigen Hobbyköchen und trendigen Küchenchefs vorbehalten, wächst die Vorliebe für durch Kräuter und Gewürze aromatisierte Essige beständig. Viele Essighersteller, besonders aus dem Naturkostbereich, haben darauf reagiert und bescheren uns eine immer größere Auswahl an essigsauren Kreationen.

Näheres zu Kräuter- und Gewürzessigen aus eigener Produktion finden Sie auf Seite 214 ff.

Diese erhält man, indem man in hochwertigen Essig, häufig Apfel- oder Weinessig, die unterschiedlichsten Ingredienzen einlegt und für einige Tage oder Wochen ausziehen lässt – eine so genannte Kaltextraktion. Häufig wandern die verwendeten Kräuter und Gewürze mit in die Flasche, was sich im Verkaufsregal optisch sehr gut macht.

Mit frischen oder getrockneten Kräutern lassen sich Essig und Öl raffiniert aromatisieren.

Geschmackvolle und gesunde Essigvielfalt

■ Honigessig
Dieser wird aus Met, verdünntem und vergorenem Honig, gewonnen und besitzt das typische Aroma des süßen Bienensaftes. Er ist recht kostspielig und findet überwiegend für ausgefallene Salatsaucen und Fleischgerichte Verwendung.

■ Malzessig
Wie der Name schon sagt: Ausgangsbasis für diesen Essig ist Malz, das mit Getreide vermischt, erhitzt und dann zur einer Art Bier vergoren wird.

Durch Zusatz von Bakterien erhält man einen hochprozentigen Essig, der stark verdünnt in den Handel kommt. Malzessig besitzt ein recht angenehmes, kräftiges Aroma und ist von dunkelgelber bis brauner Farbe.

■ Molkeessig
Auch aus dem in den letzten Jahren aufgrund seiner vielen gesundheitsfördernden Wirkungen zu neuen Ehren gekommenen Rückstand bei der Käseherstellung lässt sich ein durchaus wohlschmeckender Essig machen.

Der aus eingedickter Molke und mittels bestimmter Hefearten zu Alkohol vergorene Sauertrunk hat den Vorteil, sehr mild zu sein und auch von Magen-Darm-Patienten problemlos vertragen zu werden. Dafür sorgt der hohe Gehalt an Milchsäurebakterien, die dem Molkeessig zusätzlich zur Essigsäure eine äußerst gesunde Wirkung verleihen.

Es gibt bestimmte Sorten von Apfelessig mit Molkezusatz, die einen leicht »sauerkrautartigen« Geschmack haben und die sich vor allem bei Magen- und Darmproblemen empfehlen (Seite 108 ff.).

■ Obstessig
Einen der wichtigsten Vertreter der essigsauren Obstsäfte haben Sie bereits ausführlich kennen gelernt. Doch neben Äpfeln eignen sich auch zahlreiche andere Obstarten und die aus ihnen gewonnenen Weine als Tummelplatz für Essigbakterien: So etwa die meisten Beerenarten, Birnen, Aprikosen, Quitten, Kirschen und Weichseln oder Pfirsiche. Die beliebteste Variante ist und bleibt jedoch der Apfelessig.

Wie Essig entsteht

Nippon schwört auf seinen Reisessig, von dem zukünftig ebenso wie vom Apfelessig noch einiges zu hören sein wird. Denn das althergebrachte volksheilkundliche Wissen um die Heilkraft des Reisessigs wird ständig durch neue Ergebnisse aus den Labors japanischer Wissenschaftler ergänzt und bestätigt.

▪ Reisessig

Für diesen besonders in Japan sehr geschätzten Gärtrunk wird Reiswein, Sake oder der so genannte Sakekuchen, der bei der Reisweingewinnung zurückbleibt, vergoren. Liebhaber des Reisessigs haben die Wahl zwischen einer roten, weißen oder schwarzen Sorte; der weiße Reisessig entspricht jedoch am ehesten den westlichen Geschmacksvorlieben.

▪ Rosinenessig

Eine hierzulande rare Spezialität, für die getrocknete Rosinen zu einem Brei verarbeitet werden. Dieser wird von den Fruchtstückchen befreit und schließlich zu Essig weitervergoren. Das Ergebnis ist ein Essig mit einer dezent karamelligen, »rosinenartigen« Note, die sich vor allem zu Fisch und Salaten sehr gut macht.

▪ Weinessig

Zu guter Letzt zu dem neben Apfelessig bekanntesten Sauertrunk. Er wird aus reinem roten oder weißen Traubenwein vergoren und kann durch sein dezentes Aroma für nahezu alle Speisen verwendet werden. Während die Essigindustrie vielfach mit billigen Weinverschnitten aus den klassischen Weinerzeugerländern arbeitet, stammt guter, natürlich hergestellter Weinessig ausschließlich von hochwertigsten Weinen von Trauben aus biologischem Anbau. Rote Weinessige sind geschmacklich meist kräftiger als weiße und eignen sich daher auch für Speisen mit einem sehr kräftigen Eigengeschmack.

Apfelessig in Eigenproduktion herstellen

Hausgemachter Apfelessig ist natürlich etwas ganz Besonderes – doch hat, und das muss gleich vorweg gesagt werden, die eigene Herstellung ihre Tücken. Wer sich also als Essigsieder versuchen möchte, sollte sich mit Geduld wappnen und ein gewisses Maß an Experimentierfreudigkeit mitbringen. Denn die zur Herstellung von Essig erforderlichen Grundzutaten finden sich selten im

Do it yourself!

Apfelessig selbst herstellen erfordert zwar etwas Geduld, ist jedoch keine Hexerei.

Privathaushalt – wer besitzt schon große Holzfässer oder einen richtig temperierten Gärkeller. Viele Betreiber von kleinen Essigbetrieben berichten von Kunden, die sich etwas Stammessig oder Essigmutter zur Eigenproduktion holen und dann enttäuscht wieder kommen, da sich bei ihrem heimischen Gärversuch rein gar nichts getan hat oder aber das Produkt ihrer Bemühungen zu sauer und ungenießbar geraten ist. Essig, vor allem guten, herzustellen, bedarf eben jahrelanger Erfahrung und so mancher Tricks.

Trotz alledem nachfolgend das Prozedere zur Herstellung hausgemachten Apfelessigs für all jene, die ihr essigsaures Glück einmal versuchen möchten.

Obwohl der Verbrauch von Apfelessig kontinuierlich ansteigt, ist Wein in Deutschland nach wie vor der wichtigste Rohstoff für die Essigherstellung.

■ Nur ein guter Most …

Der Weg zum Apfelessig erfolgt in zwei Schritten: Zuerst wird ein guter Apfelmost hergestellt und aus diesem im zweiten Schritt Essig gewonnen. Sie können selbstverständlich auch fertigen Apfelmost verwenden – allerdings nur natürlich gewonnenen und damit gänzlich frei von Konservierungsstoffen. Denn jedwede Chemie beeinträchtigt die Gärung und die Qualität des Essigs.

Wie Essig entsteht

Wenn Sie sich für selbstgemachten Most entschieden haben, sollten Sie dazu nur süße Äpfel aus biologischem Anbau verwenden; sie gären aufgrund des höheren Zuckergehaltes schneller. Gut geeignete Sorten sind die so genannten Mostäpfel; Boskop oder Cox Orange.

▶ Sie waschen etwa fünf bis sechs Kilo Äpfel, vierteln diese und geben die Apfelstücke in eine Saftpresse.

▶ Entsaften Sie die Äpfel, und füllen Sie den Saft samt den Fruchtrückständen in ein großes Glas- oder Steingutgefäß.

▶ Anschließend verdünnen Sie den Apfelsaft mit etwas Wasser und geben einige Bröckchen Bäckerhefe dazu, um der alkoholischen Gärung ein wenig auf die Sprünge zu helfen.

▶ Dann stülpen Sie einen Luftballon über das Gefäß und verschließen es auf diese Weise luftdicht. Das bei der Gärung entstehende Kohlendioxid bläst den Ballon nach und nach auf – wundern Sie sich also nicht.

▶ Nun stellen Sie das Gefäß mit dem Apfelsaft für rund eineinhalb Monate an einen trockenen und wohl temperierten Platz – etwa 18 bis 20 °C).

▶ Bis der Apfelmost fertig ist, dauert es etwa vier bis sechs Wochen. Stören Sie sich übrigens nicht an dem grauen Schaum an der Oberfläche – dabei handelt es sich lediglich um überschüssige Hefe, die bei der Gärung entsteht.

Sie brauchen zwar kein Chemiker zu sein, aber etwas Experimentierfreudigkeit und Geduld sollten Sie schon mitbringen, wenn Sie sich an die Eigenproduktion »Ihres« Apfelessigs wagen möchten – Wir wünschen gutes Gelingen!

■ ... ergibt einen guten Essig

▶ Füllen Sie den Most in ein flaches, breites Gefäß aus Steingut oder Keramik um, das dem Most eine große Ober- und damit Angriffsfläche für die Essigbakterien verschafft.

▶ Dann geben Sie etwas Essigmutter (von Essigherstellern oder Kellereibetrieben) oder einen Schuss bereits fertigen, natürlich hergestellten Apfelessig hinzu, um die Essiggärung zu beschleunigen.

▶ Sie decken das Gefäß mit einem groben, luftdurchlässigen Stoff zu und stellen es wieder an einen trockenen und warmen Ort – ideal sind Temperaturen zwischen 26 und 28 °C. Temperatu-

Schritt für Schritt zum eigenen Apfelessig

Bevor Sie so richtig loslegen, sollten Sie prüfen, ob Sie alle notwendigen Utensilien verfügbar haben: Äpfel, Steingutgefäß, Hefe, Korken, Luftpumpe, Essigmutter, natürlich Äpfel …

ren, die weit darüber oder darunter liegen, schaden den Essigbakterien; ab 35 °C wird es ihnen zu heiß, sie sterben ab.

▶ Ab und an sollten Sie das Gefäß etwas schütteln, jedoch ohne dabei die Essigbakterien an der Oberfläche unterzutauchen. Zusätzlich empfiehlt es sich, auf den Boden des Gärgefäßes eine Luftpumpe zu legen und den herangärenden Essig beständig mit Sauerstoff zu versorgen. Dazu eignen sich am besten Pumpen für Aquarien oder kleine Gartenteiche.

▶ Nach drei bis vier Wochen sollten Sie mit dem Verkosten beginnen, um zu verhindern, dass es Ihnen zu sauer gerät.

▶ Je nachdem, wie warm das Gärgefäß steht, ob Essigmutter zugegeben und belüftet wurde, dauert es etwa zwischen sechs und zwölf Wochen, bis die Acetobacter ihr Werk vollendet und aus dem Most Apfelessig gezaubert haben.

▶ Gießen Sie den Essig durch ein feines, sauberes Leinentuch oder durch eine Filtertüte, um die Fruchtteilchen und Heferückstände abzuseihen.

▶ Dann füllen Sie Ihren Essig in Glasflaschen, die Sie vorher mit heißem Wasser sterilisiert haben, und verschließen diese luftdicht mit einem Naturkorken. Trocken und nicht zu warm aufbewahrt, hält der Apfelessig bis zu einem Jahr.

Süßsaure Köstlichkeiten und Leckereien: Kräuteressige und -öle, eingemachte und eingelegte Früchte und Gemüse.

Der Sauertrunk als wirksame Medizin

Sauer macht nicht nur lustig. Die Wirkstoffe des Apfelessigs sorgen für allgemeines körperliches Wohlbefinden.

Bei zahlreichen Beschwerden ist Apfelessig ein wirksames und dabei vollkommen natürliches Hausmittel, das die Gesundheit allgemein stärkt und aufgrund seiner wertvollen Inhaltsstoffe viele Möglichkeiten zur Vorbeugung und Behandlung zahlreicher Beschwerden bietet.

Entsprechend lang ist die Liste der Anwendungsgebiete des sauren Gärsaftes. Sie reicht von Appetitlosigkeit über Entschlackung und Entgiftung, von Verdauungsproblemen bis hin zu Zahnfleischentzündungen. Nicht zu vergessen natürlich der fiebersenkende Effekt von Essig.

Dieses Kapitel möchte Ihnen die vielen unterschiedlichen und wirkungsvollen Möglichkeiten aufzeigen, wie Sie selbst durch Apfelessig auf natürliche Weise zur Wiederherstellung und Erhaltung Ihrer Gesundheit beitragen und damit den Grundstein zu dauerhaftem Wohlbefinden legen können.

Altbewährtes und Neuentdecktes aus der Essigapotheke

Mit dem regelmäßigen Genuss von Apfelessig können Sie ärztliche Therapien und Behandlungen nachhaltig unterstützen.

So manches aus dem umfassenden Wirkspektrum des Apfelessigs hat inzwischen seine wissenschaftliche Erklärung und auch Bestätigung gefunden. Vielleicht ist das der Grund, warum immer mehr Ärzte gerne auf die Wirkungen des Sauertrunks zurückgreifen und ihn ihren Patienten bei zahlreichen einfachen Beschwerden empfehlen.

Der saure Obstsaft findet in wissenschaftlichen Kreisen zunehmend Anhänger. Entsprechend diesem aufkeimenden Interesse der medizinischen Forschung an natürlichen Heilmitteln – speziell am Apfelessig –, finden Sie bei den Behandlungen in diesem

Omas Tipps und wissenschaftliche Erkenntnisse – eine gesunde Mischung

Kapitel sowohl Altbewährtes als auch Neuentdecktes aus der Essigapotheke. In vielen Fällen sind die Therapieempfehlungen durch weitere volksheilkundliche Rezepturen aus Großmutters Hausmittelapotheke ergänzt.

Dass es sich beim Apfelessig sowohl um ein Nahrungs- als auch um ein Gesundheitsmittel handelt, welches sich zudem nicht nur zu gesundheitlichen und Kochzwecken, sondern auch zur Pflege von Haut und Haaren sowie als Haushaltshilfe vielseitig einsetzen lässt, macht Apfelessig umso faszinierender. Die nachfolgenden Kapitel halten diesbezüglich noch einiges aus der breiten Palette der Anwendungsmöglichkeiten des Sauertrunks für Sie bereit.

■ Alles hat seine Grenzen

»Apfelessig ist nicht ein Heilmittel für bestimmte Leiden, sondern ein Förderer der Gesundheit an sich.« Gemäß dieser Worte von Cyrill Scott, einem der wichtigsten Vertreter der Apfelessigheilkunde, sei gleich zu Beginn darauf verwiesen: Apfelessig ersetzt keine erforderliche ärztliche Therapie, keinen operativen Eingriff und ist ebenso nicht zur Behandlung schwerwiegender Erkrankungen angezeigt; wenn, dann allenfalls zur Unterstützung der ärztlichen Therapiemaßnahmen. Der Gärtrunk sollte als natürliches und nebenwirkungsfreies Gesundheitsmittel bei einfachen Alltagsbeschwerden verstanden werden. Damit ist seine gesundheitliche Bedeutung jedoch in keinster Weise eingeschränkt; im Gegenteil. Denn die kleinen Unpässlichkeiten, die »Wehwehchen« des Alltags sind es gerade, die das Wohlbefinden gewaltig beeinträchtigen können. Und da die wenigsten bei Halsschmerzen oder einer leichten Erkältung umgehend einen Arzt konsultieren, trifft es sich gut, fürs Erste ein einfach anwendbares und wirksames Hausmittel zur Hand zu haben – den Apfelessig (z.B. »Florabio« aus der Apotheke). Mit seinen Inhaltsstoffen lassen sich viele einfache Alltagsbeschwerden lindern und häufig kurieren. In nahezu allen Fällen kann die rechtzeitige Anwendung des sauren Trunks eine Verschlechterung des Befindens wirksam verhindern oder andere Therapien nachhaltig unterstützen.

Apfelessig ist zwar kein Allheilmittel, birgt in sich jedoch umfassende Möglichkeiten zur Vorbeugung vieler Erkrankungen, allen voran Beeinträchtigungen des Stoffwechsels und des Verdauungssystems.

Das Rezept für Gesundheit und Wohlbefinden

Das klingt zugegebenermaßen ein wenig nach den zahllosen Heilsversprechen auf dem Gesundheitsmarkt, doch in diesem Fall sind lobende Worte durchaus angebracht: Der Apfelessigtrunk hat so anerkennende Bezeichnungen wie »Powerdrink« oder »Fitnessgetränk« vollauf verdient. Das wird jeder bestätigen, der einige Tage des Apfelessigtrinkens hinter sich hat, denn die umfassend wohltuenden Effekte machen sich überraschend schnell bemerkbar.

Dazu die Worte eines anerkannten Naturheilkundlers aus den USA: »Dieser Trunk birgt in sich das Potenzial, bis ins hohe Alter leistungsfähig und gesund zu bleiben, und nicht die Abnahme der körperlichen Kräfte als unvermeidlich hinzunehmen, sondern einen Weg zu suchen, bis zuletzt lebenskräftig, tätig und gesund zu sein.« Zur Verdeutlichung ein kleiner Exkurs.

■ »Wie man 5 x 20 Jahre lebt«

Auch wenn es Ihnen nicht ganz gelingen sollte, 100 Jahre jung zu werden, so hilft der regelmäßige Genuss des Sauertrunks doch spürbar dabei, stets fit und agil zu bleiben.

Unter diesem Titel erschien Ende der fünfziger Jahre in den USA ein Buch, das bis heute für großes Aufsehen sorgt und dem Apfelessig zu seiner Renaissance verholfen hat. Der Verfasser, Dr. D. C. Jarvis, ein Landarzt aus Vermont, schildert darin seine Erfahrungen mit der traditionellen Volksmedizin, deren erstaunliche Einfachheit und dabei doch so große Wirksamkeit. Eine bedeutende Stellung unter den naturheilkundlichen Behandlungen der Vermonter Volksmedizin nehme neben Honig Apfelessig ein: »Um trotz schwerster Arbeit bis ins hohe Alter körperlich und geistig gesund zu bleiben und das Ende seiner Tage bei guter Verdauung, guter Sehkraft, gutem Gehör und ungebrochener Frische zu erreichen, haben die Vermonter ein ebenso einfaches wie wirksames Rezept: zwei Teelöffel Honig und zwei Teelöffel Obstessig, ein- bis mehrmals täglich – je nachdem, wie viel geistige und körperliche Arbeit zu leisten ist – in einem Glas Wasser trinken. Die Mischung schmeckt wie süßer Apfelmost; der Essig liefert alle Mineralien, die im Apfel enthalten sind, der Honig jene, die sich im Blütennektar finden.«

Gesund und geistig rege bis ins hohe Alter

■ Apfelessig »in praxi«

In der Theorie haben Sie das breite Spektrum der Apfelessigwirkungen ja bereits kennen gelernt. Doch da Probieren über Studieren geht, nachfolgend nun das Grundrezept für das Apfelessiggetränk.

> **Grundrezept Apfelessiggetränk**
>
> Verrühren Sie zwei Teelöffel Apfelessig und zwei Teelöffel guten Bienenhonig in einem Glas Wasser, und trinken Sie diese Mischung in kleinen Schlucken langsam aus; diese Anwendung sollten Sie mehrmals täglich wiederholen.

Mehr ist es nicht, dessen es bedarf, um die Wirkungen des Apfelessigs tagtäglich zur Pflege der Gesundheit und zur Steigerung von Vitalität und Wohlbefinden zu nutzen. Neben den vom ersten »Trinktag« an spürbaren positiven Veränderungen im Körper ist es sicherlich auch die einfache Handhabung, welche die Zahl der Apfelessigfans beständig steigen lässt. Am einfachsten ist es, wenn Sie sich angewöhnen, vor oder zu jeder Mahlzeit ein Glas des sauren Fitmachers zu trinken.

Wer möchte, kann seinen Apfelessigtrunk auch verfeinern – mit frischen Obst- oder Gemüsesäften, Kräutertees und sogar mit Buttermilch. Der Fantasie sind hierbei, abhängig von Ihren geschmacklichen Vorlieben, keine Grenzen gesetzt; auf Seite 237 ff. finden Sie einige Anregungen für gesunde Drinks mit dem sauren Saft. Auch die Temperatur des Wassers ist Ihnen überlassen; in warmem Wasser löst sich der Honig schneller auf, zudem regt es morgens getrunken zusätzlich zu den Apfelessigeffekten die Verdauung an.

Sollten Sie in einer Region mit guter Trinkwasserqualität leben, können Sie bedenkenlos Leitungswasser verwenden. Ist dies nicht der Fall, greifen Sie zu kohlensäurefreien Mineralwässern. Auskünfte über die Trinkwasserqualität gibt das zuständige Wasseramt oder die Umweltbehörde Ihres Bundeslandes.

Das Einzige, was man beim Apfelessiggetränk berücksichtigen sollte, ist, dass sich dadurch das Einsetzen der Menstruation ein wenig verzögern kann – mehr als ein bis zwei Tage sind jedoch noch nicht beobachtet worden.

Der Sauertrunk als wirksame Medizin

■ Heilkraft aus dem Bienenstock

Die Kombination von Apfelessig und Honig kommt nicht von ungefähr.

Auch der süße Bienensaft findet seit der Antike bei zahllosen Beschwerden und Erkrankungen erfolgreiche Anwendung und ist ebenso wie Essig mit das Beste, was man seinem Körper zur Stärkung des Immunsystems und zur allgemeinen Gesundheitspflege angedeihen lassen kann. Und da die beiden Gesundheitselixiere Honig und Essig in ihren Anwendungsgebieten nahezu deckungsgleich sind, liegt nichts näher, als ihre gesundheitsfördernden Effekte miteinander zu vereinen – mit dem Apfelessiggetränk (siehe Seite 75) haben Sie gewissermaßen doppelte Heilkraft in einem Schluck.

Bewahren Sie Honig immer fest verschlossen auf, da er andere Gerüche sowie Feuchtigkeit aus der Luft sehr schnell aufnimmt. Darüber hinaus sollten Sie Honig nie auf mehr als 40 °C erhitzen, ihn jedoch auch nicht Temperaturen unter dem Gefrierpunkt aussetzen. Am besten, Sie lagern Honig an einem kühlen Ort (etwa 21 °C sind ideal), der zudem lichtgeschützt ist.

Das Wirkspektrum des Honigs

- Spendet dem Körper rasch verwertbare Energie
- Steigert nachhaltig die körperliche und geistige Leistungsfähigkeit
- Wirkt antibakteriell und antiviral
- Enthält bakterienhemmende Substanzen, die so genannten Inhibine, und kann als natürliches Antibiotikum eingesetzt werden
- Stärkt das Immunsystem
- Verlangsamt den Alterungsprozess des Körpers
- Verbessert die Aufnahme von Vitaminen
- Enthält lebenswichtige Enzyme
- Wirkt entgiftend
- Stabilisiert den Säure-Basen-Haushalt
- Fördert die Durchblutung
- Fördert die Wundheilung
- Reguliert die Verdauung
- Lindert Blähungen und bakteriell bedingte Darmerkrankungen
- Desinfiziert die Harnwege
- Verhindert Entzündungen und Eiterbildung
- Beschleunigt die Regeneration der Hautzellen
- Wirkt beruhigend auf die Nerven
- Lindert Schlafstörungen und übermäßige Erregung
- Verbessert die geistige Aufnahmebereitschaft und das Konzentrationsvermögen

Honig und Apfelessig – Liaison der Fitmacher

■ Apfelessig ist nicht gleich Apfelessig …

Naturtrübem und aus ganzen Äpfeln hergestelltem Apfelessig sollten Sie, einerlei zu welchem Verwendungszweck – ob zum Kochen, Einlegen, für Heil- oder Pflegerezepturen – den Vorzug geben. Achten Sie auch darauf, dass die Äpfel aus kontrolliertem ökologischem Anbau stammen. Um die wertvollen Inhaltsstoffe, die Enzyme, Ballaststoffe, Vitamine und Mineralstoffe in vollem Umfang zu erhalten, sollte der Essig zudem nicht erhitzt und nicht gefiltert worden sein. Solcherart naturbelassene Essige besitzen aufgrund ihres höheren Pektin- und Kaliumgehaltes bessere gesundheitliche Wirkungen als klare, weil gefilterte beziehungsweise erhitzte und destillierte Sauertrünke. Naturtrüber Apfelessig kann jedoch, besonders bei bereits geöffneten Flaschen, leicht Schlieren bilden – das liegt einfach daran, dass er noch Essigmutter enthält. Dies ist auf keinen Fall ein Hinweis auf beeinträchtigte Qualität; im Gegenteil: Die Essigmutter hat eine Menge gesundheitlicher Vorzüge zu bieten (siehe Seite 56). Es empfiehlt sich deshalb in jedem Fall, Apfelessig im Reformhaus, Naturkostladen oder direkt vom Hersteller zu erstehen. Bezugsadressen finden Sie im Anhang auf Seite 251.

Apfelessig sollte nicht bei Temperaturen über 20 °C aufbewahrt werden. Da eine Reihe der Inhaltsstoffe, insbesondere die Vitamine, lichtempfindlich sind, empfiehlt es sich zudem, Apfelessig in dunklen Glasflaschen zu lagern und diese nach Gebrauch stets wieder fest zu verschließen. Solcherart behandelt hält sich das saure Elixier bis zu sechs Monaten.

■ … und auch Honig ist nicht gleich Honig

Kunsthonig, also industriell aus Zucker und Aromastoffen hergestellter Honig, sollte absolut tabu sein; insbesondere dann, wenn Sie sich des süßen Saftes zu medizinischen Zwecken oder zur Pflege von Haut und Haaren bedienen wollen. Beim preiswerten Honig aus dem Supermarkt besteht die Gefahr, dass er aus verschiedenen Sorten »zusammengepantscht« ist oder aber chemische Rückstände enthält. Kaufen Sie am besten kaltgeschleuderten Honig; dann ist gewährleistet, dass die hitzeempfindlichen Enzyme im vollen Umfang erhalten geblieben sind.

Von gefiltertem Honig sollten Sie besser die Finger lassen, denn dabei gehen wertvolle Inhaltsstoffe verloren. Auf dem Honigglas sollten immer der Hersteller, das Produktionsdatum und die

Der Sauertrunk als wirksame Medizin

Honig und Apfelessig – natürliche »Dopingmittel« für Körper und Organismus.

Pflanzen, von denen der Honig stammt, angegeben sein. Den besten Honig gibt es nach wie vor beim Imker; er ist der qualitativ wertvollste und auch der frischeste.

Von Bädern bis Waschungen: Anwendungen mit Apfelessig

Neben der bekanntesten Form der Anwendung des sauren Gesundheitselixiers, dem Apfelessiggetränk (siehe Seite 75), gibt es eine ganze Reihe weiterer Möglichkeiten, um in den Genuss der vielen wohltuenden und heilsamen Effekte des Apfelessigs zu kommen.

Ob Bäder, Waschungen oder Wickel – Apfelessig entwickelt in vielerlei Formen seine wohltuenden und heilenden Wirkungen und hilft bei zahlreichen Beschwerden und Wehwehchen.

Bäder

Essigbäder haben eine lange Tradition. So verwöhnten berühmte Schönheiten wie die ägyptische Herrscherin Kleopatra oder die Renaissancefürstin Lucrezia Borgia regelmäßig ihre Haut damit und erhielten sich so, zumindest der Überlieferung nach, ihr makelloses Äußeres. Ob die beiden Damen zu ihren Schönheitsbädern allerdings Apfelessig verwendet haben, bleibt wohl für immer ungeklärt. Es wäre ihnen zu wünschen gewesen, denn beim Apfelessigbad wird die hautfreundliche Wirkung der Essigsäure noch durch die regenerierenden und pflegenden Eigenschaften der Apfelwirkstoffe verstärkt. Durch ein Vollbad mit Apfelessig bringen Sie Ihre Haut somit in den Genuss der doppelten Pflege.

■ Vollbad mit Apfelessig

Außer um die Haut tiefgreifend zu pflegen und mit wertvollen Wirkstoffen zu versorgen, lässt sich durch ein Apfelessigbad auch wundervoll entspannen – Sie tanken neue Energien auf und »spülen« den Stress des vergangenen Tages einfach ab. Doch auch zu heilenden Zwecken wird vielfach ein Essigbad empfohlen:

➤ Lassen Sie Wasser mit 35 bis 39 °C – nicht wärmer, sonst wird der Kreislauf zu sehr belastet – in die Badewanne laufen.

➤ In der Zwischenzeit sollten Sie Ihren ganzen Körper trocken bürsten; beispielsweise mit einem Luffa-Handschuh oder einer Massagebürste. Dadurch entfernen Sie abgestorbene Hautschüppchen, die Haut wird besser durchblutet und kann die pflegenden Wirkstoffe des Apfelessigs besser aufnehmen sowie Schlacken- und Schadstoffe leichter ausscheiden.

➤ Sobald die Wanne ausreichend gefüllt ist, gießen Sie einen Viertelliter puren Apfelessig in das Wasser und verteilen ihn ein wenig mit den Händen.

➤ Steigen Sie in die Wanne und baden 10 bis 20 Minuten; nicht länger, um den Kreislauf nicht zu stark zu beanspruchen.

➤ Dann stehen Sie langsam auf und brausen sich kurz, beginnend am rechten Bein, dann am linken, weiter am rechten und linken Arm und zum Abschluss am Bauch und Rücken, mit kaltem Wasser ab.

➤ Trocknen Sie sich gut ab, und verwöhnen Sie Ihre Haut mit pflegenden Ölen oder Cremes, denn durch das Baden wird ihr Feuchtigkeit entzogen.

➤ Im Krankheitsfall oder wenn es Ihre Zeit zulässt, sollten Sie sich abschließend für eine halbe Stunde ausruhen; das verstärkt die Wirkung des Essigbades enorm.

Achtung!
Bei Kreislaufstörungen, extrem niedrigem Blutdruck sowie bei Krampfadern und anderen Venenleiden dürfen Sie kein Vollbad nehmen. Nach dem Essen sollten Sie die Badefreuden für ein bis zwei Stunden hinausschieben.

Der Sauertrunk als wirksame Medizin

> **Ein Essigbad ist angezeigt bei**
>
> Frieren und Frösteln, Erkältungen und grippalen Infekten, verschiedenen Hautleiden, Nervosität, Schlafstörungen, Muskelverspannungen, Menstruationsschmerzen und -krämpfen sowie ausbleibender oder zu schwacher Periode.

■ Fußbad mit Apfelessig

Achtung! Wenn Sie einen schwachen Kreislauf oder Venenleiden haben, sollten Sie Fußbäder nur nach vorheriger Absprache mit Ihrem Arzt durchführen. Ein kaltes Fußbad darf nicht angewendet werden bei akuten Harnwegsinfektionen wie Blasenentzündungen, anderen Unterleibsbeschwerden, arteriellen Durchblutungsstörungen sowie Wadenkrämpfen. Bei erhöhtem Blutdruck sollten Sie kein warmes Fußbad durchführen; dies gilt auch für Venenleiden oder Krampfadern.

Ob kalt oder warm – ein Fußbad kurbelt den Kreislauf an, fördert die Durchblutung und reguliert den Wärmehaushalt. Zudem wirkt es entspannend und ausgleichend auf die Psyche:

➤ Füllen Sie die Badewanne mit kaltem (ca. 15 °C) oder warmem (ca. 36 bis 40 °C) Wasser.

➤ Danach gießen Sie 100 bis 150 Milliliter puren Apfelessig in das Badewasser und stellen beide Füße hinein.

➤ Bei einem kalten Fußbad nehmen Sie nach 15 bis 30 Sekunden die Füße wieder aus der Wanne und streifen das Wasser von der Haut ab. Nicht abtrocknen, sondern trockene Wollsocken anziehen und anschließend etwas ausruhen.

➤ Ein warmes Fußbad hingegen beenden Sie nach 10 bis 15 Minuten mit einem kurzen kalten Guss vom rechten Fuß bis zum Knie; anschließend gleichermaßen am linken Fuß. Streifen Sie das Wasser wiederum nur von der Haut ab, und ziehen Sie sich trockene Wollsocken an.

> **Ein Fußbad ist angezeigt**
>
> ■ Kalt: zur allgemeinen Erfrischung, bei Kopfschmerzen und Migräne, geschwollenen und überanstrengten Beinen, Nasenbluten und Einschlafstörungen
>
> ■ Warm: Bei Ischiasschmerzen, Kreislauf- und Schlafstörungen, kalten Füßen, allen Unterleibsbeschwerden, Nieren- und Blaseninfekten und Nervosität

Brustwickel

Essigwickel gehören zum Standardrepertoire der Naturheilkunde – je nach Beschwerde und erwünschter Wirkung werden kalte oder heiße Brustwickel angelegt: Der heiße Brustwickel wirkt schleimlösend und entkrampfend auf die Bronchien; der kalte hingegen fördert die Durchblutung im Brustraum, senkt Fieber und lindert Schmerzen:

- Tränken Sie ein Leinentuch (40 × 190 cm) mit kaltem oder heißem Essigwasser (ca. 15 oder 45 °C) – das Mischungsverhältnis zwischen Apfelessig und Wasser sollte 1 : 1 betragen.
- Wringen Sie das Tuch etwas aus, sodass es noch gut feucht ist, aber nicht mehr tropft, und wickeln Sie es faltenlos und straff um die Brust; vorsichtig mit Sicherheitsnadeln befestigen.
- Darüber wickeln Sie zuerst ein trockenes Baumwolltuch (50 × 190 cm) und dann ein trockenes Wolltuch (45 × 190 cm); dies befestigen Sie ebenfalls mit Sicherheitsnadeln.
- Der Brustwickel sollte vom untersten Rippenbogen bis zu den Achselhöhlen reichen und fest, jedoch nicht zu stramm sitzen; Sie dürfen sich nicht in der Atmung behindert fühlen.
- Einen heißen Brustwickel lassen Sie solange angelegt, bis die Wärmewirkung nachlässt; in der Regel ist dies nach 20 bis 30 Minuten der Fall. Beim kalten Wickel gilt die Faustregel, ihn solange wirken zu lassen, bis eine gute Durchwärmung eingetreten ist; etwa 30 bis 35 Minuten.
- Nachdem der Brustwickel abgenommen wurde, legen Sie sich noch für etwa 30 Minuten warm zugedeckt ins Bett und trinken eine Tasse Kamillen- oder Lindenblütentee.

Achtung!
Bei hohem Fieber dürfen generell keine heißen Brustwickel angewendet werden. Wenn der Patient fröstelt oder friert, sollten Sie ebenfalls Abstand von kalten Brustwickeln nehmen.

Heiß oder kalt

Ein heißer Brustwickel zur Linderung der Beschwerden ist angezeigt bei Bronchitis, Keuchhusten und Asthma; ein kalter dagegen bei allen fieberhaften Erkältungskrankheiten, Hals- und Kehlkopfsowie Lungenentzündung.

Essigstrumpf

Seit Generationen steht fest: Um hohes Fieber zu senken, gibt es kaum eine einfachere und dabei nebenwirkungsfreie Maßnahme als den Essigstrumpf. Er vermag problemlos den hierzu ebenfalls bewährten Wadenwickel zu ersetzen. Gegenüber diesem haben Essigstrümpfe jedoch den Vorteil, dass durch den Zusatz von Apfelessig der Kühleffekt und damit die fiebersenkende Wirkung größer ist:

➤ Mischen Sie Apfelessig und kaltes Wasser – auf 200 Milliliter Wasser kommen sechs Esslöffel Apfelessig –, und tauchen Sie dann ein Paar Baumwollsocken in das Essigwasser.

➤ Die Socken auswringen und anziehen. Darüber ziehen Sie ein oder zwei Paar trockene dicke Wollsocken und legen sich gut zugedeckt ins Bett.

➤ Sobald die Essigstrümpfe warm geworden sind, sollten sie erneuert werden. Sie können sie allerdings auch über Nacht angelegt lassen, falls Ihnen das nicht zu lästig ist.

*Achtung!
Essigstrümpfe dürfen nie bei kalten Füßen angewendet werden.*

Zur Beruhigung

Außer bei Fieber empfiehlt sich dieses alte Hausmittel auch gegen Nervosität und dadurch bedingte Schlafstörungen. Relativ neu ist die Erkenntnis, dass sich Essigstrümpfe über die Reflexzonen an den Füßen auf den gesamten Organismus und alle Körperfunktionen positiv auswirken.

Gurgeln

Verdünnter Apfelessig eignet sich ausgezeichnet zum Gurgeln. Dabei werden der Mund und der Rachenraum intensiv gespült, wodurch sich die heilenden Wirkstoffe des Sauertrunks voll entfalten können – auch an schwer zugänglichen Stellen wie den Zahnzwischenräumen und den Falten der Mundschleimhaut. Aus diesem besonderen Grund empfehlen sich mehrmals täglich durchgeführte Gurgelspülungen vor allem bei entzündlichen Beschwerden im Mund- und Rachenraum sowie bei Infektionen in

Apfelessig gegen Rachenraumentzündungen

> **Gurgeln ist angezeigt bei**
>
> Heiserkeit, Halsschmerzen und Mandelentzündungen, Mundschleimhautentzündungen, Zahnschmerzen und Zahnfleischentzündungen sowie Mundgeruch.

diesem Bereich; die desinfizierende Wirkung der Essigsäure ist hierzu genau das Richtige:

- Geben Sie zwei bis drei Esslöffel Apfelelssig auf 200 Milliliter Wasser; die Temperatur richten Sie nach Ihren persönlichen Vorlieben; so empfindet es mancher als unangenehm, mit kühlen Flüssigkeiten zu gurgeln, andere hingegen schätzen dies als besonders lindernd – probieren Sie einfach aus, wie es Ihnen am zuträglichsten ist.
- Dann nehmen Sie einen kräftigen Schluck von der Apfelessigmixtur in den Mund und gurgeln ein bis zwei Minuten lang damit. Lassen Sie die Lösung dabei auch etwas in den Hals hinunterlaufen – aber nicht hinunterschlucken.
- Zum Abschluss »ziehen« Sie die Gurgelflüssigkeit noch für einige Minuten zwischen den Zähnen hin und her und spucken sie wieder aus.

Sie können auch beim täglichen Apfelessigtrinken mit dem letzten Schluck etwas gurgeln – das massiert das Zahnfleisch und beugt Entzündungen im Mund- und Rachenraum vor; zudem stärken Sie die Widerstandskräfte in diesem Bereich.

Inhalation

Bei Untersuchungen der Belegschaften von Essigfabriken wurde festgestellt, dass die Arbeiter deutlich weniger an Atemwegserkrankungen litten als die Durchschnittsbevölkerung. Dies lässt sich darauf zurückführen, dass die säuredurchtränkte Luft eine Reizwirkung auf den Organismus ausübt, infolge derer es zu einer besseren Durchblutung der Schleimhäute und zu einer gesteigerten Sekretion (Schleimabsonderung) kommt. Durch Inhalationen mit Apfelessig lassen sich diese Effekte ganz gezielt für Erkrankungen der Atemwege einsetzen: Sie reinigen die Schleimhäute, steigern deren Durchblutung, desinfizieren und wirken antibakteriell. Krankheitserregern im Rachen- und Atemwegsraum kann

Der Sauertrunk als wirksame Medizin

Achtung!
Bei entzündlichen Hauterkrankungen, Augenleiden, sehr niedrigem Blutdruck und anderen Kreislaufstörungen sollten Sie vom Inhalieren absehen. Bei Schwäche und Schwindelgefühlen brechen Sie die Inhalation sofort ab und legen sich hin.

Eine Inhalation ist angezeigt bei

Nasennebenhöhlenentzündungen, Heiserkeit, Schnupfen, Asthma und Bronchitis, Husten, Mittelohrentzündungen und Ohrenschmerzen sowie Hautunreinheiten und Akne.

so wirksam entgegengetreten werden. Nach Inhalationen kann man wieder besser atmen und hartnäckigen Schleim in Nase und Bronchien leichter abhusten oder ausschnäuzen. Auch zur Hautpflege sind Inhalationen sehr beliebt, denn durch den heißen Dampf öffnen sich die Poren und werden gereinigt:

▶ Sie stellen einen Topf oder eine Schüssel auf einen Tisch, füllen das Gefäß bis knapp unter den Rand mit kochend heißem Wasser und geben den puren Apfelessig hinein – auf 100 Milliliter Wasser einen Teelöffel Essig.

▶ Dann legen Sie sich ein Handtuch über den Kopf, beugen sich über Topf oder Schüssel – nicht zu tief, immer einen »Sicherheitsabstand« von zwei Handbreit einhalten, damit Sie sich nicht verbrühen – und breiten das Handtuch so über den Gefäßrand, dass kein Dampf entweichen kann.

Inhalationen lösen hartnäckigen Schleim in Nase und Bronchien und erleichtern dadurch die Atmung.

Atemwege reinigen, Stoffwechsel ankurbeln

- Inhalieren Sie nun die aufsteigenden Dämpfe mit tiefen Atemzügen – vier bis fünf Minuten lang.
- Anschließend nehmen Sie das Handtuch vom Kopf und waschen Ihr Gesicht mit lauwarmem Wasser ab.
- Nach dem Inhalieren sollten Sie nicht ins Freie gehen und sich keiner Zugluft aussetzen. Am besten legen Sie sich für eine Weile gut zugedeckt ins Bett und schwitzen noch etwas nach.

Wadenwickel

Eines der ältesten und beliebtesten Hausmittel, das in der Naturheilkunde vor allem bei fieberhaften Erkrankungen nach wie vor hoch im Kurs steht. Wie alle Kaltanwendungen regt auch der Essigwadenwickel Durchblutung und Stoffwechsel an, beruhigt und verschafft nach einigen Minuten ein wohliges Wärmegefühl am ganzen Körper:

- Tauchen Sie ein Leinentuch (30 × 70 cm) in kaltes Wasser (10 bis 15 °C) – das Mischungsverhältnis zwischen Apfelessig und Wasser sollte 1 : 1 betragen.
- Wringen Sie das Tuch aus, und wickeln Sie es straff um den Unterschenkel. Der Wadenwickel sollte nicht zu locker sitzen, sonst entfaltet er seine Wirkung nicht so gut; zudem könnten Sie durch die Luft, die sich zwischen Haut und Tuch befindet, zu frieren beginnen.
- Darüber wickeln Sie ein trockenes Leinentuch (ebenfalls 30 × 70 cm) und zum Abschluss ein Wolltuch.
- Zur Fiebersenkung lassen Sie den Wickel 30 Minuten angelegt und wiederholen ihn gegebenenfalls zwei- bis dreimal. In allen anderen Fällen kann er einige Stunden angelegt bleiben.

Achtung!
Bei kalter Haut, Blasen- und anderen Harnwegsinfekten sowie bei Ischias dürfen Wadenwickel nicht angewendet werden.

Ein Wadenwickel ist angezeigt bei

Fieber und fieberhaften Erkältungen, Bronchitis, Schlafstörungen, Krampfadern, leicht erhöhtem Blutdruck und Durchblutungsstörungen, Kopfschmerzen sowie körperlicher und gelegentlicher geistiger Schwäche.

Waschungen

Waschungen gehören zu den einfachsten Anwendungen mit Apfelessig. Sie benötigen dazu nichts weiter als einen Waschlappen oder Waschhandschuh. Das Befeuchten der Haut übt einen milden Temperaturreiz aus, der die Durchblutung und den Kreislauf anregt. Zugleich werden die körpereigenen Abwehrkräfte gestärkt und die Haut mit den wertvollen Inhaltsstoffen des Apfelessigs gepflegt. Ganzkörperwaschungen sind natürlich am wirkungsvollsten; Sie können jedoch auch nur Teilwaschungen bestimmter Körperregionen oder eine Gesichtswaschung vornehmen:

➤ Tauchen Sie den Waschlappen in kaltes Essigwasser; für 100 Milliliter Wasser benötigen Sie einen Esslöffel Apfelessig.

➤ Drücken Sie den Waschlappen nur leicht aus, und fahren Sie, beginnend an der rechten Hand, so fest über die Haut, dass ein leichter Wasserfilm zurückbleibt.

➤ Am rechten Arm entlang geht es hoch zu den Achselhöhlen und wieder zur Hand. Am linken Arm verfahren Sie genauso.

➤ Waschen Sie Hals, Brust und Bauch, und gehen Sie dann zu den Beinen über, die Sie, beginnend am rechten Fußrücken, bis hinauf zum Gesäß waschen. Anschließend kommt das linke Bein an die Reihe.

➤ Zum Abschluss begießen Sie Ihre Fußsohlen kurz mit kaltem Wasser; nicht abtrocknen, sondern sofort anziehen.

➤ Falls Sie während der Waschung etwas von dem Essigwasser in die Augen bekommen, spülen Sie dieses sofort mit klarem Wasser gründlich aus.

Kneipp-Tipp
Ein wichtiger Bestandteil des Kneipp'schen Behandlungskanons sind Waschungen mit Essigwasser. Der naturheilkundige Geistliche empfahl seinen Patienten, sie täglich morgens und abends durchzuführen.

Waschungen sind angezeigt bei

Fieber, Schnupfen und schwachem Immunsystem, Kreislauf- und Durchblutungsstörungen, Kopfschmerzen und Migräne, Nervosität und Unausgeglichenheit, Niedergeschlagenheit, kalten Händen und Füßen, Schlafstörungen sowie bei rheumatischen und arthritischen Beschwerden.

Heilkräftiges Duett: Apfelessig und Kräuter

Das Einlegen von Nahrungsmitteln und Gewürzen in Essig hat eine lange Tradition. Schon vor Jahrtausenden nutzte man diese Methode, um damit Speisen vor dem Verderben zu bewahren, sie mit der besonders in der Antike so begehrten essigsauren Note zu versehen sowie um den Essig selbst geschmacklich zu verfeinern. Daneben wanderten aber auch heilkräftige Kräuter, Wurzeln und Blüten in das saure Elixier, um deren heilende Eigenschaften mit jenen des Essigs zu vereinen. Sehr gern bediente man sich zur Herstellung dieser heilkräftigen Symbiose des Apfelessigs. Zusätzlich mit der Heilkraft diverser Kräuter versehen, lässt sich der Sauertrunk noch gezielter zur Erhaltung und Wiederherstellung der Gesundheit einsetzen. Denn die Auswahl der Heilkräuter lässt sich je nach gewünschter Heilwirkung ausrichten. Auf diese Weise können Sie sich eine richtige kleine Hausapotheke mit verschiedenen Sorten von Heilessigen zusammenstellen.

Herstellung von Heilessig

Die Grundlage für den Heilessig bildet der Apfelessig. In diesen legen Sie die Kräuter, je nach erwünschter Wirkung und zu behandelnder Beschwerde, ein. Nach spätestens einem Monat ist die saure Medizin fertig und kann ihren Platz in Ihrer Essighausapotheke einnehmen.

➤ Bezüglich der Mengen gilt folgende Regel: Von getrockneten Kräutern und Gewürzen benötigt man etwa zwei Tassen oder zwei Handvoll für einen halben Liter Apfelessig. Von frischen Kräutern und Wurzeln sollten Sie drei Tassen oder drei Handvoll für einen halben Liter Apfelessig bereithalten.

➤ Trockene Kräuter, Gewürze und Wurzeln können Sie so, wie sie sind, in den Apfelessig einlegen. Alles Frische hingegen sollten Sie zuvor möglichst fein mit dem Wiegemesser zerkleinern.

➤ Füllen Sie den Apfelessig mit den anderen Zutaten in eine ausreichend große, dunkel getönte Glasflasche oder aber in einen

Bis auf wenige Ausnahmen erhalten Sie alle angegebenen Heilpflanzen in Apotheken, Reformhäusern und in Kräuterläden. Wer möchte und Zeit und Muße dazu hat, kann sich natürlich auch selbst auf die Suche machen und die Kräuter zu Hause für die weitere Verwendung aufbereiten. Achtung auf geschützte Pflanzen!

Der Sauertrunk als wirksame Medizin

> ### Anwendungen mit Heilessigen
>
> - Ganzkörpermassagen und -waschungen: zwei Esslöffel auf einen Viertelliter warmes Wasser
> - Badezusatz: ein bis zwei Tassen für ein Vollbad
> - Inhalation: Heilessig und Wasser im Verhältnis 1 : 2 mischen
> - Innerlich und zum Gurgeln: ein bis zwei Teelöffel auf ein Glas Wasser

Krug aus Keramik oder Email. Diese stellen Sie gut verschlossen und bei Raumtemperatur (18 bis 20 °C) an einen trockenen und lichtgeschützten Ort.

➤ Nach drei bis maximal fünf Wochen – bei Blüten und Früchten kann es manchmal etwas länger dauern – sind die Wirkstoffe der zugesetzten Pflanzen voll erschlossen und in den Apfelessig übergegangen.

➤ Nun werden die festen Bestandteile abgefiltert; am besten gießen Sie den Essig dazu durch Kaffeefiltertüten. Dann ist Ihr Heilessig fertig, kann in eine verschließbare dunkle Glasflasche abgefüllt werden und darauf warten, seine Wirkungen unter Beweis zu stellen.

Verwenden Sie zur Herstellung Ihres Heilessigs nach Möglichkeit Grundstoffe und -produkte aus kontrolliertem biologischen Anbau. Dies ist die beste Garantie für die Abwesenheit von Schadstoffen, die die Heilwirkung beeinträchtigen.

Haltbarkeit von Heilessig

Ungeöffnete Flaschen mit Heilessig halten sich ein bis maximal zwei Jahre; sind sie einmal geöffnet worden, sollten sie binnen sechs Monaten aufgebraucht werden.

Wenn Sie etwa 50 Tropfen ätherisches Teebaumöl hinzugeben, verlängert sich die Haltbarkeit bis auf das Doppelte. Teebaumöl eignet sich jedoch nur für Essige zur äußerlichen Anwendung, denn es ist sehr scharf.

Für innerlich zu verwendende Essige empfiehlt sich Grapefruitkernöl, ebenso rund 50 Tropfen; es entfaltet die gleichen Wirkungen wie das Teebaumöl, ist jedoch sanfter. Beide Öle erhalten Sie in Apotheken sowie in gut sortierten Naturkostläden und Reformhäusern.

Lagerung und Konservierung von Heilessigen

■ Heilkräftiges Potpourri

Es gibt Heilessige, die mit mehreren verschiedenen Heilkräutern versetzt sind. Diese sind gezielt aufeinander abgestimmt und ergänzen sich so optimal in ihren Wirkungen. Für derartige Heilessige werden die Pflanzenteile mit hochwertigem und auf natürliche Weise hergestelltem Apfelessig in alten Holzfässern über längere Zeit zur Extraktion (Ausziehen der Wirkstoffe) eingelagert.

Das Essighaus Hensel (siehe Anhang Seite 251), angesichts seiner umfangreichen Auswahl an sauren Köstlichkeiten in bester Qualität ein Dorado für Essigfans, hat solche heilsamen Potpourris schon lange im Sortiment. Eine Kostprobe liegt diesem Buch bei – ein Apfel-Heilessig mit Acerola. Auch der Doktorenhof in der Pfalz liefert hochwertige Gourmet-Essige mit Heilwirkung. Einer beispielsweise ist unter Verwendung von zwölf Heilpflanzen und Gewürzen hergestellt: Arnika, Jasminblüten, Lavendel, Lindenblüten, Orangenschalen, Pfefferminze, Rosmarin, Salbei, Sandelholz, Schachtelhalm, Thymian und Zimt. Darüber hinaus erhalten diese Heilessige eine ganze Reihe wertvoller Vitamine, Mineralien und Spurenelemente.

Es empfiehlt sich, den Apfel-Heilessig täglich zu trinken, denn er regt die Produktion der Speicheldrüsen an, wodurch Nährstoffe

Also durchaus einen Versuch wert – Sie können den Apfel-Heilessig für alle in diesem und auch den anderen Kapiteln genannten Anwendungen einsetzen; ab Seite 90 finden Sie noch weitere Informationen zu dieser wohlschmeckenden und überaus gesunden Essigmixtur.

Heilessige sind wahre Gesundheitselixiere. Sie enthalten wichtige Vitamine, Mineralstoffe und Spurenelemente.

besser aufgenommen und verwertet werden können. Zugleich wird der gesamte Stoffwechsel aktiviert und die Verdauung gefördert. Hier das Rezept: Verrühren Sie zwei Teelöffel Apfel-Heilessig in einem Glas Leitungswasser oder in Mineralwasser ohne Kohlensäure. Geben Sie – je nach Gusto – ein bis zwei Teelöffel hochwertigen Bienenhonig dazu, und trinken Sie dies in kleinen Schlucken frühmorgens nach dem Aufstehen und noch einmal jeweils vor dem Mittag- und dem Abendessen. Darüber hinaus lassen sich mit dem Heilessig auch mehrwöchige Kuren durchführen, die unter anderem die Darmflora günstig beeinflussen und die Tätigkeiten der Bauchspeicheldrüse unterstützen.

Die wirksamsten Essigkreationen

■ Baldrianessig

Schon der berühmte deutsche Arzt Hufeland bemerkte zur Wirkung des Baldrians: »Er ist eines der besten Nervenmittel, das ich kenne, zur Stärkung und Regulierung des Nervensystems.«

Baldrian (Valeriana officinalis L.) ist das beste natürliche Beruhigungsmittel, das wir kennen. Dabei ermüdet er nicht, sondern erfrischt und harmonisiert das Nervensystem, weshalb Baldrian besonders in Situationen, die nervös machen, weil volle Konzentration gefragt ist, so gut hilft.

Anwendung

Innerlich bei Nervosität, seelischen Beschwerden, Herzneurosen, nervöser Schlaflosigkeit, Erschöpfung und nervösen Magen-Darm-Beschwerden sowie Erregungszuständen.

■ Holunderessig

Die große Beliebtheit des Holunders (Sambucus nigra L.) geht vor allem darauf zurück, dass man alle seine pflanzlichen Bestandteile von der Rinde bis hin zur Frucht verwenden kann: die jungen Blätter zur Blutreinigungskur im Frühjahr, den Saft daraus gegen Hautkrankheiten, die Blüten zur Vorbeugung von Erkältungskrankheiten, Fruchtsaft, Wurzeln und Rinde zum Abführen und Harntreiben bei Wasserstauungen.

> **Anwendung**
>
> Innerlich bei infektiösen Erkrankungen, Verstopfung, Erkältung, Hautkrankheiten, Wasseransammlungen sowie zur Entschlackung und zur Frühjahrskur.

■ Huflattichessig

Sowohl die Blätter als auch die Blüten des Huflattichs (Tussilago farfara L.) sind sehr wirksam bei Lungenleiden und Verschleimungen der Atemwege.

Das Gleiche gilt für den Holunderessig: Er ist, inhaliert man die Dämpfe, ein altbewährtes Hausmittel gegen Husten. Äußerlich empfiehlt er sich zudem bei entzündeten Wunden oder Hautausschlägen.

> **Anwendung**
>
> Zum Inhalieren bei Husten und Bronchitis; äußerlich bei Geschwüren, Hautausschlägen, Wunden und Entzündungen.

■ Lavendelessig

Lavendel (Lavandula angustifolia Mill.) ist seit der Antike ein beliebtes Heilmittel bei nervösen Störungen und Unruhezuständen. Lavendelessig wirkt beruhigend bei einem überstrapazierten Nervenkostüm, zudem lindernd bei Kopfschmerzen und Gelenkbeschwerden.

> **Anwendung**
>
> Innerlich bei Appetitlosigkeit, Blähungen und Magen-Darm-Störungen; als Inhalation bei Kopfschmerzen. Äußerlich als Auflage bei Gliederschmerzen und rheumatischen Beschwerden; als Badezusatz bei Nervosität, niedrigem Blutdruck und chronischen Schlafstörungen.

Knoblauchessig
Ebenso wie beim Apfelessiggetränk treffen hier zwei wahre Gesundheitsbomben aufeinander, die sich in ihren Wirkungen ideal ergänzen: Knoblauchessig wirkt antibakteriell und desinfizierend, fördert die Durchblutung, lässt erhöhtes LDL-Cholesterin im Blut sinken und stärkt das Immunsystem.

Der Sauertrunk als wirksame Medizin

■ Ringelblumenessig

Fast jeder kennt die Ringelblumensalbe als das Wundmittel schlechthin. Auch als Tee oder Tinktur hilft die Ringelblume (Calendula officinalis L.) bei Geschwüren, Sportverletzungen, Blutergüssen, Hämorrhoiden oder Warzen. In der Säuglingspflege wird sie gerne bei einem wunden Po verwendet. Ringelblumensalbe ist darüber hinaus wertvoll als Einreibung bei Bauchschmerzen, Gelenkschmerzen und Muskelkater – all diese Indikationen treffen auch für den Ringelblumenessig zu.

> **Anwendung**
>
> Äußerlich als Einreibung zur Wundbehandlung, bei Bauch- und Gelenkschmerzen, Muskelkater und -zerrungen, bei Verstauchungen; als Umschlag bei Geschwüren, Abszessen und Furunkeln sowie bei Nagelbettentzündung.

■ Rosmarinessig

Rosmarin (Rosmarinus officinalis L.) wirkt stärkend und belebend, weshalb er gerne bei zu niedrigem Blutdruck und Schwächezuständen, aber auch bei Rheuma und Gicht sowie Völlegefühl und leicht krampfartigen Magen-Darm-Störungen eingesetzt wird.

Rosmarinessig eignet sich ideal zum Kochen, denn er verleiht Fleisch- und Gemüsegerichten eine exquisite mediterrane Note (siehe Seite 215).

> **Anwendung**
>
> Äußerlich als Einreibung oder Badezusatz bei Kreislaufschwäche, niedrigem Blutdruck, Gelenkrheuma, Hexenschuss und Muskelschmerzen. Innerlich bei Appetitlosigkeit, Blähungen und anderen Verdauungsstörungen.

■ Salbeiessig

Die beruhigende und entzündungshemmende Wirkung des Salbeis (Salvia officinalis L.) und sein günstiger Einfluss bei krankhafter Speichel- oder Schweißabsonderung ist seit der Antike hoch geschätzt. Auch bei Magen-Darm-Entzündungen sowie Atemwegserkrankungen ist Salbei ein wirkungsvolles Heilmittel; ebenso bei Zahnfleischentzündungen, Insektenstichen und Hautentzündungen, die unter seinem Einfluss rascher abklingen.

> **Anwendung**
>
> Innerlich bei Magen-Darm-Entzündungen; als Inhalation bei Husten, Atemwegsentzündungen; zum Gurgeln bei Zahnfleischentzündung; äußerlich als Einreibung bei Insektenstichen und Hautentzündungen sowie übermäßigem Schwitzen.

▪ Thymianessig

Thymian (Thymus vulgaris L.) ist besonders bei Erkrankungen der oberen Atemwege und bei Verschleimung der Lunge sehr wirksam. Neben der krampf- und schleimlösenden Wirkung hat er einen desinfizierenden und verdauungsfördernden Effekt, weshalb der Lippenblütler auch bei Erkrankungen der Verdauungs- und Ausscheidungsorgane heilend eingreifen kann.

> **Anwendung**
>
> Als Inhalation bei Erkrankungen der Atemwege, Husten und Bronchitis; innerlich bei Blähungen, Magen- und Darmbeschwerden sowie Durchfall; auf einen Tampon getropft und in die Scheide eingeführt bei Blasenentzündung; zum Gurgeln bei Zahnfleisch- und Mandelentzündungen.

Beim Wacholderessig addiert sich zu der antibakteriellen Wirkung des Apfelessigs die keimhemmende des Wacholders – ein gutes Gespann gegen Infektionen, Herpes, Erkältungen aller Art und andere bakteriell bedingten Beschwerden. Wacholderessig sollte jedoch nur äußerlich angewendet werden, da er innerlich genommen zu Schleimhautreizungen führen kann.

▪ Wermutessig

Aufgrund seines hohen Bitterstoffgehalts ist der Wermut (Artemisia absinthium L.) ein beliebtes Heilmittel bei Blähungen, Appetitlosigkeit, Verdauungsstörungen und Gastritis. Aber auch bei Beschwerden von Leber und Galle sowie bei Menstruationsbeschwerden hat sich das Korbblütengewächs bewährt, denn es wirkt entkrampfend und entwässernd.

> **Anwendung**
>
> Innerlich bei Appetitlosigkeit, Magen-, Darm- und Gallenbeschwerden, Durchblutungsstörungen, Blähungen, Mundgeruch, Völlegefühl und Menstruationsschmerzen.

Apfelessig bei Atemwegserkrankungen

Erkältungen (grippale Infekte)

Unter dem Begriff »Erkältung« sind alle akuten, infektiösen, meist virusbedingten katarrhalischen Erkrankungen der oberen Atemwege zusammengefasst. Der grippale Infekt ist im Gegensatz zur »echten« Grippe vergleichsweise harmlos. Typische Symptome im Anfangsstadium sind ein allgemeines Krankheits- und Schwächegefühl, das mit Frösteln, Glieder-, Muskel- und Kopfschmerzen sowie Appetitlosigkeit einhergeht. Dazu gesellen sich Schnupfen, Halsschmerzen und Heiserkeit.

Die durch Viren ausgelöste »echte« Grippe beginnt ebenfalls mit Frösteln, Rachenbeschwerden und Heiserkeit. Im weiteren Verlauf stellen sich jedoch hohes Fieber sowie starker Husten und Schnupfen ein.

Haben sich die Beschwerden nach einer knappen Woche nicht wesentlich gebessert oder sogar verschlimmert, sollten Sie zum Arzt gehen. Eine Virusgrippe in Verbund mit hohem Fieber gehört in jedem Fall in ärztliche Behandlung.

■ Zur Vorbeugung

Trinken Sie bereits bei den ersten Anzeichen einer nahenden Erkältung alle zwei Stunden ein Glas heißes Wasser, in das Sie drei Teelöffel Apfelessig sowie drei Teelöffel Honig unterrühren. Oftmals lässt sich damit der Ausbruch der Erkältung verhindern.

Unabhängig davon, welche Anwendungen Sie sonst noch durchführen, sollten Sie fünfmal täglich das Apfelessiggetränk (Seite 75) trinken. Damit können Sie das natürliche Selbstheilungsbestreben Ihres Körpers überaus wirksam fördern und den Krankheitserregern sowie einer übermäßigen Verschleimung der Atemwege entgegenwirken.

Husten, Schnupfen, Heiserkeit

»Ein Gläschen – Apfelessig – in Ehren, kann niemand verwehren.« Der tägliche Genuss des Sauertrunks ist die beste Vorbeugung gegen vielerlei Beschwerden und Wehwehchen.

■ Wenn es Sie dennoch erwischt hat

Regelmäßige Inhalationen mit Apfelessig bringen spürbare Erleichterung: Sie verhelfen zu »freier Fahrt« in der Nase, man kann wieder besser durchatmen und das benommene Gefühl bessert sich. Für eine Inhalation geben Sie puren Apfelessig in eine Schüssel mit heißem Wasser (Mischungsverhältnis 1 : 2) und inhalieren die Dämpfe.

Eine auf den ersten Blick recht absonderlich anmutende Behandlung ist der Papierwickel. Dieser Methode eilt jedoch der Ruf voraus, ein sehr wirksames Hausmittel bei Erkältungen jedweder Art zu sein: Dazu tauchen Sie ein Stück festes Packpapier (etwa 20 × 25 cm) in Apfelessig und lassen es vollsaugen. Anschließend streuen Sie auf eine Seite des Papiers schwarzen Pfeffer aus der Mühle und legen das Papier mit der Pfefferseite auf Ihre Brust. Mit mehreren Heftpflastern auf der Haut fixieren, einen dicken Wollpullover darüber ziehen und etwa 20 Minuten wirken lassen. Dann entfernen Sie das Papier und reinigen Ihre Brust mit lauwarmem Wasser. Diese Anwendung können Sie bei Bedarf mehrmals wiederholen. Sollten allerdings Hautreizungen oder -veränderungen durch den Wickel entstehen, sollten Sie auf dieses Hausmittel verzichten.

Keine Panik, wenn die Nase läuft und der Hals kratzt. Nicht jede Erkältung ist eine Virusgrippe. Erkältungssymptome können Sie mit alten Hausrezepten wirkungsvoll bekämpfen und lindern.

Der Sauertrunk als wirksame Medizin

> ### Was zusätzlich hilft
>
> ■ **Lindenblütentee** Zum »Ausschwitzen« von Gift- und Schlackenstoffen gibt es fast nichts Besseres als Lindenblütentee: Sie überbrühen zwei bis drei Teelöffel Lindenblüten (getrocknet oder frisch) mit einem Viertelliter kochendem Wasser und lassen sie vor dem Abseihen zehn Minuten ziehen. Dann süßen Sie den Tee mit etwas Honig, trinken ihn so heiß wie möglich und gehen dann sofort ins Bett, decken sich gut zu und schwitzen fest.
>
> ■ **Zwiebel** Das Allheilmittel bei allen Erkältungen sind Zwiebeln: Sie schneiden ein bis zwei Zwiebeln klein, überbrühen sie mit kochendem Wasser, lassen sie einige Zeit ziehen und trinken dann den heißen Zwiebeltee mit etwas Honig gesüßt.
>
> ■ **Fichtennadelbad** Nehmen Sie abends vor dem Schlafengehen ein 15-minütiges Vollbad bei 35 bis 37 °C mit einem Zusatz von Fichtelnadelextrakt (aus der Apotheke oder dem Reformhaus). Danach legen Sie sich gut zugedeckt ins Bett und schlafen sich gesund.

Nehmen Sie vorbeugend zusätzlich ein Sonnenhutpräparat (Echinacea) ein – am besten gegen 17 Uhr, denn wissenschaftliche Untersuchungen haben ergeben, dass das Immunsystem zu diesem Zeitpunkt am stärksten auf eine Stimulierung reagiert.

■ **Gegen die »Schnupfennase«**

Bei einer vom vielen Schnäuzen roten und entzündeten Nase schaffen warme Kompressen mit verdünntem Apfelessig Abhilfe: Sie verrühren einen Esslöffel Apfelessig in einem Glas warmen Wasser, tränken ein Taschentuch damit, wringen es aus und pressen es für einige Minuten auf Ihre Nase; mehrmals täglich wiederholen.

Fieber

Fieber ist keine Krankheit im eigentlichen Sinn, sondern ein Symptom, das im Verlauf verschiedener Erkrankungen auftritt. Dabei erhöht sich die Körpertemperatur über den Normalwert (37 bis 38 °C). Typische Anzeichen sind neben der erhöhten Körpertemperatur Schüttelfrost, gerötete Wangen und glasige, »fiebrig« glänzende Augen.

Fiebersenkende Medikamente möglichst vermeiden

Fieber ist an und für sich eine wichtige und sinnvolle Maßnahme des Körpers zur Bekämpfung von Krankheitserregern, die nicht unterdrückt werden sollte. Denn die erhöhte Körpertemperatur aktiviert das Immunsystem und damit die Bekämpfung der Krankheitserreger.

Heilsames Fieber klingt nach wenigen Tagen von selbst wieder ab. Steigt die Temperatur jedoch bedrohlich an und geht über Tage nicht wieder auf den Normalwert zurück und stellt sich zudem Schüttelfrost ein, sollte man sie ausschließlich mit natürlichen Mitteln senken. Seit alters bewährt haben sich hierbei Anwendungen mit Essig.

Achtung!
Bei hohem Fieber über 39 °C muss immer der Arzt hinzugezogen werden; vor allem dann, wenn keine erkennbaren Ursachen vorliegen.

■ Fiebersenkende Hausmittel

➤ Eines der beliebtesten und wirksamsten Fiebermittel ist der Wadenwickel mit Apfelessig. Wie Sie dabei vorgehen, lesen Sie auf Seite 85.

➤ Ebenso gute Wirkung haben mit verdünntem Apfelessig getränkte Socken (Seite 82), die feucht angezogen und über Nacht anbehalten werden können.

➤ Lange Tradition haben auch Ganzkörperwaschungen (Seite 86) mit verdünntem Apfelessig. Sie senken die Temperatur, entfernen den Schweiß und verleihen zudem ein wohliges Gefühl.

Was zusätzlich hilft

■ **Quarkwickel** Frischer Quark gilt seit Jahrhunderten als »Antibiotikum« der Volksmedizin, da er bei allen entzündlichen Erkrankungen und bei Fieber eine überragende Heilwirkung zeigt. Beim Quarkwickel gehen Sie ebenso vor wie beim Wadenwickel (siehe Seite 85), nehmen statt Essigwasser jedoch frischen, gekühlten Quark.

■ **Zwiebelsocken** Statt sie in Essigwasser zu tränken, können Sie Baumwollsocken auch mit frischen, gehackten Zwiebeln füllen und über Nacht anziehen.

Der Sauertrunk als wirksame Medizin

Halsschmerzen

Halsschmerzen sind ebenso wie Fieber keine Krankheit an sich, sondern meist ein Symptom von Erkältungen und Entzündungen im Bereich der Atemwege. Der Rachenraum und die Umgebung der Mandeln sind gerötet und geschwollen; dazu gesellen sich meist Heiserkeit, Schluckbeschwerden und ein Engegefühl im Hals.

Achtung! Steigt das Fieber über 39 °C an und zeigen sich eitrige Beläge auf den Mandeln, müssen Sie umgehend einen Arzt konsultieren.

Ähnlich verhält es sich mit einer Mandelentzündung (Angina). Auch sie tritt meist in Verbindung mit anderen Erkältungskrankheiten auf, verursacht jedoch stärkere Beschwerden und geht meist mit Fieber einher. Den Beginn einer Angina kennzeichnen zunächst ein geröteter Rachen, geschwollene Gaumenmandeln, starke Halsschmerzen sowie Schluckbeschwerden. Häufig strahlen die Schmerzen bis in die Ohren und die Zähne aus. Hinzu kommen dann im weiteren Verlauf der Erkrankung oftmals Fieber, Schüttelfrost und Gliederschmerzen.

■ Mit Apfelessig gegen den »rauen Hals«

Sobald der Hals zu kratzen beginnt, die Stimme rau wird und das Schlucken Probleme bereitet, ist es höchste Zeit für die Anwendung wirksamer Hausmittel.

Verzichten Sie bei Halsschmerzen und Erkältungen auf die »chemische Keule«. Alte Hausmittel und -rezepte mit Apfelessig erzielen gleiche Wirkungen auf natürlichem Wege.

Wenn es im Hals kratzt

Was zusätzlich hilft

- **Emser Salz** Ebenfalls zum Gurgeln: einen Teelöffel Emser Salz (alternativ eignet sich auch normales Kochsalz) in einem Glas warmen Wasser auflösen und mehrmals täglich damit gurgeln. Das spült Schleim und Speisereste, die sich an den Mandeln abgesetzt haben, aus und verhindert eine weitere eitrige Abwehrreaktion der Mandeln.

- **Salbeitee** Entzündungshemmend und schmerzlindernd: Bereiten Sie sich Salbeitee zu, indem Sie einen Esslöffel Salbeiblätter (frisch oder getrocknet) mit einem Viertelliter kochenden Wasser überbrühen; geben Sie einen Teelöffel Apfelessig und etwas Honig zum Süßen hinzu, und nehmen Sie stündlich einen Esslöffel dieser Mischung ein.

▶ Gurgeln verschafft in Kürze Linderung und wirkt einer Verschlechterung der Beschwerden entgegen: Verrühren Sie drei Teelöffel Apfelessig und zwei Teelöffel Honig in einem Glas lauwarmen Wasser. Damit gurgeln Sie stündlich – die Gurgellösung jedoch nicht hinunterschlucken, sondern ausspucken und erneut einen Schluck in den Mund nehmen. Zum Abschluss der Gurgelprozedur lassen Sie das Essigwasser in den Hals hinunterlaufen und schlucken es. So kommen auch all jene Stellen im hinteren Rachenraum mit der keimtötenden und schmerzlindernden Essigmixtur in Berührung, die sonst beim Gurgeln nicht erreicht werden.

▶ Im akuten Stadium machen Sie zusätzlich stündlich einen Halswickel mit Apfelessig. Dazu tauchen Sie ein Leinen- oder Baumwolltuch in warmes Apfelessigwasser (zwei Esslöffel Essig auf 200 Milliliter Wasser), wringen es aus und wickeln es um den Hals. Darüber kommt ein trockener Wollschal oder ein Handtuch; sobald der Wickel trocken ist, abnehmen. Wenn sich Ihre Beschwerden etwas gebessert haben, genügt es, wenn Sie diese Anwendung zweimal täglich durchführen, bis die Halsschmerzen vollkommen abgeklungen sind.

Ein altes russisches Hausmittel: Einen Esslöffel frisch geriebenen Meerrettich mit je einem Teelöffel Honig und Nelken in einem Glas warmen Wasser (200 Milliliter) verrühren. Diese Mischung langsam in kleinen Schlucken trinken und dabei ausgiebig gurgeln.

- ▶ Sie kochen einen Teelöffel Rettichsamen (aus dem Reformhaus) mit einem Esslöffel Honig in einer halben Tasse unverdünntem Apfelessig kurz auf und verdünnen dieses Gebräu mit so viel Wasser, bis die Schärfe erträglich wird und Sie mit der Mixtur gurgeln können; dreimal täglich durchführen.
- ▶ Honig besitzt ebenso wie Apfelessig eine ausgeprägt keimtötende und schmerzlindernde Wirkung, die wie Balsam auf den strapazierten und schmerzenden Hals wirkt (Seite 76 ff.). Nehmen Sie entweder mehrmals täglich einen Teelöffel Honig ein, den Sie langsam den Hals hinunterlaufen lassen; oder Sie verrühren eine viertel Tasse Honig mit einer viertel Tasse Apfelessig und nehmen von diesem Sirup stündlich ein bis zwei Teelöffel ein.
- ▶ Zusätzlich empfiehlt es sich bei Heiserkeit, bis zu achtmal am Tag folgende Mixtur zu trinken (Sie sollten sie dabei langsam den Rachen hinunterlaufen lassen): einen Teelöffel Apfelessig und zwei Teelöffel Honig in einem halben Glas warmem Wasser auflösen. Das bringt die Schleimhäute zum Abschwellen, lindert die Entzündung und »ölt« die Stimme.

Heuschnupfen

Menschen, die unter einer Allergie leiden, tun gut daran, das Apfelessiggetränk regelmäßig zu trinken. Denn durch die antiallergische Wirkung des Honigs lässt sich – eine regelmäßige Anwendung über einen längeren Zeitraum vorausgesetzt – eine deutliche Linderung der allergischen Reaktionen erreichen.

Heuschnupfen ist eine Begleiterscheinung einer Pollenallergie – ist also im Grunde bei Atemwegsbeschwerden nicht richtig platziert. Dennoch soll die Behandlung des Heuschnupfens an dieser Stelle aufgezeigt werden, da er sich in Symptomen äußert, die typisch für Erkrankungen der Atemwege sind: starker Fließschnupfen, verstopfte Nase und gerötete, tränende Augen. Weitere Anzeichen sind permanenter Nies- und Hustenreiz sowie starkes Jucken in Hals, Rachenraum und Augen.

■ Apfelessig-Honig-Kur

Beginnen Sie bereits vier Wochen vor Ihrer üblichen Heuschnupfenzeit, bevor die Blütezeit jener Pflanzen beginnt, auf die Sie allergisch reagieren, mit der kurmäßigen Einnahme des Apfelessiggetränks (Seite 75). Trinken Sie es dreimal täglich, bis die Zeit »Ihrer« Pollen vorüber ist.

Alle Jahre wieder: Niesen, juckende und tränende Augen

> **Was zusätzlich hilft**
>
> - **Honig** Bei Heuschnupfen empfiehlt sich die tägliche Einnahme von zwei bis drei Teelöffeln Honig. Achten Sie darauf, dass er von einem Bienenvolk kommt, das nicht weiter als zehn Kilometer Luftlinie von Ihrem Wohnort beheimatet ist. Dadurch ist gewährleistet, dass in dem Honig auch einige der Pollen enthalten sind, auf die Sie allergisch reagieren. Durch die tägliche Einnahme dieses Honigs oder auch durch Kauen von ausgeschleuderten Honigwaben wird Ihr Körper wie bei einer Impfung langsam aber sicher immun gegen die Pollen.

Husten und Bronchitis

Durch Husten versucht der Körper, Fremdkörper und Schleim aus den Atemwegen zu entfernen. Neben Hustenreiz und Heiserkeit besteht meist ein Engegefühl im Kehlkopf, Schnupfen, manchmal auch beklemmende Atemnot und Brechreiz bis hin zu Würganfällen.

Eine Bronchitis, eine akute oder chronische Entzündung der Bronchien, tritt meist im Zuge fieberhafter Erkältungen auf. Ihre Entstehung wird jedoch auch durch Rauchen und ausschließliche Mundatmung gefördert. Erste Anzeichen sind Brennen und Schmerzen in der Brust, Kitzeln im Kehlkopf sowie heftiger, starker Reizhusten und ein allgemeines Schwächegefühl. Bei raschen Temperaturveränderungen und Änderungen der Körperlage kommt es zu länger anhaltenden Hustenanfällen. Nach einigen Tagen lässt der Husten nach und der Schleim löst sich.

Achtung!
Bei Fieber über 39 °C und Husten mit blutigem Auswurf müssen Sie einen Arzt konsultieren. Dies gilt auch dann, wenn sich die Beschwerden trotz Behandlung nach einer Woche nicht bessern, denn sie können Anzeichen einer beginnenden Lungenentzündung sein.

■ Natürliche Hausmittel mit Apfelessig

▶ Die erste, weil beste Maßnahme sollten dreimal täglich durchgeführte Inhalationen mit Apfelessig sein. Wie Sie dazu vorgehen, lesen Sie auf Seite 83 ff.

▶ Sehr gute Wirkung erzielt man auch durch Einreibungen von Hals und Brust mit purem Apfelessig, um die durch die Kör-

Der Sauertrunk als wirksame Medizin

Wenn Sie aufgrund einer Bronchitis oder einer anderen Erkrankung der Atemwege nachts aufwachen und Probleme mit dem Atmen haben, ist ein Teelöffel Apfelessig auf ein Glas lauwarmes Wasser gegeben und binnen einer halben Stunde in kleinen Schlückchen getrunken eine wirksame Einschlafhilfe.

perwärme entstehenden Essigdämpfe zu inhalieren. Einen ähnlichen Effekt erzielen Sie, indem Sie einige Tropfen puren Apfelessig auf Ihr Kopfkissen träufeln. So können die Essigdämpfe die ganze Nacht über ihre lindernden Wirkungen auf die gereizten Atemwege entfalten. Bei bestimmten Indikationen sollten Sie von Inhalationen absehen (Seite 84).

▶ Aus Honig und Apfelessig lässt sich ein guter Hustensirup herstellen, der besonders bei Kindern sehr beliebt ist: Verrühren Sie vier Esslöffel flüssigen Honig (Wasserbad, jedoch nicht über 40 °C) mit sechs Teelöffeln Apfelessig; verabreichen Sie dem kleinen Patienten stündlich einen Teelöffel von dieser Mischung.

▶ Im akuten Stadium einer Bronchitis empfehlen sich kalte Wadenwickel mit Apfelessig (Seite 85) zur Senkung des Fiebers.

▶ Auch ein Brustwickel (Seite 81) mit Apfelessig kann bei Bronchitis deutliche Linderung bringen; zwei- bis dreimal täglich durchführen.

▶ In einigen Kurkliniken gibt es Wassertretbecken, in denen Apfelmost zu Essig vergärt und in denen Patienten mit Atemwegsbeschwerden, vor allem chronischer Bronchitis, regelmäßig ihre Runden im Storchengang drehen – mit beachtlichen Erfolgen: Die Beschwerden bessern sich binnen 20 Minuten, die Sekretion und die Durchblutung der Schleimhäute in den Atemwegen wird spürbar gesteigert.

Was zusätzlich hilft

- **Isländisch Moos und Thymian** Besonders wirksam bei krampfartigem Husten: Jeweils einen Esslöffel Isländisches Moos und Thymian mit einem Viertelliter kochendem Wasser übergießen, fünf Minuten ziehen lassen, abseihen und zwei- bis dreimal am Tag eine Tasse in kleinen Schlucken trinken.
- **Meerrettich** Sehr wirksam bei Husten sind auch täglich drei Teelöffel fein geriebener Meerrettich mit etwas Honig vermischt.

Kreislauf ankurbeln: Essig statt Selters

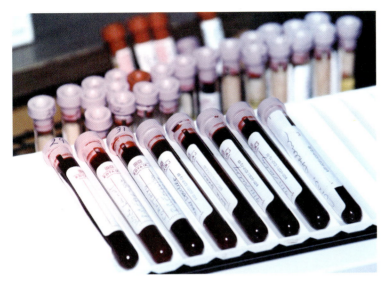

Mit einer einfachen Blutuntersuchung kann der Cholesterinspiegel exakt bestimmt werden. Beugen Sie bösen Überraschungen vor: Gehen Sie regelmäßig zum Arzt.

Apfelessig bei Kreislaufbeschwerden

Erhöhter LDL-Cholesterin-Gehalt im Blut

Obwohl der Körper Cholesterin benötigt und es auch selbst produziert, kann sein erhöhter Gehalt im Blut zu schwerwiegenden Erkrankungen, vor allem des Herz-Kreislauf-Systems, führen. Besonders übel spielt das LDL-Cholesterin (low density lipoproteins: Fett mit niedriger Dichte) der Gesundheit von Herz und Kreislauf mit, während das HDL-Cholesterin (high density lipoproteins: Fett mit hoher Dichte) dagegen sogar einen schützenden Effekt besitzt. Es verhindert Ablagerungen in den Blutgefäßen, indem es das »schlechte« LDL-Cholesterin an sich bindet und zur Leber transportiert. Dort wird das LDL-Cholesterin schließlich abgebaut oder umgewandelt.

Wenn Sie erhöhte Cholesterinwerte haben, sollten Sie verstärkt darauf achten, möglichst häufig Apfelessig in der Küche zu verwenden – Anregungen dafür, wozu er sich sehr schmackhaft einsetzen lässt, finden Sie ab Seite 212 ff.

■ **Pektin**

Der regelmäßige Genuss von Apfelessig kann den Cholesterinspiegel dauerhaft regulieren – das LDL reduzieren und das HDL erhalten –, denn er enthält viel Pektin. Dieser Ballaststoff des Apfels vermag das schädliche LDL-Cholesterin deutlich zu senken.

Der Sauertrunk als wirksame Medizin

> ### Was zusätzlich hilft
>
> - Essen Sie viel Knoblauch und Zwiebeln, denn beide erhöhen signifikant den Gehalt an HDL-Cholesterin und reduzieren das LDL-Cholesterin im Blut.
> - Gleiches gilt für hochwertiges, kaltgepresstes Olivenöl; also sooft wie möglich verwenden.
> - Neben Äpfeln und Apfelessig eignen sich natürlich auch alle anderen ballaststoffreichen Nahrungsmittel wie Vollkornprodukte oder frisches Obst und Gemüse aller Art zur »Cholesterintherapie«.

Kreislaufstörungen

Die Ursachen für Kreislaufschwäche sind meist in einem generell niedrigen Blutdruck zu suchen.

Durchblutungsstörungen sind in der Regel durch falsche Ernährungsgewohnheiten (zu viel Cholesterin und Fett), zu wenig Bewegung und zu viel Nikotin bedingt. Daneben spielen natürlich auch Blutdruckstörungen sowie Diabetes mellitus (Zuckerkrankheit) und Gicht eine wichtige Rolle. Arterielle Durchblutungsstörungen zeigen sich durch Wadenschmerzen beim Gehen (Stichwort: Schaufensterkrankheit) und durch kalte Hände und Füße.

Schaufensterkrankheit
Schon bei kurzen Gehstrecken treten Wadenschmerzen auf. Nach ein paar Minuten Pause lassen sie nach und man kann die nächste Wegstrecke zurücklegen, bis erneut Schmerzen auftreten – man geht von einem Schaufenster zum anderen.

■ So bringen Sie Ihren Kreislauf wieder auf Trab

▶ Waschungen mit verdünntem Apfelessig mobilisieren die Durchblutung und bringen einen schwachen Kreislauf wieder in Schwung. Ideal sind Waschungen vor allem auch an heißen Sommertagen, wenn man sich besonders schlapp und antriebslos fühlt.

▶ Dadurch, dass der Sauertrunk eine allgemein anregende Wirkung auf den Stoffwechsel entfaltet und die Durchblutung des gesamten Organismus fördert, eignet er sich – kurmäßig und täglich über einen längeren Zeitraum eingenommen – gut zur Stärkung des Kreislaufs. Das Rezept für das Apfelessiggetränk finden Sie auf Seite 75.

Unfreiwilliger Schaufensterbummel

➤ Die Riechfläschchen, die sich die Damen früher bei Unpässlichkeiten und drohenden Ohnmachten unter die Nase hielten, waren nicht umsonst meist mit purem Essig gefüllt. Lassen Sie sich davon anregen, und versuchen Sie es bei einem schwachen Kreislauf doch einmal mit Schnuppern an der Apfelessigflasche.

Was zusätzlich hilft

- **Rosmarinfußbad** Schnelle Hilfe bei einem schwachen Kreislauf bringt ein warmes Fußbad (Seite 80) mit Rosmarinextrakt (erhältlich in der Apotheke oder im Reformhaus).

- **Wasseranwendungen** Pfarrer Kneipp riet zu Tau- und Wassertreten. Auch kalte Kniegüsse oder Wechselgüsse am ganzen Körper regen den Kreislauf und die Durchblutung an.

Verdauungsbeschwerden

Bei allen Beschwerden rund um die Verdauung und generell im Magen-Darm-Trakt hat sich Apfelessig als ein überaus wirksames »Medikament« erwiesen. Einige der Gründe hierfür haben Sie bereits erfahren; im Kapitel »Kuren mit Apfelessig« (Seite 168 ff.) finden Sie bei der Darmreinigungskur mit dem Sauertrunk noch weitere interessante Fakten, warum Apfelessig der Verdauung so zuträglich ist. Prinzipiell dient das regelmäßige Trinken von Apfelessig ohnehin der Vorbeugung und Linderung all dessen, was sich an Problemen rund um die Verdauung einstellen kann – hier noch einige ganz spezielle Empfehlungen.

Dem Magen-Darm-Trakt kommen die vielfältigen kräftigenden, aufbauenden und reinigenden Wirkungen des Apfelessigs am besten zugute. Eine Darmsanierung mit dem sauren Fitmacher ist daher besonders sinnvoll.

Darmsanierung

Wenn Sie öfter Probleme haben: Führen Sie eine Darmreinigungskur mit Apfelessig durch; Ab Seite 168 finden Sie ausführliche Informationen darüber.

Appetitlosigkeit

Körperliche Ursachen für Appetitlosigkeit können fieberhafte Erkrankungen, in manchen Fällen auch eine ungenügende Magensaftproduktion sein. Häufig liegen Appetitstörungen jedoch psychische Probleme zu Grunde: übermäßige nervliche Anspannung, Stress und Kummer. Aber auch falsche und unregelmäßige Ernährung sowie regelmäßiges Essen von Süßigkeiten können die Auslöser sein.

Das Apfelessiggetränk (Rezept Seite 75) bringt, etwa 20 Minuten vor der Mahlzeit getrunken, die Verdauungssäfte zum Fließen und damit auch den Appetit wieder in Gang.

Was zusätzlich hilft

- **Knoblauch** Eine beliebte Heilpflanze bei mangelndem Appetit, nicht nur in unserer Volksheilkunde. Mischen Sie einmal täglich eine geriebene Knoblauchzehe unter die tellerfertigen Speisen. Entfernen Sie den grünen Keimling; das mindert den »Knofelduft«.
- **Saure Gurken** Beruhen auf dem gleichen Wirkprinzip wie der Apfelessig und eignen sich daher ebenfalls sehr gut als Appetitanreger.

Aufstoßen

Wer bekanntermaßen zu Aufstoßen neigt, sollte versuchen, langsam zu essen und jeden Bissen gut zu kauen, um nicht auch noch während des Essens Luft zu schlucken, die ebenfalls wieder nach oben entweichen muss.

Dieses zwar lästige, aber harmlose Übel wird durch das Ausstoßen von Luft und anderen Gasen aus dem Magen verursacht. Wenn Sie jedoch sehr häufig unter Aufstoßen leiden, sollten Sie Ihren Magen-Darm-Trakt ärztlich überprüfen lassen.

Zur Vorbeugung gegen das unangenehme Aufstoßen sollten Sie vor jeder Mahlzeit ein Glas des Apfelessiggetränks (Seite 75) trinken.

Blähungen

Die häufigsten Ursachen von Blähungen sind zu hastiges und zu vieles Essen, schlechtes Kauen, zu wenig Bewegung und natürlich blähende Nahrungsmittel wie Hülsenfrüchte, Kohlgemüse, schweres und frisches Brot oder Rohkost. Die Speisen werden nicht richtig verdaut, und es sammeln sich Fäulnisgase und Gärprodukte im Darm an, die sich »Luft machen« müssen. Daneben kann auch eine gestörte Darmflora zu Blähungen führen – in diesem Fall ist Apfelessig genau das Richtige.

■ Darmsanierung mit Apfelessig

- ➤ Trinken Sie regelmäßig fünf Minuten vor jeder Mahlzeit ein Glas Apfelessigtrunk (Seite 75), dem Sie einen halben Teelöffel gemahlenen Fenchel- oder Kümmelsamen zugeben.
- ➤ Darüber hinaus sollten Sie einen warmen Bauchwickel machen, für den Sie ein Handtuch mit einem Apfelessig-Wasser-Gemisch (das Wasser sollte so warm sein, wie Sie es vertragen) im Verhältnis 1:1 tränken, auswinden und für 20 Minuten auf den Bauch legen.
- ➤ Wenn Sie sehr häufig von »Darmwinden« geplagt sind, ist es höchste Zeit für eine Darmreinigungskur mit Apfelessig – wie Sie diese durchführen, lesen Sie auf Seite 169 ff.

Wenn Sie häufig unter »Darmwinden« zu leiden haben, sollten Sie eventuellen körperlichen Ursachen mittels ärztlicher Untersuchungen, unter anderem auch einer Stuhluntersuchung, auf den Grund gehen.

Was zusätzlich hilft

- ■ **Fencheltee** Dieser Tee wirkt, ungesüßt nach dem Essen getrunken, entblähend: einen Teelöffel Fencheltee mit einer Tasse kochendem Wasser übergießen, kurz ziehen lassen und in kleinen Schlucken langsam trinken.

- ■ **Fenchel, Anis und Kümmel** Ein einfaches Hausmittel: Wenn Sie zu Blähungen neigen, sollten Sie es sich zur Gewohnheit machen, nach den Mahlzeiten einige Fenchel-, Anis- und Kümmelsamen zu essen.

Durchfall

Akuter Durchfall nach dem Genuss von unverträglichem Essen, Stress oder großer Aufregung ist ebenso wie Verstopfung keine Krankheit an sich, sondern nur deren Symptom. Er zeigt sich durch wässrige oder schleimige Stuhlentleerungen mehrmals täg-

Der Sauertrunk als wirksame Medizin

Achtung!
Hat sich der Stuhlgang nach zwei bis drei Tagen nicht normalisiert oder verschlechtert sich der Allgemeinzustand, sollten Sie einen Arzt aufsuchen.

lich. Bei chronischem Durchfall, ausgelöst durch Dünn- oder Dickdarmentzündung und Nahrungsmittelunverträglichkeiten, können die wässrigen Stuhlentleerungen über einen längeren Zeitraum anhalten. Ist Durchfall infektiös durch Krankheitserreger bedingt, bestehen meist Darmkrämpfe bei zusätzlichem Erbrechen und Fieber.

■ Apfelessig gegen den »flotten Otto«

▶ Trinken Sie sechs- bis siebenmal täglich ein Glas stilles Mineralwasser mit zwei Teelöffeln Apfelessig versetzt, solange bis sich der Stuhlgang wieder normalisiert hat. Zusätzlich zu seiner darmregulierenden Wirkung steuert Apfelessig durch seinen Mineralstoffgehalt dem bei Durchfall hohen Mineralstoffverlust entgegen.

▶ Machen Sie außerdem zweimal täglich einen warmen – noch besser heißen – Apfelessig-Bauchwickel (Anwendung und Durchführung wie Brustwickel, siehe Seite 81), den Sie für 30 Minuten angelegt lassen.

Was zusätzlich hilft

■ **Apfelbrei** Ein frisch geriebener Apfel gilt seit alters als »Medikament« gegen Durchfall: Sie reiben einen Apfel mit Schale, lassen den Brei eine Zeit lang stehen und rühren ihn dabei hin und wieder um. Wenn der Apfelbrei durch die Luft leicht bräunlich wird, ist er richtig und kann löffelweise gegessen werden.

Magen-Darm-Beschwerden

Störungen des Magen-Darm-Trakts, die sich in der Regel durch Magenkrämpfe, Durchfall, Blähungen oder Verstopfung äußern, treten häufig nach dem Genuss unverträglicher oder verdorbener Speisen auf. Aber auch zu schnelles und zu heißes Essen, Stress und der Genuss von zu viel Kaffee, Alkohol und Zigaretten können die Ursachen sein.

Wenn der Verdauungstrakt rebelliert

Wenn's im Magen-Darm-Trakt rumort, verschaffen Apfelessig, Kamillen- und Pfefferminztee Linderung.

■ Auch der Magen will Behagen

➤ Bei einer Darminfektion verrühren Sie einen Teelöffel Apfelessig in einem Glas warmem Wasser und nehmen alle fünf Minuten einen Teelöffel davon ein. Sobald das Glas geleert ist, wiederholen – solange, bis Sie wieder etwas Zwieback essen können. Apfelessig desinfiziert den Darm, tötet die schädlichen Keime ab und gleicht Mineralstoffverluste aus.

➤ Sobald Sie der Verdacht beschleicht, etwas Unverträgliches oder gar durch Bakterien Verdorbenes gegessen zu haben, sollten Sie prophylaktisch Apfelessigwasser trinken. Auf diese Weise werden eventuell eingedrungene Bakterien vernichtet, bevor sie großen Schaden anrichten können.

Achtung!
Wenn Magenstörungen und -schmerzen nach einigen Tagen der Behandlung keine Besserung zeigen, sollten Sie umgehend einen Arzt aufsuchen.

Was zusätzlich hilft

■ **Kamillen-Pfefferminz-Tee**
Besonders gegen Magenkrämpfe altbewährt: je einen Teelöffel Kamillenblüten und Pfefferminzblätter mit einem halben Liter kochendem Wasser übergießen, drei Minuten ziehen lassen und dann langsam, schluckweise trinken.

Der Sauertrunk als wirksame Medizin

➤ Das Gleiche empfiehlt sich auch auf Auslandsreisen, falls man den Reinheitskriterien des betreffenden Kochs nicht so ganz vertraut. Es ist deshalb in keinem Fall verkehrt, auf Reisen ein kleines Fläschchen mit dem Sauertrunk im Gepäck mitzuführen.

Sodbrennen

Bei einem überlasteten Verdauungssystem, durch zu vieles, schnelles oder fettes Essen, kann es passieren, dass Magensäure in den unteren Teil der Speiseröhre aufsteigt. Das brennende Gefühl, das wir dann verspüren, nennt man treffend Sodbrennen.

Um dem unangenehmen Brennen vorzubeugen, sollten Sie zu den Mahlzeiten ein halbes Glas warmes Wasser, versetzt mit einem Teelöffel Apfelessig und zwei Teelöffeln Honig, trinken.

Bei akutem Sodbrennen sollten Sie vorübergehend unbedingt auf schwarzen Tee, Kaffee, Alkohol und Zigaretten verzichten.

Verstopfung

Unter akuter Verstopfung versteht man die vorübergehende Unfähigkeit, den Darm täglich zu entleeren. Darüber hinaus bestehen Völlegefühl, Blähungen und leichte Übelkeit. Bei chronischer Verstopfung kann der Darm längere Zeit nicht mehr täglich entleert werden. Hinzu kommen meist Appetitlosigkeit und Bauchschmerzen.

Die Ursachen der chronischen Verstopfung sind sicherlich zunächst in falschen Ernährungsgewohnheiten zu suchen: zu wenig frisches Obst und Gemüse und damit zu wenig der für die Darmfunktionen so wichtigen Ballaststoffe, zu viel Süßigkeiten und weißes Mehl.

Doch auch die Psyche spielt eine nicht unerhebliche Rolle, denn seelische Probleme lasten nicht nur auf unserem Gemüt, sondern auch auf dem Darm.

■ Bringen Sie Ihren Darm in Schwung

➤ Erhitzen Sie zwei Tassen Wasser, rühren Sie dann zwei Esslöffel Leinsamen unter, und lassen Sie dies für etwa zehn Minuten kochen.

Dann abseihen, zwei Esslöffel Apfelessig hinzugeben und in kleinen Schlucken trinken.
➤ Trinken Sie mehrmals – fünf- bis sechsmal – täglich den Apfelessigtrunk – jedoch mit warmem Wasser. Das Rezept finden Sie auf Seite 75.
➤ Nehmen Sie morgens und abends warme Fußbäder: Auf vier Liter warmes Wasser geben Sie ein Glas Apfelessig und sechs Teelöffel Meersalz. **Achtung:** Wenn Sie unter Kreislaufstörungen leiden, sollten Sie sich vorab eingehend mit Ihrem Arzt beraten.
➤ Ein altes Hausmittel aus Böhmen: Mischen Sie sechs Esslöffel Milch, zwei Esslöffel Apfelwein und vier Tropfen Apfelessig. Trinken Sie dieses Gebräu morgens auf nüchternen Magen – auch, wenn es nicht gerade ein wohlschmeckender Cocktail ist. Seine nachhaltige Wirkung ist dafür jedoch umso angenehmer und erleichternder.

Achtung!
Treten Schmerzen am Darmausgang, kolikartige Bauchschmerzen sowie heftiges Erbrechen und Kreislaufbeschwerden auf, kann ein akuter Darmverschluss vorliegen. In diesem Fall müssen Sie sofort einen Notarzt rufen.

Was zusätzlich hilft

- **Salzwasser** Trinken Sie morgens auf nüchternen Magen ein Glas warmes Wasser, mit einem Teelöffel Kochsalz versetzt.
- **Leinsamen** Leinsamen gilt seit alters als verdauungsfördernd, allerdings stellt sich der Erfolg erst nach einigen Tagen ein – etwas Geduld sollten Sie also mitbringen: drei Esslöffel über den Tag verteilt, mit Joghurt, Milch oder Säften vermischt, einnehmen.

Nerven und Psyche

Erschöpfungszustände

Wer sich ständig müde und schlapp fühlt, antriebslos ist und sich schlecht konzentrieren kann, hat häufig einen Mangel an bestimmten Vitaminen und Mineralstoffen. Daneben können auch eine angespannte psychische Situation sowie große nervliche Belastungen die Gründe für dauerhafte Erschöpfung und Müdigkeit sein.

Der Sauertrunk als wirksame Medizin

■ Fitmacher Apfelessig

➤ Das saure Elixier enthält eine Menge wertvoller Mineralstoffe und Vitamine und kann regelmäßig getrunken etwaigen Mangelerscheinungen wirksam vorbeugen beziehungsweise diese wieder ausgleichen. Das Rezept des Apfelessiggetränks finden Sie auf Seite 75.

➤ Ganzkörpermassagen mit verdünntem Apfelessig vitalisieren, erfrischen den gesamten Organismus und verleihen Geist und Seele neue Kraft. Dazu mischen Sie ein halbes Glas Wasser mit zwei Teelöffeln Apfelessig und massieren dies in streichenden Bewegungen zum Herzen hin auf dem ganzen Körper ein. Danach nicht abtrocknen, sondern das Essigwasser in die Haut einziehen lassen und dann ankleiden.

Kopfschmerzen

Achtung!
Eine organische Grunderkrankung sollten Sie vor der Selbstbehandlung vom Arzt ausschließen lassen.

Kopfschmerzen sind ein Symptom verschiedener Erkrankungen. So können hinter hartnäckigen Kopfschmerzen oftmals andere Grunderkrankungen wie Infektionen, Erkältungskrankheiten oder ein Schleudertrauma stehen. Häufig lassen sich diese Beschwerden jedoch auf nervliche Überbelastungen, Stress und emotionale Probleme zurückführen. Auch körperliche Fehlhaltungen über einen langen Zeitraum hinweg sowie unerkannte und nicht korrigierte Sehschwäche können die Ursachen für Kopfschmerzen sein.

■ Verzichten Sie auf die chemische (Kopfschmerz-)Keule

➤ Schnelle Linderung bringen Einreibungen der Stirn mit verdünntem Apfelessig (zwei Esslöffel auf einen Viertelliter Wasser) oder ein Stirnband mit Essig: Dazu tränken Sie ein großes Taschentuch oder ein Handtuch mit dem Essigwasser und wickeln es wie ein Stirnband um den schmerzenden Kopf.

➤ Ein altes Hausmittel empfiehlt bei Kopfschmerzen Efeuessig. Dazu legt man einige Efeublätter in Essig ein, lässt dies zwei Wochen stehen und reibt im akuten Bedarfsfall mit dem Auszug stündlich Stirn, Schläfen und Nacken ein.

Kopfschmerzen sind ein Warnsignal

> **Was zusätzlich hilft**
>
> - **Zitronenkaffee** Geben Sie den Saft einer Zitrone in eine Tasse heißen Kaffee (ohne Milch und Zucker), und trinken Sie diese zügig aus.
> - **Lavendelöl** Reiben Sie Stirn, Schläfen und Nacken mit ätherischem Lavendelöl (aus der Apotheke oder dem Reformhaus) ein.

Verzichten Sie möglichst auf pharmazeutische Schmerzmittel: Häufiger Gebrauch kann zu so genanntem Analgetikakopfschmerz führen.

➤ Als überaus wirksam haben sich Inhalationen mit Apfelessig erwiesen (Seite 83 ff.); damit lässt sich den Kopfschmerzen auch vorbeugen – probieren Sie es also bereits, sobald sich die ersten Anzeichen von Kopfschmerzen ankündigen.

➤ Da häufige und hartnäckige Kopfschmerzen in vielen Fällen auf einen gestörten Darm zurückgehen, sollten Sie das Apfelessiggetränk über einen längeren Zeitraum zu sich nehmen – das Rezept dafür finden Sie auf Seite 75. Oft zeigt auch eine Darmreinigungskur mit dem Sauertrunk (Seite 168 ff.) sehr gute Erfolge.

Schlafstörungen

Sie finden trotz der nötigen »Bettschwere« nicht die nötige Ruhe zum Einschlafen, wälzen sich im Bett hin und her und können einfach nicht abschalten. Oder aber, Sie wachen nach wenigen Stunden Schlaf wieder auf, obwohl Sie sich noch müde und zerschlagen fühlen. All dem liegen die verschiedensten Ursachen zu Grunde – in den meisten Fällen sind sie in der Psyche zu suchen. Denn ein überreiztes Nervenkostüm, Stress, Kummer und unbewältigte Konflikte rauben den Schlaf und lassen schwer zur so dringend benötigten Ruhe finden. Außer für mehr Ruhe-

Anspannung und Stress verhindern einen entspannten und tiefen Schlaf.

Der Sauertrunk als wirksame Medizin

Grundsätzlich gilt: Hände weg von Schlaftabletten! Auch wenn (Ein-)Schlafstörungen und ihre Folgen noch so unangenehm sind, sollten Sie alternative Methoden jedenfalls vorziehen. Schlaftabletten können zu Abhängigkeit führen! Zudem verändern sie die Schlafqualität negativ.

pausen zu sorgen, gibt es eine Reihe verschiedenster Hausmittel, die Ihnen wieder zu süßen Träumen verhelfen können – ein besonders wirksames ist Apfelessig.

■ Statt Schäfchen zählen ...

➤ Ein wirksamer Schlaftrunk ist das Apfelessiggetränk, das Sie vor dem Schlafengehen in kleinen Schlucken trinken sollten. Diese Mischung entfaltet eine ausgeprägt sedative, also beruhigende Wirkung auf das Nervensystem. Das Rezept finden Sie auf Seite 75.

➤ In Bezug auf Schlafstörungen sei auch auf die guten alten kalten Wadenwickel mit Apfelessig verwiesen, die für tiefen und erholsamen Schlaf sorgen. Wie Sie dabei vorgehen, lesen Sie auf Seite 85.

➤ Ebenfalls gute Wirkungen zeigen Ganzkörperwaschungen mit Apfelessig (Seite 86) vor dem Zubettgehen. Wichtig ist aber, dass Sie sich danach nicht abtrocknen. Lassen Sie das Essigwasser etwas in die Haut einziehen, und legen Sie sich dann ins Bett.

➤ Ein alter Trick aus Großmutters Hausmittelschatzkästchen bei Einschlafschwierigkeiten: Baumwollsocken in kaltes Apfelessigwasser tauchen (Mischungsverhältnis 1 : 1), auswringen und nass anziehen; darüber kommen zwei Paar trockene Wollsocken.

Was zusätzlich hilft

■ **Baldriantinktur** Das Beruhigungsmittel schlechthin, vor allem bei Einschlafstörungen: Nehmen Sie unmittelbar vor dem Schlafengehen 20 bis 30 Tropfen Baldriantinktur (aus der Apotheke), mit etwas Wasser verdünnt.

■ **Trockenbürsten** Sorgt für eine gute Durchblutung, für innere Ruhe, Entspannung und guten Schlaf. Beginnen Sie an den Füßen und Händen, und massieren Sie danach den ganzen restlichen Körper – immer in Richtung Herz.

➤ Probieren Sie auch den »Schlafsirup«, den Sie neben Ihrem Bett platzieren sollten, um davon auch nachts, wenn Sie nicht wieder einschlafen können, zu naschen. Für dieses wirksame Schlafmittel verrühren Sie in einem Schraubglas mit Deckel eine halbe Tasse Honig mit zwei Esslöffeln Apfelessig. Davon nehmen Sie vor dem Schlafengehen zwei Teelöffel ein und, falls Sie nachts aufwachen sollten, erneut zwei Teelöffel.

Hauterkrankungen

Apfelessig besitzt vielfältige hautpflegende Wirkungen (siehe Seite 137 ff.). An dieser Stelle seien daher einige bewährte Rezepte zur Behandlung verschiedener Hautbeschwerden mit dem sauren Elixier genannt.

Akne

Bei dieser meist chronisch auftretenden Hauterkrankung sind die Poren der Haut durch eine überhöhte Talgproduktion verstopft; die Folge sind Mitesser, Pickel und Pustelchen. In schlimmeren Fällen bilden sich auch Knoten, die sich zunächst nur als schmerzhafte »Huppel« ankündigen, jedoch später unschöne Narben hinterlassen können. Akne ist überwiegend hormonell bedingt: Im Zuge der hormonellen Umstellung in der Pubertät steigt die Bildung des männlichen Hormons Testosteron sowohl bei Mädchen als auch bei Jungen an. Dies regt die Produktion der Talgdrüsen an – je nach Veranlagung verstopfen die Ausführgänge, der Talg kann nicht mehr abfließen, und es entstehen Mitesser auf den Ausführgängen. Werden diese durch Keime zusätzlich infiziert, kommt es zu eitrigen Entzündungen. Akne ist übrigens keineswegs eine reine Pubertätserscheinung, sondern kann aufgrund der Hormonumstellung auch während einer Schwangerschaft auftreten. Immer mit zu berücksichtigen ist bei Akne auch die psychische Situation. Denn berufliche oder private Anspannung und Stress verstärken ihre Ausprägung und begünstigen die Entstehung von Hautveränderungen.

Suchen Sie einen Arzt auf, sobald sich die Akne stark und flächendeckend ausbreitet. Damit können Sie der Bildung tiefer Knoten, die später oft sehr unschön vernarben, vorbeugen.

Der Sauertrunk als wirksame Medizin

Die zur Behandlung von Akne empfohlenen Anwendungen können Sie selbstverständlich auch gegen unreine Haut anwenden.

■ **So behandeln Sie die unschönen »Gesichtspunkte«**

➤ Hafer beruhigt, Essig klärt die entzündete Haut: Verrühren Sie zwei Esslöffel Hafermehl mit einem Esslöffel Apfelessig zu einer dickflüssigen Paste, die Sie auf Ihr Gesicht auftragen (dabei die Augenpartie aussparen); zehn Minuten einwirken lassen und dann mit viel warmem Wasser wieder gründlich abwaschen.

➤ Machen Sie zweimal wöchentlich ein Gesichtsdampfbad mit Apfelessig (siehe Inhalation Seite 83 ff.); das klärt und desinfiziert die Haut und öffnet darüber hinaus die Talgausführgänge, sodass der Talg besser abfließen kann.

➤ Betupfen Sie die entzündeten Aknepusteln mehrmals täglich mit unverdünntem Apfelessig; am besten geben Sie dazu einige Tropfen auf einen Wattepad oder ein Wattestäbchen und behandeln damit die betroffenen Hautstellen.

➤ Zusätzlich sollten Sie Ihr Gesichts morgens und abends mit verdünntem Apfelessig waschen: Mischen Sie dazu Wasser und Apfelessig im Verhältnis 2 : 1, und tränken Sie einen Waschlappen damit, mit dem Sie über Ihr Gesicht wischen. Danach das Essigwasser in die Haut einziehen lassen, nicht abtrocknen.

Was zusätzlich hilft

■ **Kamillenkompressen** Hilfreich gegen Akne sind auch drei- bis viermal täglich warme Kompressen mit Kamillentee: Dazu bereiten Sie sich einen Kamillentee zu (einen Teelöffel Kamillenblüten mit einer Tasse heißem, jedoch nicht kochendem Wasser übergießen) und tränken ein Taschentuch damit. Dieses pressen Sie für eine Minute auf Ihr Gesicht; morgens und abends anwenden.

■ **Lavendelöl** Lavendel desinfiziert und beugt neuen Entzündungen vor. Sie mischen fünf Tropfen ätherisches Lavendelöl (aus Apotheke oder Reformhaus) mit zwei Esslöffeln Mandelöl, tränken einen Wattepad damit und tupfen diese Ölmischung zweimal täglich auf die Aknepusteln auf.

Hautunreinheiten sanft und vorsichtig behandeln

Ekzeme

Ekzeme, entzündliche Reaktionen der Haut, sind in der überwiegenden Zahl der Fälle hervorgerufen durch den Kontakt mit allergenen oder giftigen Substanzen. Diese allergenen Substanzen, häufig Nickel, Kobalt (in Modeschmuck oder Hosenknöpfen), Duftstoffe oder bestimmte kosmetische Grundstoffe, schädigen die Hautbarriere und führen zur Entstehung einer Kontaktdermatitis, einer allergischen Hautentzündung. Dabei sind alle Hautstellen, die mit dem auslösenden Stoff in Berührung kommen, gerötet und geschwollen. Im Verlauf der Krankheit entwickeln sich nässende und juckende Quaddeln, die oft schubweise auftreten und dann wieder verschwinden. Hält die Entzündung über einen längeren Zeitraum (mehrere Wochen) an, verdicken sich die oberen Hautschichten, verlieren an Elastizität und es kommt zur Bildung von Schuppen und Hautrissen.

Achtung! Wenn große Teile der Haut betroffen sind oder die Hautentzündung chronisch wird, sollten Sie unbedingt einen Facharzt zu Rate ziehen.

■ Apfelessiganwendungen sorgen für Linderung

▶ Betupfen Sie die betroffenen Stellen mehrmals täglich mit unverdünntem Apfelessig. Das regeneriert den Säureschutzmantel der Haut, lindert die Entzündung und erhöht die Widerstandskraft der Haut.

▶ Sie übergießen eine Handvoll Kamillenblüten mit einem Viertelliter Apfelessig, lassen dies eine Woche ziehen und gießen den Essig dann durch ein Sieb ab. Mit dem Rückstand betupfen Sie mehrmals täglich die entzündeten Hautstellen.

▶ Waschen Sie die entzündeten Hautpartien morgens und abends mit Apfelessigwasser (Seite 86).

▶ Befinden sich die Ekzeme am Körper, empfiehlt sich zudem ein Vollbad mit Apfelessig (Seite 79), am besten täglich vor dem Zubettgehen durchgeführt. Fügen Sie dem Bad darüber hinaus ätherische Öle wie Thymian- oder Lavendelöl zu, denn dies beruhigt die Haut zusätzlich und lindert die Entzündung.

▶ Sehr gute Heilerfolge lassen sich mit einem Brei aus Apfelessig und Maismehl (aus dem Lebensmittelfachhandel oder dem Reformhaus) erzielen: Mischen Sie Apfelessig und Maismehl

Das Essigbad hat sich auch bei Schuppenflechte überaus bewährt.

Der Sauertrunk als wirksame Medizin

zu gleichen Teilen, und tragen Sie die Paste auf die betroffenen Hautstellen auf; sobald sie angetrocknet ist, mit lauwarmem Wasser abwaschen.

▪ Fußpilz

Achtung!
Suchen Sie einen Arzt auf, wenn Sie Schmerzen bekommen, denn dann könnte ein Ekzem oder eine Wundrose vorliegen. Auch wenn die Fußnägel mit Fußpilz befallen sind, sollte unbedingt ein Arzt konsultiert werden.

Viele kennen dieses Problem: Es juckt, nässt und schuppt sich zwischen den Zehen. Typisch für Fußpilz sind außerdem Rötung und Schuppung der Fußsohlen. Meist bilden sich zudem Hautrisse sowie weißliche Beläge zwischen den einzelnen Zehen und nicht selten finden sich juckende Bläschen an den Seiten der Zehen sowie am Fußrand.

Die Erreger des Fußpilzes, meist Fadenpilze, leben als Schmarotzer in der Hornschicht von Haut und Haaren. Diese Pilze haben es am liebsten feucht und warm. Ob sie jedoch bei Kontakt mit der Haut eine Infektion auslösen, hängt von unterschiedlichen Faktoren ab: Schlecht abgetrocknete Füße nach dem Baden oder Duschen, aber auch Fußschweiß durch das häufige Tragen geschlossener Schuhe sowie Strümpfe und Socken aus Kunstfasern sind ihrer Entwicklung besonders förderlich. Zudem erhöht ein geschwächtes Abwehrsystem der Haut im Bereich der Füße oder eine verminderte Immunität des Körpers das Infektionsrisiko.

Die Fußpilzerreger nisten sich meist zwischen den Zehen ein, können jedoch auch Fußsohlen und Zehenspitzen befallen.

Fußpilz und Warzen – unangenehm, aber meist harmlos

■ Geben Sie dem Fußpilz keine Chance

➤ Betupfen Sie die betroffenen Stellen regelmäßig morgens und abends mit unverdünntem Apfelessig.

➤ Nachts sollten Sie Essigstrümpfe tragen (Seite 82), um den Pilzen über längere Zeit zu Leibe zu rücken.

➤ Zusätzlich empfehlen sich zweimal täglich Fußbäder mit Apfelessig: eine Tasse Apfelessig und eine halbe Tasse Salz auf einen Liter warmes Wasser. Das Salz weicht die Haut etwas auf und unterstützt die Wirkung der Essigsäure gegen den Pilz.

Gegen eine übermäßige Schweißabsonderung helfen Waschungen des ganzen Körpers mit purem oder verdünntem Apfelessig (Seite 86).

Warzen

Die Familie der Warzen hat zahlreiche Mitglieder, die je nach Erscheinungsbild und Erreger unterschieden werden. Eines ist jedoch allen gemeinsam: Es handelt sich in der Regel immer um gutartige Hautveränderungen, die durch Krankheitserreger hervorgerufen werden. Meist sind diese Erreger Viren, die so genannten Papilloma-Viren, HPV (Human Papilloma Virus). Eine Infektion mit dem Erregervirus erfolgt häufig in Duschen, Schwimmbädern, Turnhallen oder Fitnesscentern. Das Virus kann außerdem durch Blut übertragen werden. Bereits beeinträchtigte Haut kann dadurch besonders leicht infiziert werden. Je nach Typ des Erregervirus, treten Warzen an unterschiedlichen Stellen auf.

■ Behutsam mit Apfelessig behandeln

➤ Gegen Warzen helfen zweimal tägliche Einreibungen mit unverdünntem Apfelessig; anschließend mit Rizinusöl betupfen. Nach zwei bis drei Wochen sollten die Warzen verschwunden sein.

➤ Sie geben je einen Esslöffel Kochsalz und Apfelessig in ein Fläschchen und schütteln die Mixtur gut durch. Damit betupfen Sie dreimal pro Tag die Warzen.

➤ Tränken Sie einen Wattepad mit unverdünntem Apfelessig, legen Sie ihn auf die Warze, und befestigen Sie ihn mit Leukoplast. Sobald der Pad trocken ist, wiederholen Sie die Anwendung. Sie können die Auflage auch sehr gut über Nacht anwenden.

Apfelessig hat sich auch bei Herpes sehr bewährt: Betupfen Sie befallene Hautstellen mehrmals täglich mit dem puren Sauertrunk.

Der Sauertrunk als wirksame Medizin

Beschwerden des Bewegungsapparates

Arthritis

Typische Beschwerden bei Arthritis, einer akuten oder chronischen Gelenkentzündung, sind morgendliche Steifheit und länger anhaltende Schwellungen der Gelenke, Schmerzen bei Bewegung oder Druck, rheumatoide Knoten sowie knorpelige Verformungen der Hände. Die Ursachen für diese Krankheit sind bis heute ungeklärt. Diskutiert wird eine Störung des Immunsystems durch Viren oder Bakterien, wobei der Organismus Antikörper bildet, die schließlich zur Entzündung und zum Abbau der Gelenke führen. Die nachfolgend aufgeführten Behandlungsmethoden können Sie auch bei rheumatischen Beschwerden durchführen.

Pfarrer Kneipp schwor bei Hexenschuss und Ischias auf Waschungen des Lendenwirbelbereichs mit warmem Essigwasser und empfahl dem Kranken anschließend eine mehrstündige Bettruhe; warm eingepackt versteht sich.

■ Apfelessig hemmt Entzündungen

➤ Geben Sie sechs Teelöffel Apfelessig in ein Glas abgekochtes Wasser, rühren Sie zwei Teelöffel Honig dazu, und trinken Sie dies dreimal täglich zu den Mahlzeiten in kleinen Schlucken. Führen Sie diese Anwendung kurmäßig über einen längeren

Was zusätzlich hilft

- **Melissengeist** Auflagen mit Melissengeist: Dazu geben Sie einen Esslöffel Melissengeist auf einen halben Liter kaltes oder heißes Wasser – heiß bei nichtentzündlichen, kalt bei entzündlichen Schmerzen – und tränken damit ein Tuch, das Sie auf die erkrankte Stelle legen.
- **Quarkumschlag** Gegen die entzündlichen Schwellungen hilft außerdem ein Umschlag mit Speisequark: 100 Gramm Magerquark mit zwei Teelöffeln Kochsalz verrühren, auf dem Gelenk verteilen und ein Tuch darüber decken. Das Salz entzieht dem Gelenk Flüssigkeit und bringt die Schwellung zum Abklingen. Nach 30 bis 40 Minuten mit warmem Wasser wieder gründlich abwaschen.

Zeitraum durch, bis sich die Beschwerden gebessert haben. Apfelessig kurbelt den Stoffwechsel an und trägt so dazu bei, Ablagerungen in den Gelenken aus dem Körper zu entfernen. Zudem besitzt er eine ausgeprägte schmerzstillende Wirkung und gleicht etwaige Mineralstoffdefizite aus.

▶ Bei sehr starken und akuten Beschwerden hat es sich bewährt, den Apfelessigtrunk stündlich, dann jedoch ohne Honigzusatz, einzunehmen.

▶ Aufgrund der bekannten schmerzlindernden und entzündungshemmenden Wirkung von Apfelessig eignet er sich, pur oder mit etwas Wasser verdünnt, auch gut für Einreibungen der schmerzenden und geschwollenen Gelenke.

Bewegung hilft. Wenn die Muskulatur trainiert ist, kann sie den Gelenk- und Bewegungsapparat spürbar entlasten. Besonders empfehlenswert ist Radfahren oder Schwimmen.

Muskelkater und -krämpfe

Muskelkrämpfe treten meist nach Überanstrengungen auf, beispielsweise beim Sport.

Dabei ziehen sich die Muskeln krampfartig zusammen, schmerzen und lassen sich nicht mehr wie gewohnt bewegen. Auch wenn die Muskeln kalt sind, kann es zu Krämpfen kommen; während des Schlafens ist dies häufig der Fall. Betroffen sind meist die Wadenmuskeln sowie die Zehenbeuger, jene kleinen Muskeln, mit denen wir unsere Zehen bewegen können.

■ Entspannende Wirkung
▶ Die erste, weil beste Maßnahme bei Muskelkater oder -krämpfen sollte ein heißer Wadenwickel mit Apfelessig sein (Seite 85).

> ### Was zusätzlich hilft
>
> - **Wechselgüsse** Heiß-kalte Wechselgüsse nach Pfarrer Kneipp an den Unterschenkeln haben entspannende und entkrampfende Wirkung.
> - **Olivenöl** Massieren Sie die betroffenen Muskelpartien kräftig mit Olivenöl, bis die Beschwerden nachlassen. Sie können sich dazu auch eine Mischung aus Oliven- und Veilchenblütenöl herstellen.

Der Sauertrunk als wirksame Medizin

▶ Machen Sie ein warmes Vollbad mit Apfelessig (Seite 79). Danach sollten Sie die schmerzenden Stellen mit unverdünntem Apfelessig einreiben.
▶ Bei Muskelkrämpfen haben sich Massagen der betroffenen Muskelpartien mit unverdünntem Apfelessig bewährt.
▶ Trinken Sie über einen längeren Zeitraum täglich das Apfelessiggetränk (Seite 75), denn häufigen Muskelkrämpfen kann auch ein Mineralstoffmangel zu Grunde liegen, dem Sie mit dem sauren Kurgetränk mühelos entgegentreten können.

Frauenleiden

Blasenentzündung

Achtung! Blasenentzündungen sind nur in seltenen Fällen mit Fieber verbunden. Sollte es sich jedoch einstellen, müssen Sie sofort einen Arzt aufsuchen!

Blasenentzündungen treten fast nur bei Frauen auf. Ihre Harnröhre ist kürzer als die des Mannes, und die Bakterien können dadurch schneller in die Blase gelangen. Erstes Anzeichen für eine akute Blasenentzündung ist zunehmender Harndrang, im weiteren Verlauf verändert sich dann der Urin: Er wird trübe, mitunter sogar blutig. Kennzeichnend für eine Blasenentzündung sind die krampfartigen Schmerzen nach dem Wasserlassen, besonders unterhalb des Schambeins. Zu dieser schmerzhaften Erkrankung

Beugen Sie einer Blasenentzündung vor: Schützen Sie sich vor Unterkühlung – auch im Sommer!

Wärme jeder Art tut gut – und Apfelessig

kommt es meist aufgrund einer Unterkühlung des Unterleibs. Dadurch wird das Immunsystem so geschwächt, dass Bakterien in der Blase eine Entzündung verursachen können.

- **Wenn das Wasserlassen schmerzt**
  - ► Einfache, unkomplizierte Entzündungen der Blase lassen sich sehr gut mit Apfelessig kurieren, denn er führt, über einen längeren Zeitraum eingenommen, zu einer Ansäuerung des Harns. Ein saures Milieu ist den krank machenden Bakterien alles andere als zuträglich: Sie können sich darin nicht vermehren und sterben ab. Trinken Sie also bei einer akuten Blasenentzündung – aber auch vorbeugend, sobald sich die ersten Vorboten bemerkbar machen – dreimal täglich das Apfelessiggetränk (Seite 75).
  - ► Apfelessig besitzt eine starke keimtötende und desinfizierende Wirkung. Somit können Sie Ihre Blase mit Apfelessig auf natürliche Weise desinfizieren. In den Genuss dieses Effekts kommen Sie nicht nur durch das Trinken der Apfelessigmixtur, sondern auch durch folgende Anwendung: Tränken Sie einen Tampon mit verdünntem Apfelessig (Mischungsverhältnis 1 : 2), und führen Sie diesen in die Scheide ein.

Die kurmäßige Anwendung des Apfelessiggetränks empfiehlt sich auch bei einer schwachen Blase. Durch die regelmäßige Einnahme von Apfelessig können die Blasen- und Nierenfunktionen wieder normalisiert werden.

Was zusätzlich hilft

- **Bärentraubentee** Bitter, aber wirksam ist der Bärentraubentee; jedoch aus der Apotheke, da diese Pflanze bei uns unter Naturschutz steht: einen Teelöffel Bärentraubenblätter in einer Tasse kaltem Wasser ansetzen und sechs bis zehn Stunden stehen lassen. Anschließend kurz aufkochen und täglich zwei Tassen frisch zubereitet trinken.
- **Joghurt** Joghurt mit lebenden Milchsäurebakterienkulturen bewirkt ebenfalls eine Ansäuerung des Harns.

► Apfelessig unterstützt die natürlichen Blasen- und Nierenfunktionen und bewirkt eine Erhöhung der Urinmenge. Mit

Der Sauertrunk als wirksame Medizin

seiner Hilfe lassen sich die Bakterien regelrecht aus der Blase schwemmen. Nehmen Sie also viel Flüssigkeit zu sich, und unterstützen Sie die Ausleitung der Bakterien durch das Apfelessiggetränk.

Starke Menstruation

Für viele Frauen ist die Monatsblutung eine wahre Last. Schmerzen und Benommenheit, Krämpfe und Depressionen gehören bei ihnen zum Erscheinungsbild der Menstruation.

Die individuelle psychische Verfassung und körperliche Konstitution jeder Frau beeinflussen eventuelle Menstruationsbeschwerden. Eine »Generalursache« für die manchmal beschwerlichen Tage vor den »Tagen« gibt es nicht.

■ Die Heilwirkung des Apfelessigs macht die »Tage« erträglich

▶ Bei einer sehr starken Monatsblutung kann das regelmäßige Trinken des Apfelessiggetränks (Seite 75) wertvolle Dienste leisten, denn es wirkt blutungshemmend und fördert die Blutgerinnung. Da Apfelessig die Menstruation um ein bis zwei Tage verzögern kann, sollten Sie drei Tage vor dem erwarteten Termin aussetzen und erst bei Beginn der Blutung wieder damit beginnen.

▶ Zusätzlich sollten Sie schon vor Einsetzen der Periode täglich vor dem Zubettgehen ein warmes Sitzbad mit Apfelessig

Gönnen Sie sich regelmäßig Ruhe. Ein warmes Bad tut wohl und entspannt.

durchführen; das hilft auch gegen Menstruationsschmerzen. Dazu lassen Sie in die Badewanne so viel warmes Wasser (35 bis 38 °C) einlaufen, bis es Ihnen etwa bis zum Nabel reicht, und geben eine Tasse Apfelessig hinzu.

➤ Wenn Ihre Periode sehr schmerzhaft ist, hat sich das stündliche Trinken des Apfelessiggetränks bewährt.

Scheidenentzündung

Typische Anzeichen für eine Scheidenentzündung sind Juckreiz, Brennen beim Wasserlassen und vermehrter, oft auch unangenehm riechender Ausfluss. Solche bakteriellen Infektionen der Scheide, häufig unliebsame Mitbringsel aus Schwimmbad und Sauna, aber auch infolge einer medikamentösen Behandlung – vor allem durch Antibiotika –, gehören in die Hände eines erfahrenen Arztes. Seine Bemühungen lassen sich jedoch durch Apfelessig sehr wirkungsvoll unterstützen; viele Frauenärzte empfehlen auch Scheidenspülungen mit verdünntem Apfelessig zur Therapie. Denn er hat eine stark desinfizierende und keimtötende Wirkung und erhöht das saure Milieu in der Scheide, was den krank machenden Bakterien und Pilzen nicht zuträglich ist.

Ohne Behandlung besteht die Gefahr einer Gebärmutterentzündung und in der Folge eine Entzündung der Eileiter und Eierstöcke. Dies kann zu Unfruchtbarkeit führen.

Was zusätzlich hilft

- Gute Wirkung zeigen auch mit Bioghurt getränkte Tampons, die in die Scheide eingeführt werden.

■ **Nutzen Sie die entzündungshemmende Wirkung des Apfelessigs**

➤ Tränken Sie einen Tampon mit einer Mischung aus drei Teilen Wasser und einem Teil Apfelessig, und führen Sie ihn in die Scheide ein; nach einer Stunde wieder entfernen; zweimal täglich durchführen.

➤ Zugegebenermaßen etwas aufwendig, aber dafür sehr wirksam: Verdünnen Sie Apfelessig mit Wasser im Verhältnis 1 : 4; diese Mixtur füllen Sie in eine Einmalspritze (aus der Apotheke),

Der Sauertrunk als wirksame Medizin

Apfelessig bringt die Scheidenflora wieder ins Lot.

schneiden die Spitze der Kanüle mit einer Schere ab und spritzen die Apfelessigmischung vorsichtig in die Scheide. Diese Spülung sollten Sie zweimal täglich durchführen.
➤ Zusätzlich trinken Sie das Apfelessiggetränk, dreimal täglich vor oder zu den Mahlzeiten. Dies empfiehlt sich auch vorbeugend, wenn Sie häufig mit Scheidenentzündungen zu tun haben oder aber über längere Zeit Medikamente wie etwa Antibiotika einnehmen müssen, die Ihre Scheidenflora aus dem Gleichgewicht bringen können.

Schwangerschaftsbeschwerden

Durch die »anderen Umstände« läuft vieles im Körper in der Tat anders als sonst und steht buchstäblich Kopf. Kleine Unpässlichkeiten und größere Beschwerden bleiben da nicht aus. Gegen so manches der schwangerschaftsbedingten Übel kann Apfelessig gute Dienste leisten. Es empfiehlt sich ohnehin, den Apfelessigtrunk während der Schwangerschaft täglich zu trinken, denn er versorgt Ihren Körper mit einer Menge wertvoller Vitamine und Mineralstoffe, trägt also mit dazu bei, den jetzt gesteigerten Bedarf an diesen wichtigen Vitalstoffen zu decken. Ebenso mobilisiert er den Stoffwechsel und damit die Verdauung, was bekanntermaßen gerade während dieser neun Monate von besonderem Nutzen ist. Darüber hinaus gibt er Kraft, vitalisiert und hilft über die gerade in den ersten Monaten oft sehr ausgeprägten Müdigkeitserscheinungen hinweg. Und: Untersuchungen haben gezeigt, dass der saure Trunk das Wachstum der Plazenta, des Mutterkuchens, anregt und dass Babys, die »unter Apfelessig« im Mutterleib herangewachsen sind, allgemein kräftiger und widerstandsfähiger sind.

■ Wenn »andere Umstände« Schwierigkeiten bereiten

▶ Gegen die morgendliche Übelkeit können Sie erfolgreich mithilfe des Apfelessiggetränks (Seite 75) angehen. Sein saurer Geschmack beseitigt das flaue Gefühl im Magen und den Brechreiz.

▶ Zur Vorbeugung sollten Sie Ihren Bauch, Po, Ihre Brüste und Oberschenkel morgens und abends mit unverdünntem Apfelessig massieren. Das stärkt das Bindegewebe, strafft die Haut und hält sie geschmeidig – vom pflegenden Effekt der Essigsäure einmal ganz abgesehen.

▶ Darüber hinaus empfiehlt es sich, schon während der Schwangerschaftsmonate die Brustwarzen regelmäßig mit verdünntem Apfelessig (einen Teelöffel auf ein halbes Glas Wasser) zu betupfen; das macht sie widerstandsfähiger und elastischer, sodass sie beim späteren Stillen nicht so sehr in Mitleidenschaft gezogen werden oder sich gar entzünden.

Werdende Mütter sind in der Regel begeisterte Apfelessigtrinkerinnen, denn der essigsaure Geschmack kommt der in diesen Zeiten meist gesteigerten Lust auf alles Saure sehr entgegen.

Was zusätzlich hilft

■ **Trockenbürsten** Auch regelmäßige Bürstenmassagen wirken vorbeugend gegen Schwangerschaftsstreifen. Bürsten Sie Ihre Haut sanft und kreisend zum Herzen hin.

■ **Trockenes Brot** Ein altes Mittel gegen die morgendliche Übelkeit ist es, bereits morgens im Bett trockenes Brot oder Zwieback zu knabbern. Das beruhigt die Magennerven. Auch über den Tag sollten Sie öfter einmal Zwieback oder Knäckebrot essen.

Der Sauertrunk als wirksame Medizin

Kleine Verletzungen

Leichte Verbrennungen

Medizinisch betrachtet sind Verbrennungen Hautentzündungen, die zur Rötung und Schwellung des betroffenen Hautbereiches führen. Häufig entwickeln sich an der verbrannten Hautstelle auch Brandblasen, aus denen nach und nach helle Gewebsflüssigkeit austritt. Bei leichten Verbrennungen klingen die Beschwerden in der Regel nach einigen Tagen wieder ab und die Wunde verheilt.

Achtung!
Zur Selbstbehandlung eignen sich nur leichte und kleinflächige Verbrennungen. Bei Verbrennungen, die größere Hautflächen bedecken – bei Erwachsenen mehr als zehn, bei Kindern mehr als fünf Prozent der Körperoberfläche –, müssen Sie umgehend einen Arzt hinzuziehen. Auch offene Verbrennungen gehören in jedem Fall in ärztliche Behandlung.

■ **Selbstbehandlung von Verbrennungen**
Altbekannt ist der Rat, auf Verbrennungen sofort kaltes Wasser laufen zu lassen. Bessere Dienste leistet Essigwasser, denn es lindert noch stärker den Schmerz, desinfiziert und unterstützt zudem die Regeneration der Hautzellen: Mischen Sie Apfelessig und Wasser im Verhältnis 1 : 2; tränken Sie ein Tuch damit, und legen Sie es möglichst rasch, nachdem das Malheur geschehen ist, auf die betroffene Hautstelle auf.

Was zusätzlich hilft

- **Honig** Seit alters bei Verbrennungen bekannt und bewährt ist Honig, denn er lindert den Schmerz, verhindert die Blasenbildung und beschleunigt die Abheilung: Streichen Sie einfach etwas Honig auf die verbrannte Körperpartie, und wiederholen Sie dies mehrmals hintereinander.
- **Aloe-vera-Gel** Besorgen Sie sich Aloe-vera-Gel (aus Apotheke oder Reformhaus), und tragen Sie es in kurzen Zeitabständen wiederholt auf die verbrannten Hautpartien auf.

Prellungen und Verstauchungen

Typische Symptome bei Prellungen und Verstauchungen sind akute oder auch anhaltende Schmerzen sowie Quetschungen oder Schwellungen an der verletzten Stelle. Die Bewegungsfähigkeit der

Nutzen Sie die entzündungshemmende Wirkung des Apfelessigs

Was zusätzlich hilft

- **Eisbeutel** Als Erstes ist ein Eisbeutel angezeigt, fertig gekauft oder selbst gemacht: Sie füllen zehn Eiswürfel in einen Gefrierbeutel und binden diesen oben fest zu. Den Eisbeutel wickeln Sie in ein Handtuch, und das legen Sie auf die verletzte Stelle. Lassen ihn solange dort, bis das Eis geschmolzen ist.

- **Arnikatinktur** Diese Heilpflanze gilt als das Mittel schlechthin bei allen Verletzungen, nicht nur bei Verstauchungen: Sie verdünnen einen Esslöffel Arnikatinktur (aus der Apotheke) mit einem Viertelliter Wasser, tränken ein Leinentuch damit und legen es auf die verletzte Stelle; dreimal täglich durchführen.

betroffenen Gliedmaßen ist in der Regel eingeschränkt, nach einigen Tagen zeigt sich ein Bluterguss.

Essigsaure Auflagen

➤ Tränken Sie ein Taschentuch oder ein Küchenhandtuch – falls die verletzte Stelle größer ist – mit unverdünntem Apfelessig, und legen Sie es auf die betroffene Körperpartie; unter

Achtung!
Zur Selbstbehandlung eignen sich nur leichte Prellungen, bei starken und anhaltenden Schmerzen über mehrere Tage sollten Sie einen Arzt konsultieren.

Auch bei Problemen während der Schwangerschaft helfen Anwendungen mit Apfelessig wirkungsvoll.

Der Sauertrunk als wirksame Medizin

Sofortmaßnahme bei Verstauchungen oder Prellungen: Das Körperteil samt seiner Gelenke ruhig stellen.

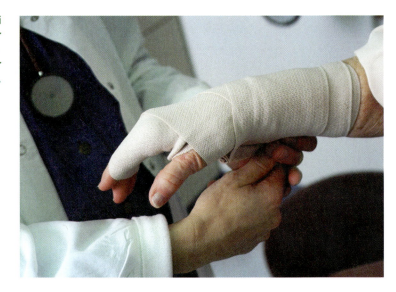

Umständen mit Leukoplast befestigen. Nach fünf Minuten nehmen Sie das Tuch wieder ab und wiederholen die Anwendung. Das bringt die Schwellungen zum Abklingen, lindert den Schmerz und verhindert, dass sich ein Bluterguss ausbreitet; auch entzündlichen Prozessen kann damit wirkungsvoll und nachhaltig Einhalt geboten werden.

Achtung! *Zur Selbstbehandlung eignen sich nur leichte Schnittverletzungen und kleine, oberflächliche Wunden. Bei Platzwunden und größeren, stark blutenden Verletzungen müssen Sie in jedem Fall einen Arzt konsultieren.*

Wunden

Das saure Elixier kann, sowohl innerlich als auch äußerlich angewendet, die Wundheilung wirksam unterstützen. Denn zum einen fördert es die Blutgerinnung, lässt also die Wunden schneller schließen, zum anderen wirkt es schmerzstillend und desinfizierend.

Dies gilt nicht nur für äußere Wunden durch Verletzungen, sondern auch für Wunden nach Operationen.

▪ Wundbehandlung mit Apfelessig

➤ Zur Förderung der Wundheilung trinken Sie vier- bis fünfmal täglich das Apfelessiggetränk. Dies empfiehlt sich auch vorbeugend vor geplanten Operationen.

Apfelessig fördert die Wundheilung

▶ Apfelessig, pur oder verdünnt, ist ideal zum Reinigen von Wunden, denn er desinfiziert, lindert den Schmerz, beschleunigt die Regeneration der beschädigten Hautzellen und unterstützt das Heilungsbestreben des Körpers. Auch später sollten Sie Wunden mehrmals täglich mit einem in Apfelessig getränkten Wattebausch betupfen, um zu verhindern, dass sich diese infizieren.

Was zusätzlich hilft

- **Honig** Schon die alten Griechen wussten um die große Heilkraft des Honigs; auch zur Wundversorgung ist er hervorragend geeignet. Streichen Sie ihn fingerdick auf eine Mullbinde, und legen Sie diese auf die Wunde auf. Dieser Verband sollte täglich erneuert werden.

- **Ringelblumensalbe** Besonders bei offenen und schlecht heilenden Wunden gut geeignet – streichen Sie die Ringelblumensalbe (aus der Apotheke oder dem Reformhaus) messerrückendick auf ein Leinentuch, und binden Sie dieses auf die verletzte Stelle.

Kein Tag ohne Schrammen und Blessuren. Kleinere Verletzungen können Sie mit Apfelessig reinigen und desinfizieren.

»Saure« Hausmittel von A bis Z

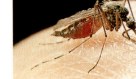

Augenbeschwerden
Sie tropfen zwei bis drei Teelöffel Apfelessig auf ein Papiertaschentuch und reiben damit vorsichtig von den äußeren Augenwinkeln zur Nase hin.

Erschöpfungszustände
Hier bewähren sich Waschungen mit Apfelessig (Seite 86) sowie zusätzlich eine vier- bis sechswöchige Apfelessigkur (Seite 168 ff.).

Hexenschuss und Ischias
Sie tränken ein großes Tuch mit unverdünntem Apfelessig und legen dieses auf dem Lendenwirbelbereich auf; darüber wickeln Sie einen Wollschal. Zusätzlich empfehlen sich Vollbäder mit Apfelessig (Seite 79) sowie zweimal tägliche vorsichtige Einreibungen der schmerzenden Partien mit purem Apfelessig.

Hühneraugen
Sie legen morgens ein paar Scheiben Weißbrot in Essig ein und tragen den Brot-Essig-Brei abends auf die Hühneraugen auf. Wenn Sie dies über mehrere Tage hinweg wiederholen, werden die Hühneraugen weich und lassen sich leichter abschälen.

Insektenstiche
Betupfen Sie die Stichstelle mit purem Apfelessig. Zur Vorbeugung in insektenreichen Gegenden den Körper mit Essigwasser (Mischungsverhältnis 1 : 1) einreiben.

Juckreiz
Sie massieren Ihren ganzen Körper mit einer Mixtur aus einem Teil Apfelessig und drei Teilen kaltem Wasser. Das dämpft rasch den Juckreiz, stabilisiert den Säureschutzmantel der Haut und vitalisiert den Organismus.

Konzentrationsstörungen
Führen Sie eine vier- bis sechswöchige Apfelessigkur durch (Seite 168 ff.).

Kopfflechte
Betupfen Sie die betroffenen Stellen der Kopfhaut täglich mehrmals mit unver-

dünntem Apfelessig; das wirkt antiseptisch und lindert den Juckreiz.

Mundgeruch

Gurgeln Sie morgens und abends mit verdünntem Apfelessig – ein Esslöffel auf ein Glas Wasser.

Muskelzerrungen

Reiben Sie die betroffene Muskelpartie mehrmals hintereinander vorsichtig mit unverdünntem Apfelessig ein.

Nasenbluten

Tränken Sie einen Wattebausch mit unverdünntem Apfelessig, und stecken Sie diesen in die Nase; zusätzlich Essigwasser auf Stirn, Schläfen und Nacken einreiben. Oder Sie reiben ein bis zwei rohe Zwiebeln und pressen den Brei durch ein Sieb. Den Zwiebelsaft verdünnen Sie zu gleichen Teilen mit Essig und ziehen diese Mischung zwischendurch immer wieder in die Nase hoch.

Nervöse Störungen, Lidzucken

Machen Sie täglich abends ein warmes Fußbad mit Apfelessig (Seite 80), und führen Sie morgens regelmäßig Waschungen mit Apfelessig durch. Zusätzlich trinken Sie täglich das Apfelessiggetränk (Seite 75).

Schluckauf

Träufeln Sie einen halben Teelöffel Apfelessig auf ein Stück Würfelzucker, und lassen Sie diesen langsam im Mund zergehen; zusätzlich nehmen Sie einen Teelöffel Apfelessig pur ein.

Sodbrennen

Trinken Sie zu den Mahlzeiten regelmäßig ein halbes Glas warmes Wasser, mit einem Teelöffel Apfelessig versetzt.

Sonnenbrand

Betupfen Sie die geröteten Hautpartien vorsichtig mit purem Apfelessig; anschließend legen Sie ein mit Apfelessigwasser im Mischungsverhältnis Essig/Wasser 1 : 2 getränktes Tuch auf die entsprechenden Stellen auf.

Zahnfleischentzündung

Mischen Sie zwei Teelöffel Apfelessig mit einem Glas Wasser; gurgeln Sie mehrmals täglich mit dieser Mischung; darüber hinaus reiben Sie morgens und abends Ihr Zahnfleisch mit unverdünntem Apfelessig ein.

Apfelessig für die Schönheit

Seit alters spielt Essig bei der Erhaltung der Schönheit eine herausragende Rolle: die Schönen des Altertums ließen sich zur Förderung und Erhaltung ihrer äußeren Reize neben Honig, Milch und allerlei heilkräftigen Kräutern vor allem Essig angedeihen. Ob in Form von Bädern, wie es Kleopatra oder Lucrezia Borgia mit so großer Vorliebe taten, als pflegende Gesichtspackung oder in Gestalt der berühmten Toilette-Essige, die besonders im Barock und Rokoko sowie während des Biedermeiers auf keinem Toilettentischchen fehlen durften.

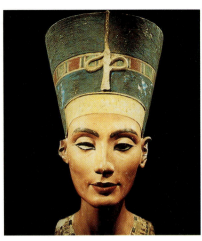

Die ägyptische Königin Nofretete (um 1355 v. Chr.).

Natürlich gepflegt von Kopf bis Fuß

Die altägyptische Königin Nofretete, deren Name ins Deutsche übertragen »die Schöne ist gekommen« bedeutet, soll sich ihr in der Tat überwältigendes Aussehen durch regelmäßige Gesichtsmasken aus Milch, Honig, Weizenkleie und Essig erhalten haben.

Unter all den vielen verschiedenen Essigsorten leistet vor allem der an wertvollen Vitaminen und Mineralstoffen reiche Apfelessig bei der Pflege von Haut und Haaren außerordentlich gute Dienste – sowohl innerlich als auch äußerlich angewandt, bewährt er sich seit Jahrhunderten. Der saure Obstsaft regt den hauteigenen Stoffwechsel und die Hautdurchblutung an, unterstützt die Erhaltung des Säureschutzmantels und trägt so wirksam dazu bei, die Haut langfristig widerstandsfähig und gesund und damit schön zu erhalten. Darüber hinaus spricht für den Schönmacher Apfelessig, dass es sich um ein reines Naturprodukt handelt, frei von schädlichen Nebenwirkungen sowie von künstlichen Zusatzstoffen und Konservierungsmitteln. Von seinem, im Vergleich zu den vielen Schönheitsversprechen in Gestalt immer neuer und angeblich noch wirksamerer Kosmetikprodukte, extrem günstigen Preis einmal ganz abgesehen, gibt es viele nachgewiesenermaßen gute Gründe, einmal an sich selbst zu entdecken, dass Saures nicht nur lustig, sondern auch schön machen kann.

Elixier für Haut und Haare

Ob vermischt mit Wasser getrunken oder in Masken und Gesichtswässern – Apfelessig ist ein exzellenter Schönmacher, bei dem sich einmal mehr bewahrheitet, was zwar allseits bekannt ist, meist jedoch wenig Beachtung findet: Wahre Schönheit kommt von innen, denn die Haut wird in erster Linie über das Blut mit Nähr- und Mineralstoffen versorgt. Es bringt also nichts, reichhaltige Pflegemittel aufzutragen, wenn beispielsweise nicht zugleich auch der Vitamin- und Mineralstoffhaushalt des Körpers stimmt. Denn das Aussehen der Haut, die Beschaffenheit von Haaren und Nägeln ist überwiegend ein Spiegel der Vorgänge in unserem Inneren. Die Leistungskraft der Verdauung, das optimale Zusammenspiel der zahllosen Stoffwechselprozesse und die Gesundheit der inneren Organe, allen voran des Darms, bestimmen darüber, wie gesund und widerstandsfähig unsere äußeren Schönheitsattribute und wie schön sie damit zugleich sind. Denn ein Mangel an bestimmten Vitaminen, Mineralstoffen und Spurenelementen lässt nicht nur die allgemeine gesundheitliche Verfassung, sondern auch Haut, Haare und Nägel leiden; ebenso wie sich ein kranker Darm, eine gestörte Darmflora und eine mangelhafte Verdauung sehr rasch beim Blick in den Spiegel zu erkennen geben. Auf der Basis dessen wird verständlich, warum Apfelessig der Garant für eine wirklich umfassende Schönheitspflege ist, die sowohl von innen als auch von außen wirkt.

Apfelessig ist ein reines Naturprodukt, das Haut und Haare nachhaltig und schonend pflegt. Haut-, Haar- und Nagelprobleme lassen sich mit dem wertvollen Sauer-Stoff wirkungsvoll überwinden.

■ »Doping« für den Stoffwechsel

Mit dem täglichen Genuss des Apfelessiggetränks (Seite 75) haben Sie die besten Karten zur sichtbar effizienten Pflege Ihres Äußeren in der Hand. Denn das honigsüße Essigwasser kurbelt das Stoffwechselgeschehen an, beugt etwaigen Unterversorgungen mit Vitaminen, Mineralstoffen und Spurenelementen vor und wirkt ungesunden Darmverhältnissen entgegen. Das Ergebnis all

Apfelessig für die Schönheit

Auch für die Körperpflege gilt es, einen hochwertigen Apfelessig zu verwenden, dessen Zutaten aus biologischem Anbau stammen, der frei von künstlichen Zusätzen ist und der mittels natürlicher Verfahren hergestellt wurde.

dessen führt Ihnen Ihr Spiegelbild vor Augen: Die Haut sieht rosiger und frischer aus, hat mehr Spannkraft und Elastizität, die Haare sind glänzender und kräftiger – kurzum, der gesamte Körper strahlt aus, dass er nicht nur von außen, sondern auch von innen sorgsam gepflegt wird.

Wie sehr und vor allem wie rasch sich der Sauertrunk auf den Hautzustand auswirkt, werden viele Neulinge in Sachen Apfelessig bemerken: Schon nach wenigen Tagen des Apfelessigtrinkens tut sich was in der Haut. So zeigen sich beispielsweise »urplötzlich« größere Mitesser- und Pickelkolonien, die besonders jene in Besorgnis versetzen werden, die sonst nicht davon geplagt sind. Doch diese Hautunreinheiten sind nur vorübergehend und kein Grund zur Panik. Sie sind einfach ein Zeichen dafür, dass die Haut, bedingt durch die Wirkungen des Apfelessigs, intensiv gereinigt und entschlackt wird. Dabei kommen »Altlasten«, die sich unter der obersten Hautschicht oft seit Monaten verborgen halten

Schönheit, die von innen kommt

Was bedeutet Schönheit von innen? Ist damit neben gesunder Ernährung nicht auch die »Pflege« der Seele gemeint? Denn bekanntlich gilt ein Mensch – gerade – dann als schön, wenn er Lebensfreude, Zufriedenheit, innere Gelassenheit ausstrahlt. Oder bedeutet »von innen« schlicht den Körper mit allem zu versorgen, was er braucht? In jedem Fall ist richtige Ernährung eine wesentliche Voraussetzung für schöne Haut, glänzende Haare, glatte, feste Fingernägel.
Gehören aber auch Bewegung, Entspannung und Schlaf zum Schönsein von innen? Es ist erwiesen, dass Bewegungsmangel, übermäßige Anstrengung und Dauerstress, ungenügender Schlaf und fehlende Erholung die Körperfunktionen schwächen, den Menschen vorzeitig altern lassen und somit das Schönsein – unnötigerweise – beeinträchtigen.
»Schönsein von innen« bedeutet im Grunde alles zusammengenommen: »Pflege« der Seele, gesunde Ernährung, ausreichend Bewegung, Entspannung und Schlaf.

konnten, zum Vorschein und werden auf diese Weise schließlich entsorgt. Und in der Tat verschwinden die Mitesser und Pickel bereits nach etwa einer Woche wieder und lassen eine deutlich schönere, weil tiefgehend entschlackte Haut zurück.

Die Haut – Spiegel der Seele

Um die wertvollen Wirkungen des Apfelessigs auf die Haut besser verdeutlichen zu können, soll ein kleiner Exkurs zu Beginn Aufbau und Funktionen unseres größten Organs erklären.

■ Aufbau der Haut

Die Fläche der Haut umfasst insgesamt etwa zwei Quadratmeter und bietet damit ein reiches »Betätigungsfeld« für die Anwendung pflegender Produkte – beispielsweise Apfelessig. Insgesamt unterscheidet man drei Hautschichten, zwischen denen sich Blut- und Lymphgefäße sowie Nervenstränge befinden und die alle miteinander verbunden sind.

Die Oberhaut (Epidermis) besteht aus mehreren Schichten hornbildender Zellen, die sie von der darunter liegenden Lederhaut abgrenzen. Die Oberhaut nimmt pflegende Wirkstoffe auf und gibt Schlackenstoffe ab. Schutz nach außen bietet ein Wasser- und Fettfilm, der die gesamte Oberhaut überzieht, sie weich und geschmeidig hält und uns wie ein Puffer gegen schädigende Einflüsse von außen schützt.

Unter der Epidermis liegt die Lederhaut (Korium). Sie besteht aus einer oberen, straffen Zone und einer darunter liegenden Stützschicht aus Bindegewebe und wird von Blutgefäßen und Nervenfasern durchzogen. Die Nervenfasern empfangen Reize wie Druck, Schmerz und Temperatur der unmittelbaren Umgebung und leiten diese an das Gehirn weiter.

Die dritte Hautschicht ist die Unterhaut (Subkutis), aufgebaut aus Fettzellen und Bindegewebe. Frauen haben von Natur aus eine dickere Unterhaut als Männer. Ungefähr zwei Drittel unseres Körperfetts sind in der Unterhaut gespeichert, die uns dadurch vor Temperaturschwankungen und Erschütterungen schützt. Auch

Unsere Haut ist nicht nur der Schutzschild unseres Körpers, sie sagt auch viel über die seelische Befindlichkeit sowie über die Lebensgewohnheiten eines Menschen aus. Alles, was der psychische und körperliche Entgiftungsapparat nicht mehr bewältigen kann, versucht die Haut auszuscheiden: Unsere Haut ist ein Ventil für körperliche und seelische Prozesse.

Apfelessig für die Schönheit

Talg- und Schweißdrüsen sowie die Haarwurzeln und -kanäle haben ihren Sitz in der Unterhaut.

Die Haut ist unser größtes Organ. Sie hat bei Erwachsenen eine Ausdehnung von über zwei Quadratmetern und macht ein Sechstel des Körpergewichts aus. Innerhalb eines Monats erneuern sich die Zellen der gesamten Oberhaut.

■ Umfangreiche Anforderungen

▶ Die Haut bildet eine natürliche Schutzgrenze zwischen unserem Körper und den vielen Einflüssen aus unserer Umwelt. Chemische Belastungen beispielsweise wehrt die Haut durch ihren Säureschutzmantel ab, der auf der obersten Hautschicht aufliegt und sich aus Absonderungen der Hornschicht sowie der Talg- und Schweißdrüsen bildet. Ist der Hautschutzfilm intakt, können sich schädliche Bakterien nicht ansiedeln, Ekzeme und Entzündungen nicht bilden. Wird dieser jedoch, etwa durch zu häufiges Waschen und Duschen, angegriffen oder gar zerstört und der pH-Wert der Haut verändert, kann er uns nicht mehr optimal vor der Einwirkung schädlicher Substanzen bewahren.

▶ Als wichtiges Sinnesorgan vermittelt unsere Haut Reize und Eindrücke aus der Umwelt. Sie werden von Rezeptoren empfangen und über die Nerven an das Gehirn weitergeleitet. Dies ermöglicht uns die Kommunikation mit der Umwelt, denn über die Haut können wir durch Berührung Kontakt zu unseren Mitmenschen aufnehmen und ihnen damit unsere Gefühle mitteilen.

Die Haut bedarf besonderer Pflege. Sie ist unsere »Schutzschicht« gegen schädliche Umwelteinflüsse.

Gesunde Haut, strahlender Teint

▶ Als Speicherorgan für Fett, Wasser und Blut trägt die Haut zur Ausprägung unserer individuellen Körperformen bei und schützt uns damit zugleich vor extremen Temperaturen und mechanischen Einwirkungen.

▶ Die Haut transportiert fortlaufend Schlacken- und Giftstoffe aus unserem Körper. Zudem reguliert sie durch die Schweißabsonderung die Körpertemperatur sowie unseren Elektrolythaushalt, denn im Schweiß sind viele Mineralsalze und Spurenelemente enthalten. Doch die Haut nimmt auch Nährstoffe und Sauerstoff aus dem Blut sowie Stoffe aus der Umwelt auf.

▶ Bei Kälte zieht sich die Haut zusammen (Gänsehaut), dabei wird Talg ausgeschieden. Beide Funktionen, Kontraktion und Einfettung der Haut, verhindern den Verlust von Wärme. Im Gegensatz dazu dehnt sich die Haut bei einer erhöhten Wärmeeinwirkung aus, die Gefäße weiten sich und die Schweißdrüsen treten in Aktion: Die durch die Verdunstung von Schweiß entstehende Kühle vermindert die äußere Körpertemperatur.

Ein Schönheitstipp
Apfelschalen sollten nicht sofort in den Müll oder auf den Kompost wandern, sondern erst der Schönheit dienen, indem Sie mit den Innenseiten der Schalen Ihre Gesichtshaut sanft abreiben und nach einigen Minuten mit klarem Wasser nachspülen.

Saures für die Schönheit

Soweit zum Aufbau der Haut und den wichtigen Aufgaben, die sie tagtäglich erfüllen muss. Auf der Basis dessen lassen sich die sauren Pflegeeffekte besser nachvollziehen.

■ Erhaltung des Säureschutzmantels

Durch ihren Säureschutzmantel vermag die Haut schädlichen Umwelteinflüssen und krank machenden Mikroorganismen zu trotzen und sich solcherart auf Dauer ihre Gesundheit und Widerstandsfähigkeit zu erhalten. Da der Säuregrad von verdünntem Apfelessig ziemlich genau dem pH-Wert unserer Haut entspricht, lässt sich durch seine regelmäßige äußere Anwendung sehr zur Erhaltung des Schutzschilds der Haut beitragen. Denn dadurch kann der Säureschutzmantel wieder stabilisiert und der schädliche Einfluss von Waschsubstanzen, Seifen und Dusch- oder Badezusätzen wirksam ausgeglichen werden. Wer sich beispielsweise mehrmals wöchentlich einer Ganzkörpermassage mit verdünn-

Der pH-Wert der Haut liegt durchschnittlich bei 5,5, bewegt sich also im leicht sauren Spektrum; ein pH-Wert von 7 steht für Neutral, alles was darüber liegt, ist alkalisch (basisch), was darunter liegt, sauer.

tem Apfelessig unterzieht, unterstützt die hauteigene Schutzbarriere deshalb enorm.

■ Apfelessig – Jungbrunnen für die Haut

▶ Essig auf die Haut gegeben, kurbelt umgehend die Durchblutung der verschiedenen Hautschichten an. Das Ergebnis zeigt sich beim Blick in den Spiegel: Die Haut ist rosiger, straffer und sieht insgesamt vitaler aus.

▶ Der saure Trunk bringt nicht nur den »inneren« Stoffwechsel, sondern auch jenen der Haut auf Trab – und das leistet der Schönheit sichtbar gute Dienste. Denn Schlacken- und Giftstoffe werden rascher aus den einzelnen Hautschichten abtransportiert, die Hautzellen teilen und regenerieren sich schneller, und pflegende und nährende Wirkstoffe können besser von der Haut aufgenommen werden.

▶ Die keimhemmende Eigenschaft des Apfelessigs erweist sich sowohl bei der Pflege unreiner Haut als auch bei der Behandlung verschiedenster Hautbeschwerden (Seite 143 ff.) als überaus wertvoll.

▶ Indem Apfelessig den natürlichen Säureschutzmantel erhalten hilft, trägt er ganz entscheidend dazu bei, der Haut ihre Elastizität und jugendliche Frische zu bewahren. Apfelessig glättet, wirkt der Bildung von Falten entgegen und macht die Haut am ganzen Körper samtig weich und geschmeidig. Nicht zu vergessen sein Gehalt an Vitamin A und E, den »Schönheitsvitaminen« schlechthin, und wichtigen Mineralstoffen – zwei weitere Komponenten, die den sauren Trunk zum wahren Jungbrunnen für die Haut machen.

▶ Der Sauertrunk besitzt außerdem dermatologische Heilwirkungen – so bewährt sich sein regelmäßiger innerlicher wie äußerlicher Gebrauch etwa bei Akne, Ekzemen oder Schuppenflechte. Im Kapitel »Der Sauertrunk als wirksame Medizin« (Seite 72 ff.) erfahren Sie, wie Sie vorgehen, um die heilkräftigen Wirkungen des Apfelessigs zur Behandlung von Hautbeschwerden zu nutzen und Hautprobleme nachhaltig zu lindern.

Saures Schönheitselixier

Die pflegenden Wirkungen von Apfelessig auf einen Blick

- Erhält den Säureschutzmantel der Haut
- Glättet die Haut und wirkt Faltenbildung entgegen
- Macht die Haut samtweich, geschmeidig und zart
- Hält die Haut jugendlich und elastisch
- Enthält die wichtigen »Hautvitamine« A und E in natürlicher Form
- Enthält alle lebenswichtigen Mineralstoffe
- Fördert die Regeneration der Hautzellen
- Hilft der Haut, ihre natürliche Feuchtigkeit zu erhalten
- Strafft die Kopfhaut und verleiht dem Haar einen natürlichen Glanz
- Wirkt schmerzlindernd und beruhigend
- Wirkt entzündungshemmend
- Lindert Hauterscheinungen bei Akne, Ekzemen und Schuppenflechte

Die Schönmacher im Apfelessig

Es gibt richtige »Schönheitsvitamine«, die nicht nur von innen, sondern auch von außen wirken – Apfelessig enthält eine ganze Reihe davon. Nachstehend die Wirkungen der wichtigsten »Vitalstoffe« für Haut und Haare, die im sauren Trunk enthalten sind:

➤ **Vitamin A** spielt eine bedeutende Rolle bei der Erhaltung und Wiederherstellung gesunder Hautfunktionen; es wirkt heilend bei Akne, Geschwüren und Furunkeln; sorgt für gesunde und feste Haare und Nägel und kräftigt Zähne und Zahnfleisch; macht die Haut zart, weich und widerstandsfähiger; wirkt übermäßiger Verhornung entgegen; regt die Teilung der Hautzellen an, glättet Fältchen und gibt dem Teint eine leichte Bräunung.

➤ **Vitamin B$_1$** hält das Haar gesund, festigt die Nägel, fördert die Erneuerung der Hautzellen.

➤ **Vitamin B$_2$** sorgt für gesunde Haut und Haare sowie für feste Nägel; regt die Hautatmung an, reguliert die Tätigkeit der Talgdrüsen und unterstützt die Regeneration der Hautzellen.

Apfelessig enthält Vitamine, Mineralstoffe und Spurenelemente, Essig-, Zitronen- und Propionsäure, zahlreiche Enzyme und Aminosäuren. Diese wertvollen Inhaltsstoffe fördern gleichzeitig Gesundheit, Wohlbefinden und Schönheit.

Apfelessig für die Schönheit

Eine ausgewogene Vitaminzufuhr ist nicht nur für das gesundheitliche Wohlbefinden wichtig, sondern auch für die Beschaffenheit von Haut, Haaren und Nägeln.

- ➤ **Vitamin C** klärt und strafft die Haut, festigt Bindegewebe, Nägel und Zahnfleisch; stärkt die Abwehrfunktionen der Haut; wirkt roten Äderchen entgegen.
- ➤ **Vitamin E** hilft der Haut, Feuchtigkeit zu speichern; kräftigt die Hautgewebe, verbessert ihre Durchblutung und ihre Sauerstoffversorgung; fördert die Regeneration der Hautzellen und schützt sie vor freien Radikalen; steigert den Eiweißstoffwechsel, bewahrt Haut und Haare vor UV-Schäden.
- ➤ **Eisen** transportiert Sauerstoff ins Blut und bringt es zu den Hautzellen; hält die Hautfunktionen aufrecht und sorgt für eine gute Durchblutung.
- ➤ **Kalium** unterstützt die Entschlackung der Haut und wirkt Wasseransammlungen entgegen.
- ➤ **Kalzium** hilft, den natürlichen Säureschutzmantel der Haut zu erhalten; stärkt die Abwehrkraft der Haut, schützt damit auch vor allergischen Hautreaktionen und wirkt Unreinheiten entgegen; fördert Hautdurchblutung und Haarwachstum; hält die Zähne gesund.
- ➤ **Magnesium** kräftigt das Hautgewebe und hält es elastisch, stärkt die Haare.
- ➤ **Silizium** kräftigt Binde- und Stützgewebe und hält die Haut straff und geschmeidig; gibt den Haaren Glanz und Volumen und festigt die Nägel.

Äpfel – »Schmankerln« für die Haut

Schönheitsbeflissene haben den Apfel schon vor Jahrhunderten für sich entdeckt – mit Recht, wie die Wissenschaft heute bestätigt. Denn die vielen Inhaltsstoffe des »Königs der Früchte« besitzen umfassend pflegende Eigenschaften. Das für die Schönheit Interessanteste am Apfel ist jedoch das Pektin, ein Ballaststoff, der sich vor allem unter der Schale befindet. Dieser Stoff steigert die Aufnahmefähigkeit der Haut für Feuchtigkeit und hilft ihr zudem, diese zu binden – besonders gut macht sich dies bei trockener und zu Faltenbildung neigender Haut.

➤ **Zink** stärkt die Abwehrkraft der Haut und hält Haare und Nägel gesund und kräftig.

Gesichtspflege mit Apfelessig

Mit dem sauren Gärtrunk lassen sich eine große Reihe natürlich wirksamer Zubereitungen für die Pflege des Gesichts zaubern. Im weiteren Kapitel erhalten Sie eine kleine Auswahl einfacher Rezepte, die Ihnen unter Umständen auch Anregung für eigene Kreationen sein werden. Die Zutaten für die genannten Rezepte erhalten Sie, wenn nicht anders angegeben, in Apotheken, Drogerien, Reformhäusern und in Naturkostläden. Sollten Sie, falls das für ein Rezept benötigt wird, frische Kräuter und Heilpflanzen nicht zur Hand haben, können Sie auch auf getrocknete ausweichen.

Richtige Hautpflege soll die Geschmeidigkeit der Haut erhalten und die Schutzfunktion der Haut insgesamt stärken. Gerade für die Pflege des größten Körperorgans sollten Sie sich besonders viel Zeit und Ruhe gönnen.

Die verschiedenen Hauttypen

Vor allem die Pflege der Gesichtshaut sollte auf den jeweiligen Hauttyp abgestimmt sein. Denn je nachdem, ob Ihre Haut trocken oder fett ist, zu Unreinheiten neigt oder aber empfindlich auf äußere Reize reagiert, bedarf sie unterschiedlicher Pflege. In der Regel kennt man die Eigenschaften und Eigenheiten seiner Haut. Als kleine Orientierungshilfe haben wir an dieser Stelle dennoch eine kleine Übersicht über die typischen Merkmale der unterschiedlichen Hauttypen eingefügt, die Ihnen bei der Auswahl der richtigen Pflegerezepte mit Apfelessig helfen soll.

▪ Normale Haut

Dieser Hauttyp findet sich vor allem bei den Jüngeren unter uns, meist im Anschluss an die Pubertät: Die Talg- und Schweißdrüsen arbeiten ausgeglichen, nur an Nase und Kinn finden sich manchmal einige Mitesser. Entsprechend sind die Hautporen sehr klein. Feuchtigkeitsgehalt und Spannkraft sind ausgewogen und die Haut fühlt sich prall und straff an. Auch über Blässe haben Menschen mit normaler Haut kaum zu klagen: Die Wangen sind gut durchblutet, leicht rosig und ohne erweiterte Äderchen.

Apfelessig für die Schönheit

Die Haut ist die Visitenkarte unseres Körpers. Die sanfte Pflege mit Apfelessig sorgt dafür, dass sie vital und gesund aussieht.

Falls Sie viel am Computer arbeiten, sollten Sie sich unbedingt mehrmals täglich eincremen. Vor allem die Augenpartie bedarf intensiverer Pflege.

▪ Trockene Haut

In unseren Breiten der häufigste Hauttyp; unsere Lebensumstände, der Aufenthalt in zentralgeheizten Räumen, meist mit Klimaanlage und Fußbodenheizung bestückt, das Arbeiten am Computer, leisten dem Entstehen trockener Haut enormen Vorschub. Bei trockener Haut ist die Talgdrüsenfunktion und oftmals auch die Produktion der Schweißdrüsen vermindert. Die Folge: Die Haut ist spröde und rauh, sieht fahl und beinahe ein wenig pergamentartig aus.

▪ Fette Haut

Charakteristisch bei fetter Haut ist die übermäßige Talgdrüsenproduktion sowie die schnellere Neubildung von Hornzellen. Infolgedessen ist die Haut großporig, hat viele Mitesser und neigt zu Pusteln und Entzündungen. Sie verliert viel Feuchtigkeit, was an den Schüppchen zu erkennen ist, die sich auf der Hautoberfläche bilden.

Darüber hinaus kann die fette Haut sehr empfindlich sein und zudem allergisch reagieren; sie benötigt deshalb eine besonders sorgfältige Pflege.

Welchen Hauttyp haben Sie?

■ Mischhaut

Als Mischhaut bezeichnet man die Haut, die typischerweise in der so genannten T-Zone, also an Stirn, Nase und Kinnpartie, fett und großporig ist und dort auch häufig viele Mitesser oder Pusteln entwickelt. An der Wangenpartie ist die Mischhaut dagegen meist trocken und spröde und von kleinen erweiterten Äderchen (Couperose) durchzogen.

■ Reifere Haut

Ab dem 25. Lebensjahr beginnt die Haut langsam zu altern, und der Abbau der Collagenfasern (Bindegewebe) setzt ein. Etwa ab dem 50. Lebensjahr verändert sich dann auch die Hautoberfläche, bedingt durch die Verlangsamung des Energie- und Stoffwechselprozesses in der Haut: Sie wird trockener, spröder und rauher, es bilden sich Runzeln, Falten und Altersflecken, so genannte Hyperpigmentationen. Die Oberhaut (Epidermis) wird mit zunehmendem Alter ebenfalls je nach Körperregion unterschiedlich dünner.

■ Empfindliche Haut

Dieser Hauttyp ist an kein Alter gebunden, er tritt sowohl bei jungen als auch bei älteren Menschen auf. Empfindliche Haut wirkt meistens sehr dünn, fast durchscheinend und neigt an den Wan-

Die wichtigsten Aufgaben der Haut:
➤ *Schutz gegen schädliche Umwelteinflüsse*
➤ *Temperaturregelung*
➤ *Ausscheidung von Abfallstoffen*
➤ *Lichtschutz*
➤ *Schutz vor Wasserverlust*
➤ *Warneinrichtung für das Immunsystem*
➤ *Sinnes- und Kontaktorgan*

Dampf klärt

Nehmen Sie regelmäßig ein Gesichtsdampfbad mit Apfelessig. Vor allem bei unreiner Problemhaut hat sich dies bewährt, denn die Essigdämpfe intensivieren die Hautdurchblutung, reinigen und klären den Teint. Zur Verstärkung der Apfelessigwirkungen eignen sich Kräuterzusätze wie Thymianblätter, Kamillenblüten oder Salbeiblätter. Wie Sie ein solches Dampfbad durchführen, lesen Sie auf Seite 83 ff. Nach der Anwendung waschen Sie Ihr Gesicht kurz mit etwas kaltem Wasser ab, damit sich die Poren wieder schließen.

Achtung!
Bei erweiterten Äderchen (Couperose) sollte kein Gesichtsdampfbad durchgeführt werden.

genknochen zu erweiterten Äderchen. Sie reagiert besonders schnell und lang anhaltend mit Rötungen, Schwellungen und manchmal auch mit Brennen und Juckreiz. Auch Unverträglichkeitsreaktionen auf Kosmetika treten bei empfindlicher Haut öfter auf als bei anderen Hauttypen.

Masken und Packungen

SCHNEEMASKE

Ein altes Hausmittel bei faltiger und sehr trockener Haut.

Zutaten • 1 Eiweiß • 1 EL süße Sahne • 1 TL Apfelessig • 20 Tropfen Rosenwasser • 20 Tropfen Benzoetinktur

Eiweiß steif schlagen. Den Eischnee mit den anderen Zutaten verrühren; die Masse auf Gesicht, Hals und Dekolletee auftragen (Mund, Augen und Nase dabei großzügig aussparen). Die Maske 20 Minuten einwirken lassen und anschließend mit warmem Wasser gründlich abwaschen.

Gegen müde und gerötete Augen helfen Auflagen mit unverdünntem Apfelessig. Dazu tränken Sie zwei Wattepads mit dem Essig und legen sie für zehn Minuten auf die geschlossenen Augenlider – der saure Trunk sollte dabei nicht in die Augen kommen. Falls dies doch passiert, waschen Sie die Augen umgehend mit viel warmem Wasser aus.

GURKENPACKUNG

Diese Anwendung wirkt klärend und reinigend bei fetter und unreiner Haut.

Zutaten • ¼ Gärtnergurke • 1 TL Apfelessig • 1 Eigelb • 4 EL Distelöl

Gurke schälen und fein reiben und mit den anderen Zutaten verrühren; die Masse auf Gesicht, Hals und Dekolletee auftragen (Mund, Augen und Nase dabei großzügig aussparen). Die Maske 20 Minuten einwirken lassen und anschließend mit warmem Wasser gründlich abwaschen.

BIENENWACHSPACKUNG

Beruhigt nervöse und empfindliche Haut und lässt sie geschmeidiger werden.

Zutaten • 3 EL Apfelessig • 20 g Bienenwachs

Den Apfelessig ganz leicht erhitzen, das Bienenwachs darin auflösen und die etwas abgekühlte Masse auf Gesicht, Hals und

Dekolletee auftragen. Die Packung 30 Minuten einwirken lassen und dann mit warmem Wasser abwaschen.

APFELMASKE

Das im Apfel wie auch im Apfelessig enthaltene Pektin erhöht die Feuchtigkeitsaufnahme der Haut und regt ihre Durchblutung an – ideal also für trockene und fahle Haut.

Zutaten • 2 saure Äpfel • 3 EL Apfelessig • 1 TL Stärkemehl
Äpfel mit der Schale fein reiben und mit den anderen Zutaten verrühren; die Masse auf Gesicht, Hals und Dekolletee auftragen (Mund, Augen und Nase dabei großzügig aussparen). Die Maske 20 Minuten einwirken lassen und anschließend mit warmem Wasser gründlich abwaschen.

AVOCADOÖLPACKUNG

Eine richtige Intensivkur für strapazierte und trockene Haut, denn in ihr ist so ziemlich alles enthalten, was der Haut wohl tun kann.

Zutaten • 2 TL Fruchtfleisch einer reifen Avocado • 1 TL Zitronensaft (von unbehandelten Früchten) • 1 TL Apfelessig • 2 Eigelb • 2 EL natives Olivenöl extra
Alle Zutaten in einer Schüssel mit dem Schneebesen schaumig schlagen und die Masse anschließend gleichmäßig auf Gesicht, Hals und Dekolletee auftragen. Ideal ist es, wenn Sie die Packung über Nacht auflegen, ansonsten sollten Sie sie mindestens eine Stunde einwirken lassen.

TONERDEPACKUNG

Diese Anwendung klärt und beruhigt unreine, fette Haut.

Zutaten • 1 EL Sonnenblumenöl • 2 EL essigsaure Tonerde • 1 TL Apfelessig
Das Öl ganz leicht erwärmen; dann die Tonerde und den Apfelessig unterrühren und die Masse auf Gesicht, Hals, Dekolletee und Schultern auftragen. 20 Minuten einwirken lassen und anschließend mit warmem Wasser gründlich abwaschen.

Apfelessig enthält für jeden Hauttyp wichtige Inhalts- und Pflegestoffe. In Kombination mit weiteren natürlichen »Pflegemitteln« können Sie hochwirksame Masken und Packungen leicht und ohne großen Aufwand selbst herstellen.

Apfelessig für die Schönheit

Das saure Schönheitsgeheimnis

Wie viele Königinnen, Gräfinnen und Mätressen vergangener Zeiten sich damit ihre Schönheit bewahrt haben, bleibt ungewiss. Sicher ist, dass die so genannten Toilette-Essige bei Hofe und bei keiner und keinem, der auf sich hielt, auf dem Schminktischchen fehlen durften. Diese Schönheitsessige bargen das Geheimnis makelloser Haut und zeitloser Schönheit.

■ Kaiserliche Mixtur

Unter den vielen Anhängern der essigsauren Kosmetik befanden sich auch Berühmtheiten wie Kaiserin Elisabeth von Österreich. Die schon zu Lebzeiten ob ihrer immensen Schönheit Bewunderte bediente sich ohnehin fast ausschließlich natürlicher Ingredienzen zur Bereitung ihrer Haut- und Haarpflegemittel. Eines der am Wiener Hof beliebtesten Schönheitsmittel war jedoch der Essig, pur oder mit verschiedenerlei Zusätzen in seinen Wirkungen noch verstärkt. Bei Kaiserin Sissis Toilette-Essigen, ebenso wie bei den sauren Mixturen all der anderen schönheitsbewussten Damen der vorangegangenen Epochen, handelte es sich um oftmals sehr komplexe Zusammenstellungen wertvoller Zutaten – meist hatte man sein eigenes geheimes Rezept, das nur an engste Vertraute weitergegeben wurde. So kommt es, dass unter den nachfolgend aufgeführten Schönheitsessigen so manche den Namen bekannter Persönlichkeiten tragen.

Die essigsauren Wässer dienten der Erfrischung und Reinigung der Haut, zur Klärung des Teints und zur Linderung von Hautentzündungen sowie zur Beseitung hartnäckiger Unreinheiten, aber auch zur Hautpflege nach der Rasur. Denn auch für die hohen Herren gab es damals zahlreiche Wässerchen und Tinkturen – Kosmetika für Männer waren seinerzeit bereits eine Selbstverständlichkeit.

Im Zuge der wachsenden Begeisterung für natürliche Kosmetika sind auch die alten Toilette-Essige wieder in Mode gekommen. Das wurde auch höchste Zeit, denn diese Schönheitsessige haben eine Reihe von Vorzügen gegenüber anderen, modernen

Sauer macht nicht nur lustig, sondern auch schön. – Das wusste bereits die Hautevolee zu Zeiten Kaiserin Elisabeths von Österreich. Toilette-Essige dienten der Haar-, Haut- und Bartpflege ebenso wie der Erfrischung und Reinigung.

Bei Hofe sehr beliebt

Gesichtswässer auf Apfelessigbasis reinigen schonend und gründlich – und regenerieren und erfrischen die Haut.

Gesichtswässern und Tonika. Einer der wichtigsten ist, dass sie keinen Alkohol enthalten und sehr viel milder sind. Sie eignen sich deshalb besonders gut zur Pflege empfindlicher und nervöser Haut. Darüber hinaus enthalten sie ausschließlich natürliche Zutaten und sind frei von künstlichen Zusätzen sowie von Konservierungsmitteln. Letzteres ist übrigens auch der Grund, warum Sie die Essigzubereitungen stets kühl und fest verschlossen aufbewahren sollten.

ALTENGLISCHES ORANGEN-ROSENWASSER

Die berühmte Gesellschafterin Ninon de l'Enclos soll dieses überaus einfach herzustellende Gesichtswasser im 17. Jahrhundert zur täglichen Pflege ihrer Gesichtshaut verwendet haben. Wie aus den Überlieferungen hervorgeht, mit Erfolg, denn besagte Dame zählte zu den schönsten ihrer Zeit.

Zutaten • 40 ml Orangensaft (von unbehandelten Orangen) • 100 ml Rosenwasser • 10 ml Apfelessig

Alle Zutaten in ein dunkles Fläschchen geben und gut durchschütteln. Die fertige Mischung bewahren Sie an einem kühlen und lichtgeschützten Ort auf.

Füllen Sie die Wässerchen und Tonika immer in dunkle Fläschchen ab. So sind sie lichtgeschützt und bleiben länger haltbar.

Apfelessig für die Schönheit

Die Toilette-Essige wenden Sie wie ein Gesichtswasser an. Nach der morgendlichen und abendlichen Reinigung des Gesichts trägt man sie mittels eines Wattepads auf die Haut auf, lässt sie kurz einziehen und trägt anschließend die gewohnte Pflegecreme oder -lotion auf. Auch zwischendurch empfiehlt sich die Anwendung eines Toilette-Essigs zur Erfrischung des Teints.

ROSENESSIG DIANE DE POITIERS

Jene Madame de Poitiers, nach der dieser wertvolle und fein duftende Toilette-Essig benannt ist, war die Herzensdame zweier berühmter französischer Könige des Absolutismus. Sie soll »ihren« Rosenessig tagtäglich angewandt und sich solcherart ihre Schönheit bis zu ihrem Tod erhalten haben.

Zutaten • 100 g frische Blätter von roten Rosen • 200 ml Apfelessig • 100 ml destilliertes Wasser

Die Rosenblätter in einem bauchigen Glasflakon schichten und mit dem Apfelessig übergießen. Den Flakon fest verschließen und die Rosenblätter zwei Tage lang an einem kühlen Ort ziehen lassen. Dann durch ein feines Sieb abgießen, dabei die Rosenblätter gut auspressen und das destillierte Wasser hinzugeben. Wieder in den Glasflakon füllen und kühl aufbewahren.

MINZEESSIG

Diese sehr belebende Rezeptur empfiehlt sich besonders für fettige und zu Unreinheiten neigende Haut.

Zutaten • 40 g frische Pfefferminzblätter • 20 g frische Zitronenmelissenblätter • 100 ml Apfelessig • 100 ml destilliertes Wasser

Die Pfefferminz- und Zitronenmelissenblätter mischen und in eine luftdicht verschließbare, bauchige Flasche schichten. Dann den Apfelessig darüber gießen und die Kräuter zwei Tage lang an einem dunklen und kühlen Platz in dem Essig ziehen lassen. Anschließend durch einen Kaffeefilter abgießen und den Pflanzenrückstand gut auspressen. Das destillierte Wasser dazugießen, gut schütteln und kühl aufbewahren.

ORANGENBLÜTENESSIG NACH GRÄFIN TRANI

Das Rezept für dieses »doppeltsaure« Tonikum stammt von Kaiserin Sissis Schwester, der Gräfin Trani. Es eignet sich hervorragend zur Pflege fetter und großporiger Haut sowie zur Regeneration eines angegriffenen Säureschutzmantels.

Zutaten • 2 unbehandelte Orangen • 100 ml Apfelessig • 200 ml Orangenblütenwasser

Erfrischende Lotionen und Tonika

Orangen auspressen; anschließend den Orangensaft mit dem Apfelessig und dem Orangenblütenwasser vermischen und das Tonikum in ein braunes Glasfläschchen füllen.

APFEL-ZITRONEN-LOTION

Diese Mixtur macht sich besonders bei hartnäckigen Mitessern und Pickeln sowie bei fleckiger Haut verdient. Tupfen Sie Apfel-Zitronen-Lotion regelmäßig morgens und abends auf die betroffenen Hautstellen auf, und waschen Sie sie danach nicht ab, sondern lassen Sie sie in die Haut einziehen.

Zutaten • 2 EL Zitronensaft (von unbehandelten Zitronen) • 40 ml Orangenblütenwasser • 2 EL Apfelessig

Alle Zutaten in ein braunes Fläschchen füllen, gut durchschütteln und die Lotion an einem kühlen und lichtgeschützen Ort aufbewahren.

Mit der Apfel-Zitronen-Lotion lassen sich auch verfärbte Hände, beispielsweise nach dem Zerkleinern Roter Bete, wieder sauber bekommen.

TONIKUM GLORIOSA

Zutaten • je 10 g frische Stiefmütterchenblüten und Rosmarinblätter • 10 g Fenchelsamen • 20 g frische Salbeiblätter • 150 ml Alkohol (95 %) • 300 ml Apfelessig • 200 ml destilliertes Wasser • 200 ml Orangenblütenwasser

Frische Kräuter verstärken die heilenden und pflegenden Wirkungen des Apfelessigs zusätzlich.

Apfelessig für die Schönheit

Die zerkleinerten Pflanzenteile in eine Porzellanschüssel füllen und mit 50 Milliliter Alkohol übergießen. Alles über Nacht ziehen lassen; am nächsten Tag den Apfelessig hinzugeben. Gut durchrühren und eine weitere Nacht stehen lassen. Dann den restlichen Alkohol, anschließend das destillierte Wasser und das Orangenblütenwasser zufügen; erneut gut umrühren. Durch einen Kaffeefilter abgießen und den Kräuterrückstand gut auspressen. Das fertige Tonikum bewahren Sie in dunklen Glasflaschen auf.

HOPFENTONIKUM

Aufgrund seiner pflanzlichen Hormone und der so genannten sekundären Pflanzenstoffe (Seite 27) ist Hopfen ein wirksames natürliches Schönheitsmittel, dass regelmäßig angewendet die Haut stärkt und strafft. Auch reife Haut wird sichtbar glatter und sieht jünger aus.

Zutaten • 30 g Hopfendolden • 200 ml destilliertes Wasser • 30 ml Apfelessig • 40 ml Rosenwasser

Lassen Sie die Hopfendolden in dem destillierten Wasser für 10 bis 15 Minuten bei mittlerer Hitze kochen. Dann zugedeckt erkalten lassen und durch ein feines Sieb abgießen. Den Absud mischen Sie anschließend mit dem Apfelessig und dem Rosenwasser. In eine braune Glasflasche füllen und kühl aufbewahren.

TOILETTE-ESSIG FÜR DEN HERRN

Folgende Essigmixtur stand um die Jahrhundertwende auf dem Toilettentischchen des Kronprinzen Rudolf von Österreich. Er schätzte es ebenso wie seine männlichen Untertanen zur Einreibung nach der Rasur, denn der Toilette-Essig beruhigt die gereizte Haut und fördert die Heilung etwaiger Blessuren. Also besonders all jenen Herren zu empfehlen, welche die Nassrasur pflegen.

Zutaten • je 2 EL getrocknete Rosmarin- und Salbeiblätter und Lavendelblüten • 1 TL gemahlene Gewürznelken • $1/2$ l Apfelessig • $1/4$ l Rosenwasser oder destilliertes Wasser

Alle Kräuter in eine bauchige Glasflasche füllen; den Apfelessig

Der Toilette-Essig des österreichischen Thronfolgers könnte auch ein ausgefallenes Mitbringsel zu Ihrer nächsten Einladung sein – statt Wein oder Pralinen.

Essigsaures Aftershave

Natürliche Hautpflege und Erfrischung: Statt Designerduft sollten Sie einmal Aftershave mit Apfelessig ausprobieren.

darüber gießen und die Flasche zwei Wochen an einem sonnigen, hellen Ort stehen lassen. Dann abfiltern, den Pflanzenrückstand gut ausdrücken und das Rosenwasser hinzugießen. Fest verschlossen und kühl aufbewahren.

EFEUESSIG IMMACULATA

Ob die österreichische Erzherzogin Immaculata, die auf diese Essigrezeptur schwor, tatsächlich die »Unbefleckte« war (Immaculata ist der katholische Ehrenname für die heilige Mutter Maria), ist nicht bekannt. Sicher ist hingegen, dass dieser Schönheitsessig eine sehr klärende Wirkung besitzt und sich deshalb besonders bei unreiner und fleckiger Haut bewährt.
Zutaten • 70 g frische Efeublätter • 100 ml Apfelessig • 100 ml Rosenwasser
Große Efeublätter zerkleinern und in eine bauchige Flasche füllen: den Apfelessig darüber gießen. Anschließend das Gefäß gut verschließen und die Blätter vier Tage ziehen lassen. Dann durch einen Kaffeefilter abgießen, die Efeublätter mit einem Holzlöffel gut ausdrücken und anschließend das Rosenwasser hinzugeben. Den fertigen Efeuessig kühl aufbewahren.

Immaculatas saures Efeuelixier lässt sich auch gut als Badezusatz verwenden. Geben Sie einfach einen guten Schuss davon ins Badewasser, und Sie können wohlriechende und entspannende Badefreuden genießen.

Apfelessig für die Schönheit

Im Bouquet »Valerie« werden die heilenden und pflegenden Wirkstoffe von Apfelessig und Honig perfekt kombiniert. Mehr zur Liaison von Apfelessig und Honig auf Seite 76 ff.

BOUQUET »VALERIE«

Zitronensaft belebt die Haut und klärt den Teint. Im Verbund mit Apfelessig ergibt sich eine erfrischende Reinigungslotion, welche der Haut nicht zuletzt auch durch den Honig wertvolle Wirkstoffe, Vitamine, Mineralien und Spurenelemente zuführt. Das Bouquet »Valerie« lässt sich nicht nur zur morgendlichen und abendlichen Straffung und Reinigung der Haut einsetzen, sondern hat sich auch gegen Mitesser und Pusteln bewährt.

Zutaten • 30 ml Zitronensaft (von unbehandelten Zitronen) • 30 g Bienenhonig • 50 ml Apfelessig • 150 ml destilliertes Wasser
Alle Zutaten in eine braune Glasflasche geben und gut durchschütteln. Bewahren Sie das Bouquet stets fest verschlossen an einem kühlen Ort auf.

VEILCHEN-TONIKUM

Eine, ob ihres feinen Blütendufts und ihrer beruhigenden Wirkung bei gereizter und empfindlicher Haut, der beliebtesten sauren Pflegerezepturen.

Zutaten • 30 g frische Veilchenblüten • 10 g Veilchenwurzelpulver • 250 ml Apfelessig • 100 ml destilliertes Wasser

»Ein Veilchen auf der Wiese stand, Gebückt in sich und unbekannt, Es war ein herzig's Veilchen.« Johann Wolfgang von Goethe

Feinster Veilchen- und Lavendelduft

Die Veilchenblüten in eine bauchige Flasche schichten, den Apfelessig darüber gießen und die Blüten in der verschlossenen Flasche zwei Tage ziehen lassen. Dann durch ein feines Sieb abseihen und den Blütenrückstand mit einem Holzlöffel gut auspressen. Das Veilchenwurzelpulver mit zwei bis drei Esslöffeln des destillierten Wassers glatt rühren und zu dem Veilchenessig geben, gefolgt von dem restlichen destillierten Wasser. Alles gut durchschütteln und in eine braune Glasflasche füllen; kühl lagern.

LAVENDELESSIG À LA MAINTENON

Die Marquise Francoise d'Aubigné Maintenon war die Mätresse und zweite Gemahlin Ludwigs XIV. und beeinflusste, sei es durch ihre bemerkenswerte Schönheit oder durch ihr ebenfalls in die Annalen eingegangenes Geschick für das Intrigenspiel, über 30 Jahre ganz entscheidend die französischen Staatsgeschäfte. Gut möglich, dass sie diese politische »Karriere« auch der täglichen Morgentoilette mit ihrem Lavendelessig zu verdanken hatte.

Zutaten • 50 g getrocknete Lavendelblüten • 100 ml Apfelessig • 200 ml Hamameliswasser • 20 g Bienenhonig

Die Lavendelblüten ein wenig zerreiben (am besten in einem Mörser) und in eine große Flasche füllen. Dann den zuvor leicht erhitzten Apfelessig (nicht über 50 °C) darüber gießen und die Blüten drei Tage an einem dunklen Platz ziehen lassen. Danach durch einen Kaffeefilter abseihen, das Hamameliswasser dazugeben und zum Abschluss den Honig unterrühren; kühl lagern.

HOLUNDERBLÜTENESSENZ

Schwarzer Holunder enthält wertvolle ätherische Öle sowie Gerbsäuren, welche adstringierend (zusammenziehend) und wundheilend wirken. Zudem liefert die auch zu medizinischen Zwecken seit alters beliebte Pflanze, ebenso wie der Apfelessig, Pektin. Dieser Ballaststoff erhält der Haut ihre Feuchtigkeit. Die ebenso enthaltenen Fettstoffe verbinden sich mit dem hauteigenen Fett und machen die hautpflegenden Eigenschaften des Holunders perfekt. Die Holunderblütenessenz eignet sich besonders zur Erfrischung

Bereits im Mittelalter schätzte man die gute Wirkung des Schwarzen Holunders bei Haut- und Augenlidentzündungen.

Apfelessig für die Schönheit

eines erschöpften und abgespannten Teints sowie bei müden Augen; dazu tränken Sie einen Wattepad mit der Essenz und legen ihn fünf bis zehn Minuten auf die geschlossenen Augenlider.

Zutaten • 40 g Holunderblüten • 250 ml destilliertes Wasser • 60 ml Apfelessig • 50 ml Rosenwasser • 40 ml Hamameliswasser

Die Holunderblüten in dem destillierten Wasser kurz aufkochen und dann zugedeckt erkalten lassen. Durch ein feines Haarsieb abgießen und den Blütenrückstand gut auspressen. Anschließend nacheinander den Apfelessig, das Rosen- und Hamameliswasser zu dem Holunderabsud gießen und alles in eine braune Glasflasche füllen. Gut durchschütteln, fest verschließen und kühl lagern.

Der »Virginische Zauberstrauch«, wie die Hamamelis auch genannt wird, hat eine ausgeprägte entzündungshemmende und die Hautporen zusammenziehende Wirkung. Ergänzt durch die Eigenschaften des Apfelessigs, ergibt sich daraus eine ideale Kombination bei müder, abgespannter Haut und fahlem Teint.

HAMAMELISWASSER

Diese Rezeptur empfiehlt sich besonders bei erschlaffter und großporiger Haut, denn Hamamelis wirkt adstringierend (zusammenziehend) und belebt die Haut.

Zutaten • 50 g Hamamelisblätter und -rinde • ³/₄ l Apfelessig • 1 l destilliertes Wasser

Die zerkleinerten Hamamelisteile in eine bauchige Flasche füllen und mit dem Apfelessig übergießen. Dann fest verschließen und an einem kühlen Ort für drei Wochen ziehen lassen. Anschließend filtern Sie die Mischung durch einen Kaffeefilter, pressen den Pflanzenrückstand gut aus und geben das destillierte Wasser hinzu. In eine braune Glasflasche füllen und kühl aufbewahren.

LAVENDELBLÜTENESSENZ KAISERIN SISSI

Wie bereits eingangs erwähnt, durften Schönheitsessige auf den Toilettentischchen der Damen von Stand nicht fehlen. Besonders die legendär schöne Kaiserin Elisabeth von Österreich-Ungarn machte von den sauren Pflegeessenzen regelmäßigen Gebrauch, um sich ihr makelloses Äußeres zu erhalten. Eines ihrer liebsten »Wässer« war die Lavendelblütenessenz; sie ist zwar etwas zeitaufwendig in der Herstellung, doch für diesen Mehraufwand werden Sie, vor allem wenn Sie empfindliche und zu nervösen Reizungen neigende Haut haben, spürbar entschädigt.

Sissis liebster Duft

Lavendelblüten verströmen einen angenehmen, sehr intensiven Duft.

Zutaten • 40 g getrocknete Lavendelblüten • 130 ml Apfelessig • 200 ml destilliertes Wasser
Die Lavendelblüten in eine luftdicht verschließbare, bauchige Flasche schichten und den Apfelessig darüber gießen. Dann verschließen Sie das Gefäß und lassen die Blüten in dem Essig drei bis vier Wochen an einem dunklen Platz ausziehen.
Danach gießen Sie die Mischung durch ein feines Sieb ab, pressen den Pflanzenrückstand gut aus und geben das destillierte Wasser hinzu.

Kaiserin Elisabeth ging Lavendelduft über alles. Auf Bällen soll sie stets ein mit Lavendelblütenessenz besprengtes Tüchlein am Busen getragen haben.

TONERDE-ZITRONEN-LOTION

Diese Lotion ist vor allem für fettige, unreine und zu Entzündungen neigende Haut zu empfehlen und sollte auch tagsüber mehrmals angewendet werden.
Zutaten • 20 g Tonerde • 100 ml destilliertes Wasser • 20 ml Zitronensaft (von unbehandelten Zitronen) • 20 ml Apfelessig
Die Tonerde in dem destillierten Wasser auflösen und anschließend den Zitronensaft hinzugeben. Gut umrühren und danach den Apfelessig beimischen. Die fertige Lotion füllen Sie in ein gut gereinigtes Glasfläschchen und verschließen dieses fest.

Rundum »sauergepflegt«

Massagen

Regelmäßige Massagen des ganzen Körpers mit verdünntem Apfelessig sind gewissermaßen das A und O der sauren Kosmetik. Sie beseitigen eventuell auf der Haut verbliebene Seifenreste, bauen den Säureschutzmantel der Haut auf, regen intensiv Durchblutung und Stoffwechsel der Haut an und wirken zudem desodorierend.

Verwöhnen Sie Ihre Haut deshalb mehrmals wöchentlich – besser noch täglich – nach dem Duschen oder Baden mit einer sauren Ganzkörpermassage. Dazu füllen Sie Ihr Handwaschbecken mit warmem Wasser und geben eine Tasse puren Apfelessig hinzu. Mit den Händen verrühren und dann den gesamten Körper mit dem Apfelessigwasser massieren. Danach trocknen Sie sich nicht ab, sondern warten ein wenig, bis der Apfelessig in die Haut eingezogen ist, und ziehen sich dann an.

Essigbäder

Auch das Essigkonzentrat, das diesem Buch zur Herstellung hausgemachten Apfelessigs beiliegt, ist mit heilkräftigen Kräuterextrakten versetzt. Auch Ihr Essig aus Eigenproduktion lässt sich also für ein Heilessigbad verwenden.

Durch die Zugabe von einem Schuss Apfelessig ins Badewasser können Sie Ihrer Haut, während Sie sich im warmen Nass entspannen, wertvolle Pflege angedeihen lassen: Neben der Unterstützung des natürlichen Säureschutzmantels wird auch der Hautstoffwechsel sowie die Regeneration der Hautzellen angeregt.

Wie Sie ein Voll- oder Teilbad mit Apfelessig durchführen, haben Sie bereits auf den vorhergehenden Seiten erfahren. An dieser Stelle noch einige spezielle Rezepturen im Dienste Ihrer Schönheit und Ihres Wohlbefindens.

■ Heilessigbad

Es gibt spezielle Essigzubereitungen aus Wein- oder Apfelessig, die mit bestimmten Heilkräutern versetzt sind. Solche Heilessige eignen sich nicht nur zur inneren Anwendung, sondern auch sehr gut als Badezusatz: Sie vitalisieren strapazierte Haut, stabilisieren den Säureschutzmantel und glätten die oberste Hautschicht. Auch

Entspannende Massagen und Bäder

Sagen Sie Ärger und Stress Ade: Genießen Sie ein entspannendes Rosenblütenbad.

nach einem – zu – ausgiebigen Sonnenbad oder bei Muskel- und Gelenkschmerzen bewährt sich ein Bad mit Heilessig. Im Anhang finden Sie Adressen, bei denen Sie hochwertige Heilessige bestellen können. Ansonsten empfiehlt es sich, in der Apotheke oder dem Reformhaus danach zu fragen.

ROSENBLÜTENBAD
Für jeden Hauttyp geeignet; auch zur Entspannung nach einem anstrengenden Arbeitstag ideal.

Spülmittelvariationen

- Spülungen mit Rosmarinessig intensivieren einen dunklen Haarton und lassen die Haartracht seidig schimmern.
- Mit Kamillenessig lassen sich blonde Haare aufhellen.
- Salbeiessig festigt die Haarwurzeln.
- Brennnesselessig kräftigt die Haare und wirkt Kopfschuppen entgegen.
- Apfelessig mit einem Zusatz zerkleinerter Klettenwurzeln regt das Haarwachstum an, macht die Haare leichter kämmbar und glänzend.

Lange Haare sind größeren Belastungen ausgesetzt als kurze und bedürfen entsprechend besonderer Zuwendung. Spülungen mit Heilessig sind dafür hervorragend geeignet.

Apfelessig für die Schönheit

Zutaten • 2 Handvoll frische Rosenblätter • ½ l Apfelessig
Die Rosenblätter in eine bauchige Flasche schichten und mit dem Essig übergießen; drei Wochen ziehen lassen, dann abseihen und die Blütenrückstände gut auspressen. Zwei Tassen von dem Absud dem Badewasser zugeben.

ESSIG-SALZ-BAD

Macht die Haut am ganzen Körper samtig weich und regt die Durchblutung an.
Zutaten • 1 Tasse Meersalz • 200 ml Apfelessig
Salz und Apfelessig ins Badewasser geben und die Zusätze mit den Händen gut verteilen.

Achtung! Baden Sie nicht länger als zehn Minuten in dem Essig-Salz-Bad, sonst belastet es den Kreislauf zu sehr.

ZITRONENBAD

Zur schonenden Reinigung strapazierter und unreiner Haut.
Zutaten • 3 unbehandelte Zitronen • ½ l Apfelessig
Die Zitronen in kleine Stücke schneiden, in einer Glas- oder Porzellanschüssel mit dem Apfelessig übergießen und darin etwa zwei Stunden ziehen lassen. Dann die Mischung durch ein Sieb gießen und dem Badewasser zugeben.

Pflegend, regenerierend, wohltuend – Bäder mit Apfelessigzusätzen.

LAVENDELBAD
Belebt den gesamten Organismus und beruhigt empfindliche und nervöse Haut.
Zutaten • 10 EL getrocknete Lavendelblüten • 1/2 l Apfelessig
Übergießen Sie die Lavendelblüten in einer verschließbaren Glasflasche mit dem Essig; lassen Sie sie darin zwei Wochen ziehen. Dann durch ein feines Sieb abseihen, die Blütenrückstände dabei gut auspressen und zwei Tassen von dem Absud dem Badewasser zugeben.

Das saure Haartonikum
Unser Kopfputz muss zahlreichen Belastungen standhalten – heute mehr noch als früher, denn nicht nur häufiges Kämmen und Bürsten, heißes Fönen und das Tragen von Haarspangen und -reifen rücken der Haargesundheit zu Leibe, sondern viel mehr noch aggressive Haarwaschmittel, Sprays und die unüberschaubare Zahl der modernen »Hairstyling«-Produkte. Auch intensive Sonnenbestrahlung sowie Dauerwellen und regelmäßiges Färben stellen große Belastungen für die Haare und ihren natürlichen Schutzfilm dar, die auf die Dauer nicht spurlos an ihnen vorübergehen.

Apfelessig hilft, den Schutzfilm um die Haare zu erhalten und wiederherzustellen. Besonders für strapaziertes und trockenes Haar ist er geradezu ein wahrer Jungbrunnen, denn Apfelessig verleiht ihm neue Spannkraft und seidigen Glanz. Zudem vermag der Gärtrunk Haarschäden wie Spliss und übermäßiger Brüchigkeit vorzubeugen oder in Schach zu halten. Kurz: Mit Apfelessig können Sie Ihr Haar durch die vielen wertvollen Inhaltsstoffe pflegen und vitalisieren, die Haarstruktur regenerieren und es vor schädlichen Umwelteinflüssen schützen. Das Haar wird fülliger, geschmeidiger und bekommt wieder mehr Widerstandsfähigkeit. Und noch ein Vorteil von Apfelessig gegenüber herkömmlicher Haarpflege: Er klebt nicht und lässt sich leicht wieder auswaschen.

Machen Sie es also den zahllosen Schönheiten vergangener Tage nach, die das saure Elixier bereits vor Jahrhunderten zur

Spülungen mit Apfelessig erweisen sich bei nahezu allen Haarsorgen als hilfreich. Viele Hersteller von Kosmetika auf Naturbasis haben bereits fertige Apfelessigspülungen in ihrem Sortiment.

Apfelessig für die Schönheit

Pflege ihrer Haare schätzten. Auf den folgenden Seiten finden Sie eine Reihe von Vorschlägen für eine natürliche und dabei einfach anzuwendende Haarpflege auf der Basis des wertvollen Gärtrunks.

▪ Grundrezept Apfelessigspülung

Zunächst gewissermaßen das Grundrezept für schöne und gesunde Haare, dass, regelmäßig nach dem Waschen angewandt, die Haare nicht nur kräftiger und widerstandsfähiger macht sowie die Kopfhaut vitalisiert, sondern auch Haarprobleme wie Kopfschuppen, Haarausfall oder schnell fettendes Haar bald der Vergangenheit angehören lässt. Auch dem Grauwerden der Haare soll damit entgegengewirkt werden. Zudem zieht die Essigspülung die durch das warme Wasser aufgequollenen Haarschäfte und -spitzen wieder zusammen, verleiht dem Haar einen schönen Seidenglanz und beseitigt Rückstände von Shampoos und Kalk aus dem Waschwasser: Übergießen Sie Ihre Haare nach dem Waschen mit verdünntem Apfelessig – drei Esslöffel auf eine Tasse Wasser. Entweder lassen Sie die Spülung einige Minuten einwirken und waschen Sie danach wieder aus oder aber, Sie belassen sie im Haar.

Häufigem Kopfjucken und vermehrtem Haarausfall lässt sich durch Massagen der Kopfhaut mit verdünntem Apfelessig entgegentreten: Essig und Wasser zu gleichen Teilen vermischen und damit täglich abends die Kopfhaut massieren.

WEIZENKEIM-HONIG-SHAMPOO

Hier haben Sie Reinigung und intensive Pflege in einem, denn die hochwertigen Inhaltsstoffe des Honigs ergänzen sich ideal mit den pflegenden Vitaminen und Mineralstoffen des Weizenkeimöls und des Apfelessigs.

Zutaten • 20 ml Weizenkeimöl • 20 g Bienenhonig • 100 g Seifenflocken • 20 ml Apfelessig

Den Honig in dem Weizenkeimöl verrühren, dann die Seifenflocken und zum Schluss den Apfelessig dazugeben. In eine Glasflasche füllen, diese fest verschließen und alles kräftig durchschütteln. Zur Haarwäsche nehmen Sie zwei kleine Portionen des Shampoos und verteilen sie im feuchten Haar; zweimal waschen und danach gründlich spülen, bis das Spülwasser vollkommen klar ist.

Aufbauprogramm für Kopfhaut und Haare

HAARSHAMPOO KATHARINA DE MEDICI

Zutaten • 2 Eigelb • 30 ml Cognac • 2 EL Apfelessig

In einer kleinen Porzellanschüssel die Eigelbe mit dem Cognac verrühren; dann die Haare befeuchten und eine Hälfte dieser Mixtur auf dem Haar verteilen. Gut einmassieren und dabei bis in die Haarspitzen verteilen. Danach mit warmem Wasser ausspülen und die zweite Portion der Ei-Cognac-Mischung im Haar verteilen. Kräftig einmassieren und anschließend die Haare so lange auswaschen, bis das Spülwasser vollkommen klar ist. Zum Abschluss übergießen Sie Ihre Haare mit dem in einem Glas warmem Wasser verdünnten Apfelessig.

BRENNNESSEL-HAARWASSER

Brennnesseln sind seit alters eine hoch geschätzte Naturarznei gegen Haarausfall. Folgende Rezeptur beugt nicht nur vorzeitigen Geheimratsecken vor, sondern macht die Haare auch weich und glänzend. Massieren Sie das Haarwasser nach dem Waschen in die noch feuchten Haare ein.

Zutaten • 100 g frische oder getrocknete Brennnesselblätter • 50 ml Apfelessig • 150 ml destilliertes Wasser

Den Apfelessig und das Wasser mischen, alles in einen emaillierten Topf geben und die zerhackten Brennnesselblätter hinzugeben. Dann das Gemisch etwa 20 Minuten sprudelnd kochen; anschließend zugedeckt abkühlen lassen und durch ein Sieb filtern. Den Brennnesselrückstand pressen Sie gut aus und füllen den verbleibenden Absud in eine verschließbare Glasflasche ab.

Die Brennnessel hat ihren festen Platz in der Volksheilkunde. So mischte man beispielsweise zu Urgroßmutters Zeiten aus den Wurzeln und reinem Weinessig ein Tonikum, das, äußerlich und innerlich angewendet, Haarausfall und Kopfschuppenbildung vorbeugen sollte.

BRENNNESSEL-ZITRONEN-WASSER

Eine Rezeptvariante, die zugleich blonde Haare ein wenig aufhellt. Spülen Sie damit nach dem Waschen Ihre Haare, indem Sie einen Schuss ins letzte Spülwasser geben.

Zutaten • 1 Handvoll frische Brennnesselblätter • $1/4$ l Leitungswasser • $1/4$ l Apfelessig • Saft $1/2$ unbehandelten Zitrone

Die Brennnesselblätter klein schneiden, den Essig und das Wasser in einen Topf geben und die Blätter für etwa 20 Minuten darin sprudelnd kochen lassen. Dann abgedeckt erkalten lassen und durch ein Leinentuch abgießen; den Pflanzenrückstand dabei gut auspressen. Das Haarwasser füllen Sie in eine braune Glasflasche und bewahren es fest verschlossen und kühl an einem dunklen Ort auf.

ROSEN-EIER-SPÜLUNG

Dieses Rezept ist besonders für dunkles Haar geeignet, denn es lässt Braun- oder Schwarztöne besser zur Geltung kommen.
Zutaten • 2 Eier • 2 TL Rosenwasser • 2 EL Apfelessig
Alle Zutaten in einer kleinen Porzellanschüssel mischen und die Masse auf die gewaschenen, feuchten Haare auftragen. Kurz einmassieren und anschließend gründlich ausspülen.

MEERRETTICH-HAARWASSER FÜR DEN HERRN

Meerrettich hat eine nachgewiesenermaßen fördernde Wirkung auf das Haarwachstum. Zudem vermag sein hoher Gehalt an Schwefel und ätherischen Ölen Haarausfall rasch Einhalt zu gebieten. Bei Kronprinz Rudolf von Österreich, für den diese Rezeptur eigens kreiert wurde, blieb diese Wirkung allerdings aus.
Zutaten • 10 g frisch geriebener Meerrettich • 1/4 l Apfelessig • 100 ml Orangenblütenwasser • 100 ml Rosenwasser
Alle Zutaten in eine bauchige Glasflasche füllen, verschließen und alles gut durchschütteln. Dann lassen Sie die Mischung drei Wochen ziehen und filtern sie anschließend durch ein feines Sieb. In eine Glasflasche umfüllen und das Meerrettich-Haarwasser nach dem Waschen in Kopfhaut und Haare einmassieren.

Meerrettichessig – frisch gerieben acht Tage in Weinessig angesetzt – ist mit Wasser verdünnt ein altes Hausmittel gegen Sommersprossen, Leberflecke und Akne.

NATÜRLICHER HAARFESTIGER

Zutaten • 1 EL Bienenhonig • 200 ml destilliertes Wasser • 1 EL Apfelessig
Sie vermischen alle Zutaten in einer Glasflasche, schütteln sie gut durch und tragen den Festiger ins gewaschene, handtuchtrockene Haar auf. Mit einem Kamm oder einer Bürste bis in die Haarspitzen verteilen und dann wie gewohnt trocknen.

Keine Chance für Zahnfleischentzündungen

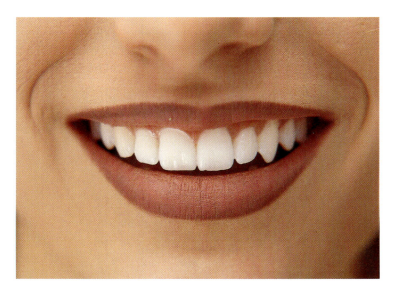

Zahnverfärbungen können mit Apfelessigspülungen wirksam beseitigt werden.

Zahnpflege

Apfelessig empfiehlt sich auch zur regelmäßigen Mund- und Zahnpflege, denn er wirkt schädlichen Keimen im Mund- und Rachenraum entgegen, fördert die Durchblutung des Zahnfleisches und lindert Zahnfleisch- und Mundschleimhautentzündungen.

GURGELSPÜLUNG

Zutaten • 1 TL Apfelessig • 200 ml warmes Wasser
Vermischen Sie die Zutaten, und spülen Sie morgens und abends nach dem Zähneputzen Ihren Mund gründlich mit der Mixtur.

SANDELHOLZMUNDWASSER

Dieses Mundwasser hat eine blutungshemmende und desinfizierende Wirkung, lindert Entzündungen von Zahnfleisch und Mundschleimhaut und hat sich auch bei Parodontose sehr bewährt. Zum Spülen und Gurgeln mischen Sie einen Teelöffel des Mundwassers mit einem Glas Wasser.
Zutaten • 30 g zerkleinertes Sandelholz • 3/4 l Apfelessig
Das Sandelholz in eine Flasche füllen, mit dem Apfelessig über-

Regelmäßige Apfelessigspülungen halten nicht nur Zähne und Zahnfleisch gesund, sondern wirken auch schlechtem Mundgeruch entgegen und beseitigen Zahnverfärbungen durch Nikotin, Kaffee und Tee sowie durch Rotwein.

Apfelessig für die Schönheit

gießen und etwa fünf Wochen in dem Essig ziehen lassen. Dann seihen Sie die Mischung durch einen Kaffeefilter ab und füllen sie in eine dunkle Glasflasche.

Hände und Füße

Unsere »Greif- und Laufwerkzeuge« sind großen Belastungen ausgesetzt, befähigen Sie uns doch erst zu unseren tagtäglichen Aktivitäten. Entsprechend ihrer immensen Bedeutung sollte Händen und Füßen auch besondere Aufmerksamkeit zuteil werden. Doch meist werden sie sträflich vernachlässigt: Die Füße stecken den ganzen Tag über in – häufig geschlossenen und (zu) engen – Schuhen; bei den Händen sind wir in der Regel etwas umsichtiger, strecken wir sie doch täglich vielen Menschen entgegen; doch über gelegentliches Eincremen nach dem Abspülen oder Händewaschen geht die Pflege nicht hinaus. Damit man den »Stiefkindern« ihre Behandlung auf Dauer nicht ansieht, bedürfen sie einfacher, jedoch regelmäßiger Zuwendung.

Ein einfaches Essigfußbad, dessen Durchführung Sie auf Seite 80 finden, ist das Beste nach langen Spaziergängen oder Einkaufszügen, um sich im wahrsten Sinne rasch wieder auf die Beine zu bringen. Zugleich beugen Sie damit Fußpilzen und der Bildung von Hornhaut vor.

> **Der besondere Tipp**
>
> Mit einer einfachen Olivenöleinreibung können Sie spröden und trockenen Händen und Füßen wirksam vorbeugen: Sie mischen hochwertiges natives Olivenöl zu gleichen Teilen mit Apfelessig und massieren damit täglich Hände und Füße ein.

LAVENDELFUSSBAD

Diese einfache und wohltuende Anwendung hilft müden und strapazierten Füßen, entspannt den gesamten Organismus und besitzt eine desinfizierende Wirkung, weshalb sie sich zur regelmäßigen Durchführung gegen Fußschweiß und Fußpilz empfiehlt.
Zutaten • 50 g getrocknete oder frische Lavendelblüten •
1 l Apfelessig
Die Lavendelblüten in eine bauchige Flasche geben, den Apfelessig darüber gießen und gut verschlossen zwei Wochen an einem warmen Platz ziehen lassen. Dann durch ein feines Sieb abfiltern,

den Pflanzenrückstand gut auspressen. Für ein Fußbad geben Sie eine Tasse des Lavendelessigs auf etwa einen Liter Wasser.

ARNIKAESSIG

Arnikaessig empfiehlt sich bei eingerissener und entzündeter Nagelhaut. Dazu geben Sie einen Esslöffel in 100 Milliliter warmes Wasser und baden Ihre Fingerspitzen darin. Alternativ tränken Sie einen Wattepad mit dem unverdünnten Arnikaessig und betupfen damit die betroffenen Nägel.

Zutaten • 30 g getrocknete Arnikablüten • 100 ml Apfelessig • 150 ml destilliertes Wasser

Die Blüten in eine große Flasche füllen, mit dem Apfelessig übergießen, die Flasche verschließen und zwei Tage stehen lassen. Dann durch ein feines Sieb abgießen, die Blütenrückstände gut auspressen und das destillierte Wasser hinzugeben. Gut durchschütteln und kühl aufbewahren.

Zusätzlich empfiehlt es sich bei einem entzündeten Nagelbett, einen Wattepad mit purem Apfelessig zu tränken und diesen für zehn Minuten auf den betreffenden Nagel zu legen. Diese »Apfelessigintensivkur« beugt auch Nagelpilzen vor.

ÖL-EI-LOTION

Diese Lotion eignet sich speziell zur Pflege von Nägeln und Nagelhaut.

Zutaten • 4 TL Oliven- oder Mandelöl • 4 TL Apfelessig • 1 Eigelb

Alle Zutaten in einer verschließbaren Glasflasche mischen, gut schütteln, bis eine homogene Emulsion entsteht. Die Lotion können Sie mehrmals wöchentlich auf Ihren Nägeln auftragen; nicht abwaschen, sondern einziehen lassen. Die Nägel werden gekräftigt, die Nagelhaut nachhaltig gepflegt und vitalisiert.

Fuß-, Hand- und Nagelpflege sollten niemals vernachlässigt werden.

Kuren mit Apfelessig

Belebend und vitalisierend – Kurtage mit Apfelessig.

Der kurmäßige Gebrauch von Apfelessig hat fürwahr eine lange Tradition. Schon Hippokrates verordnete seinen Patienten den regelmäßigen Genuss der sauren Medizin, um damit so manches Leiden zu kurieren beziehungsweise Beschwerden zu lindern. Dieser »Brauch« hat sich über die Jahrhunderte – da immer wieder sehr erfolgreich – erhalten. Auch heute empfiehlt die naturheilkundliche Medizin den täglichen Einsatz von Apfelessig über einen längeren Zeitraum zur Linderung oder auch Vorbeugung einer ganzen Reihe von Beschwerden und Krankheitsbildern.

Der vielseitige Fitmacher

Wie die vorangegangenen Kapitel unseres Kursbuches bereits gezeigt haben, ist Apfelessig an Vielseitigkeit kaum zu überbieten. Wie Sie noch lesen werden, lässt er sich auch in Haushalt und Küche sowie zur Pflege vierbeiniger oder gefiederter Schützlinge einsetzen.

Das Grundrezept für den Apfelessigtrunk kann fantasievoll variiert werden. Ab Seite 237 finden Sie eine Reihe von Vorschlägen.

Dieses breit gefächerte Spektrum an Einsatzmöglichkeiten auf den unterschiedlichsten Gebieten ergibt sich gewissermaßen geradezu »zwangsläufig« aus den umfassenden Wirkungen des Sauertrunks. Angesichts der zahlreichen gesundheitsfördernden Effekte des Apfelessigs ist es folgerichtig am besten, sich seinen Genuss zur lebenslangen gesunden Gewohnheit zu machen. Dies ist im Grunde genommen auch nicht weiter schwer, denn wer einmal damit angefangen und die ersten positiven Auswirkungen des essigsauren Getränks am eigenen Leib verspürt hat, möchte meist ohnehin nicht mehr auf diese Form der Gesundheitspflege verzichten.

Entschlacken und entgiften

Der vielseitige Fitmacher kann außer zur täglichen Gesundheitspflege auch ganz gezielt in Form einer mehrtägigen oder mehrwöchigen Kur eingesetzt werden, etwa um bestimmte Beschwerden oder Krankheitsbilder zu bessern oder aber, um den Körper von Stoffwechselschlacken und Giftstoffen zu befreien. Vor allem gegen Ende des Winters empfiehlt sich ein derartiger »Großputz«, um vitaler in das Frühjahr zu starten.

Im Zuge einer solchen kurmäßigen Entlastung und Entschlackung des Körpers ist es wichtig, die Nahrungsaufnahme zu reduzieren und die Ausleitung der gelösten Schlacken- und Giftstoffe durch viel Trinken zu fördern. Denn auf diese Weise werden alle Ausscheidungsorgane, vor allem Nieren, Blase, Haut und natürlich Darm, angeregt und können sich – da von ihren sonstigen Pflichten befreit – voll auf die »Aufräumarbeiten« konzentrieren.

Auch wer Frühjahrskuren, etwa Brennnessel- und Spargelkuren oder Saftfasten durchführt oder gerade eine Abmagerungskur macht, kann die Entschlackungs- und Entgiftungsvorgänge im Körper durch das tägliche Trinken von verdünntem Apfelessig nachhaltig unterstützen.

■ Kleiner Einsatz – große Wirkung

Eine Entschlackungskur mit Apfelessig bringt bereits bei nur siebentägiger Dauer eine ganze Reihe spürbar positiver Effekte mit sich: Die Essigsäure vernichtet schädliche Fäulnisbakterien und andere unerwünschte Keime im Darm, unterstützt damit die Funktionen dieses wichtigen Organs und bewirkt eine verbesserte Ausscheidung von Stoffwechselschlacken und Giftstoffen aus Geweben, Lymphflüssigkeit und Blut.

Das reichlich enthaltende Kalium regt den Zellstoffwechsel an, wodurch auch die kleinsten Bausteine des Körpers von Überflüssigem und Schädlichem befreit werden. Die Nierenleistung und die Fließfähigkeit des Bluts verbessern sich, das Immunsystem wird gestärkt, und der Gehalt an schädlichem LDL-Cholesterin im Blut wird gesenkt. Darüber hinaus werden dem Organismus wertvolle Vitamine und Mineralstoffe zugeführt und so etwaigen Mangelerscheinungen vorgebeugt. Auch die Schönheit profitiert: Die Haut wird straffer, klarer und sieht frischer aus, Unreinheiten und Hautflecken verschwinden.

Kuren mit Apfelessig

Keine Frage: Ernsthafte Erkrankungen – besonders chronische – gehören in jedem Fall in die Hände eines Arztes. Wenn Sie Beschwerden haben, sollten Sie sich von ihm vor der Kur beraten lassen.

> ### Eine Apfelessig-Kur ist angezeigt bei
>
> - Verdauungsbeschwerden: Aufstoßen, Blähungen, Durchfall, Sodbrennen, Verstopfung, Völlegefühl
> - Infektiösen und entzündlichen Erkrankungen: Erkältungen, Husten, Bronchitis und Mandelentzündungen, Pilzinfektionen, Herpes, Darmpilzen, Scheidenentzündungen, Blasenentzündungen, Zahnfleischentzündungen
> - Herz-Kreislauf-Beschwerden: Durchblutungsstörungen, erhöhtem LDL-Cholesterinspiegel, Krampfadern, Hämorrhoiden, niedrigem Blutdruck
> - Hautleiden: Akne, Ausschlägen, Ekzemen, Hautpilzen, Herpes, Hühneraugen, Juckreiz, Mitessern, Pickel, schlecht heilenden Wunden, Schuppenflechte, Sonnenbrand, übermäßiger Hornhautbildung, Verbrennungen, Warzen
> - Muskel- und Gelenkbeschwerden: Abnutzungserscheinungen, Arthritis, Blutergüssen, Gelenkschmerzen, Muskelkater und -zerrungen, rheumatischen Beschwerden
> - Sonstigen Störungen des Wohlbefindens: Anfälligkeit für Krankheiten, Appetitlosigkeit, Erschöpfung, Konzentrationsschwäche, Kopfschmerzen, Müdigkeit, Nervosität, Niedergeschlagenheit, Reiseübelkeit, Schlafstörungen, Wetterfühligkeit

Was Sie während der Entschlackungskur mit Apfelessig zu sich nehmen sollten und wie Sie dazu vorgehen, lesen Sie bitte im Kapitel »Darmreinigung mit Apfelessig« ab Seite 189 nach. Denn bis auf die Darmbehandlungen ist der Ablauf der Kur der gleiche. Trinken Sie das Apfelessiggetränk wie empfohlen, und nehmen Sie auch die Mahlzeiten wie beschrieben ein. Einzig und allein auf die Darmbehandlungen, das Glaubern und den Einlauf, verzichten Sie.

Lassen Sie die Pfunde purzeln

Wenn Sie sich entschlossen haben, dem Kneifen von Rock- und Hosenbünden endlich ein Ende zu bereiten, und Sie den Gürtel nicht mehr alle paar Wochen ein Loch weiter schnallen möchten, kann Ihnen Apfelessig dabei sehr wirksame Schützenhilfe leisten. Das heißt nun nicht, dass Sie weiterhin zu viel essen und Ihrem Körper beständig mehr Kalorien zuführen können, als er verbrennt, und durch Apfelessig trotzdem Gewicht verlieren: Wer sich zu wenig bewegt, zu kalorienhaltig und zu einseitig isst, wird auch durch den Sauertrunk nicht dünner. Doch Apfelessig kann – eine vernünftige Ernährung und genügend Bewegung vorausgesetzt – entscheidend dazu beitragen, den Zeiger der Waage dauerhaft wieder nach links wandern zu lassen; und zwar aus mehreren »gewichtigen« Gründen.

Bei einer Diät mit Apfelessig verlieren Sie nicht nur überschüssiges Wasser, wie das bei vielen anderen Kuren der Fall ist, sondern Sie bauen von Anfang an überflüssiges Fett ab.

▪ Fördert den Fettabbau

Einer der wichtigsten Wegbereiter hin zum Idealgewicht ist die Tatsache, dass Essigsäure lipolytische, also fettfreisetzende Mechanismen im Körper aktiviert: Sie steigert die so genannte Adipokinese, die Mobilisierung und Abwanderung von Körperfetten aus ihren Fettdepots. Mit anderen Worten, die Fettzellen werden gewissermaßen in ihren »gemütlichen« Speicherplätzen aufgestöbert, herausgeholt und anschließend abgebaut.

Dieser Effekt lässt sich darauf zurückführen, dass Apfelessig („Florabio" aus der Apotheke) zum einen selbst fettabbauende Enyzme enthält, zum anderen deren Produktion im Körper ankurbelt, indem er die Bildung von Verdauungssäften fördert.

▪ Regt die Eiweißverdauung an

Des Weiteren wirkt die Essigsäure im Magen als »Säurelocker«. Sie senkt den pH-Wert und säuert damit den Magensaft zusätzlich an. Dies wiederum regt die Eiweißverdauung an, was schließlich dazu führt, dass die Fettzellen leichter aufgeschlossen und im Anschluss abgebaut werden können. Denn nur bestimmte Eiweißkörper vermögen die Fettzellen, medizinisch Adipozyten genannt, aufzubrechen und so der Verwertung durch den Stoffwechsel zuzuführen. Fehlen diese Eiweißsubstanzen, lagern sich die Fettzellen unverbraucht in den Depots der Unterhaut an – jenen Pölsterchen, welche den Hosenbund kneifen und Sie den

Schon der britische Dichter Lord Byron nutzte die essigsauren Kräfte (Seite 47). Er soll regelmäßige Kuren mit Essigwasser und Zwieback durchgeführt haben, um sein Gewicht zu reduzieren.

Kuren mit Apfelessig

Gürtel ein Loch weiter schnallen lassen. Die meisten Schlankheitskuren lassen die Fettzellen unberührt, was zur Folge hat, dass sich der Körper seine Energie aus dem Muskel- und Bindegewebe holt. Das führt zwar zu mehr Falten, jedoch nicht zum erwünschten dauerhaften Gewichtsverlust. Denn damit wird kaum Fett, sondern überwiegend Wasser abgebaut.

Die verschiedenen Wirkungen des Apfelessigs sind beim Abnehmen hilfreich. Um auf Dauer sein Gewicht zu halten, sollte man seine Ernährungsgewohnheiten grundsätzlich überdenken.

■ Kurbelt den Stoffwechsel an

Ein weiteres figurfreundliches Plus: Essigsäure fördert die Produktion von Eiweißmolekülen in den Körperzellen. Das führt zu gesteigerten Stoffwechselaktivitäten und erhöht den Grundumsatz; dies ist jene Energie, die der Körper in völliger Ruhe zur Aufrechterhaltung seiner Funktionen benötigt. Wenn der Stoffwechsel jedoch auf vollen Touren läuft, wird mehr Fett zur Energiegewinnung verbrannt, mit dem Ergebnis, dass Sie bald weniger Kilo auf die Waage bringen.

■ Steigert die Zellatmung

Ebenfalls gut für die schlanke Linie: Die Zellatmung und damit die Leistungskraft der Zellen wird erhöht. Denn die Essigsäure optimiert die Eisenverwertung des Körpers, wodurch letztlich mehr rote Blutkörperchen gebildet werden. Diese beliefern die Zellen mit Sauerstoff; je mehr rote Blutkörperchen dafür zur Verfügung stehen, desto besser ist die Sauerstoffversorgung der Zellen.

Dadurch dass die Zellen mehr Sauerstoff zugeführt bekommen, steigt auch deren Energiegewinnung und damit der Verbrauch an körpereigenem Fett.

■ Aktiviert den Darm

Durch seinen hohen Kaliumgehalt fördert Apfelessig die Ausscheidung von überflüssigem Wasser aus dem Körper.

Apfelessig beschleunigt die Darmtätigkeiten. Dadurch wird der Nahrungsbrei schneller durch den Verdauungskanal befördert – die so genannte Darmpassage verkürzt sich. Dies bedingt einen sehr figurfreundlichen Effekt. Aufgrund des kürzeren Aufenthaltes im Darm wird ein Teil des Fettes unvollständig verdaut wieder ausgeschieden, noch bevor es über die Darmwand resorbiert,

Die Lust auf Kalorien wird gesenkt

Eine Kur mit Apfelessig kurbelt den Stoffwechsel und den Kreislauf wieder an.

ins Blut abgegeben und damit zur Endstation Fettzellen transportiert werden kann.

▪ Dämpft die »Essgelüste«

Obwohl Apfelessig zwar den Appetit anregen kann, hat sich gezeigt, dass er, zwischen den Mahlzeiten getrunken, den Magen füllt und so die Esslust dämpft; und wer zu den Mahlzeiten das Apfelessiggetränk einnimmt, isst weniger, da sich das Sättigungsgefühl schneller einstellt. Ebenso steuert das saure Elixier die »Gelüste«, denn es dämpft die Lust auf Kalorienträchtiges. Wissenschaftliche Untersuchungen haben ergeben, dass es der regelmäßige Genuss von Apfelessig entscheidend leichter macht, Dickmachern wie Süßigkeiten und salzig-fetthaltigen Nahrungsmitteln wie etwa Pommes frites, Chips oder Erdnüssen zu widerstehen.

Überlisten Sie Ihren Körper mit Apfelessig: Ein Trunk vor dem Essen lässt Ihren Organismus glauben, er wäre gesättigt.

▪ Reguliert den Blutzuckerspiegel

Mit ein Grund, warum Apfelessig »gewichtige« Wünsche dämpft, ist, dass er Heißhungerattacken vorbeugt. Denn der Sauertrunk wirkt Schwankungen im Blutzuckerspiegel entgegen. Er verhindert einerseits, dass dieser nach dem Genuss zuckerhaltiger Spei-

Schon bei einem minimalen Absinken des Glukosegehalts im Blut reagiert der Körper mit Nervosität, Müdigkeit und nachlassender Konzentration. Zuckerstöße durch Süßigkeiten oder Alkohol helfen nur kurzfristig und lassen den Blutzuckerspiegel bald danach noch tiefer absinken.

sen enorm in die Höhe schießt, und andererseits, dass er zu sehr in den Keller sinkt, wenn Sie etwa länger nichts mehr gegessen haben. Ist der Gehalt an Glukose, dem kleinsten Zuckerbaustein, im Blut möglichst stabil, kann es erst gar nicht zu Heißhungeranfällen kommen, die durch mangelnden Blutzucker bedingt sind.

Apfelessig bringt die »Glukoseschaukel« zur Ruhe, indem er sowohl steile Anstiege als auch starkes Absinken verhindert. Zudem fördert er den Appetit auf solche Nahrungsmittel, die den Blutzuckerspiegel über lange Zeit im oberen Bereich und Sie auf diese Weise satt halten; etwa Obst, Gemüse und Vollkornprodukte.

■ Sagen Sie Ihren Pfunden den Kampf an

Hier noch eine Reihe weiterer Strategien, um den unliebsamen Pölsterchen endlich Herr zu werden und die Wirkungen des Apfelessigs zusätzlich zu unterstützen:

➤ Ersetzen Sie bei der Zubereitung Ihrer Speisen das Salz nach und nach durch Essig. Kochsalz bindet das Wasser im Körper und erschwert dadurch das Entschlackungs- und Entwässerungsbestreben des Körpers. Die Umstellung von Salz auf Essig fällt in der Regel sehr leicht; Sie werden sich schnell an das zunächst neue Essigaroma gewöhnen. Für die Menschen in der Antike und im Mittelalter galt dieser Geschmack als der Inbegriff kulinarischer Gelüste.

➤ Neben dem vermehrten Gebrauch von Essig empfiehlt es sich außerdem, öfter einen Klecks Senf zum Würzen und Verfei-

Rezept für hausgemachten Senf

Sie zerstoßen 250 Gramm Senfkörner (aus dem Kräuterfachhandel oder Reformhaus) im Mörser, verrühren das Senfmehl anschließend mit einem halben Liter Apfelessig und bringen die Mixtur unter Rühren zum Kochen. Fünf Minuten köcheln und dann abkühlen lassen, einen Esslöffel Honig und zwei Esslöffel frische gehackte Kräuter Ihrer Wahl unterrühren. Den fertigen Senf bewahren Sie kühl und dunkel auf.

Einfache saure Tricks

nern zu verwenden. Senf ist ein idealer Mitstreiter auf dem Weg zur schlanken Linie: Er regt durch seine Säuren und ätherischen Öle ebenso wie Apfelessig Stoffwechsel und Verdauung stark an und unterstützt die Fettverbrennung im Körper.

- ▶ Schlank machen übrigens neben der Essigsäure auch andere natürliche Säuren wie etwa Zitronen- oder Askorbinsäure (Vitamin C). Nutzen Sie diesen Effekt, indem Sie öfter während des Tages und in jedem Fall abends vor dem Schlafengehen den frisch gepressten Saft von zwei bis drei unbehandelten Zitronen oder Orangen trinken; wem dies zu sauer ist, kann mit etwas Wasser verdünnen.

- ▶ Wenn Sie zwischendurch der unwiderstehliche Wunsch auf etwas Süßes, auf Erdnüsse oder andere Kalorienbomben befällt – denn solche »Attacken« wollen in der Regel nicht durch Obst, Gemüse oder etwa Joghurt befriedigt werden –, essen Sie eine Essiggurke. Es gibt sie auf den Märkten in vielen verschiedenen Geschmacksrichtungen von süßsauer bis salzig. Sie werden feststellen, dass die eben noch so drängenden Gelüste bereits nach den ersten Bissen verschwinden – probieren Sie es einmal aus.

- ▶ Essen Sie öfter Sauermilchprodukte, vor allem Dickmilch und Kefir. Sie regen die Darmtätigkeiten stark an, sodass Nahrungsreste aus dem Darm schneller ausgeschieden und damit zwischendurch auftretende Hungergefühle vermindert werden. Darüber hinaus reduzieren Sauermilchprodukte die Fettaufnahme in den Körper. Als angenehmen »Nebeneffekt« fördern die enthaltenen Milchsäurebakterien die Gesunderhaltung der Darmflora und wirken schädlichen Keimen wie Darmpilzen entgegen.

- ▶ Die Hirnanhangsdrüse beginnt etwa eine Stunde nach dem Einschlafen mit der Produktion eines Wachstumshormons, bestehend aus über 180 Eiweißbausteinen (Aminosäuren). Dieses Hormon besitzt lipolytische Eigenschaften: Sobald es ausgeschüttet wird, beginnt die Freisetzung von gespeichertem Fett aus den Fettzellen. Die Fettmoleküle wandern über das Blut in alle Körperzellen, wo auch nachts eine Menge Energie

Niemand ist gegen Versuchungen gefeit. Der plötzliche und unerwartete Heißhunger auf etwas Süßes kann jederzeit kommen. Helfen Sie sich mit etwas Saurem. Es stoppt die Lust auf Kalorienbomben im Nu.

Kuren mit Apfelessig

Erst vor einigen Jahren fand die Wissenschaft heraus, dass übergewichtige Menschen nur sehr wenig von diesem schlank machenden Wachstumshormon, produzieren. Der Grund hierfür liegt darin, dass ihnen zu wenig Eiweiß zur Verfügung steht.

verbraucht wird. Damit die Hirnanhangsdrüse diesen nächtlichen »Schlankmacher« jedoch herstellen kann, benötigt sie ausreichend Eiweiß und Vitamin C, weshalb Sie Ihre figurfreundlichen Aktivitäten durch ein eiweißreiches Abendessen und einen Vitamin-C-Stoß vor dem Schlafengehen unterstützen sollten. Mit einem abendlichen leichten Fischgericht, angemacht mit viel Zitrone, und einem frisch gepressten Orangen- oder Zitronensaft vor dem Zubettgehen, können Sie also eine Menge für Ihre Figur tun.

➤ Es ist altbekannt, dass viel trinken unterstützend bei einer Schlankheitskur wirkt. Neu ist hingegen die Erkenntnis, dass kalte Getränke dem Abnehmen eher hinderlich sind. Eisgekühlte Getränke werden oftmals zum Essen gereicht, um den Hunger zu dämpfen. Doch sie sind im Grunde Gift für die Figur. Das liegt daran, dass sie die Stoffwechselaktivitäten drosseln, denn der Körper muss sie erst einmal aufwärmen. Heißes oder Warmes hingegen unterstützt die Verdauung und den Stoffwechsel und fördert damit auch den Kalorienverbrauch. Aus diesem Grund empfiehlt die traditionelle indische Medizin (Ayurveda), täglich mehrere Gläser heißes Wasser zu trinken und so das »Verdauungsfeuer« anzufachen, anstatt es mit eisgekühlten Getränken zu löschen. Wer abnehmen möchte, sollte diesen Vorsatz mit warmen Kräutertees, heißer Zitrone oder vegetarischen Gemüsebrühen unterstützen und das Mineralwasser besser im Kühlschrank stehen lassen.

➤ Unterziehen Sie Ihren Körper öfter Temperaturwechseln. Sehr gut eignen sich hierzu Wechselduschen nach Pfarrer Kneipp, bei denen Sie sich zwei bis drei Minuten warm und dann etwa 20 bis 30 Sekunden kalt abbrausen. Dies kurbelt den Fettabbau enorm an. Darüber hinaus sollten Sie darauf achten, dass Ihre Bettdecke nicht zu dick und Wohnräume nicht zu warm geheizt sind. Denn wenn der Körper selbst für Wärme sorgen und »heizen« muss, baut er Kalorien ab. Gänsehaut hat also auch ihr Gutes, denn im Dienste der schlanken Linie schadet es nichts, wenn Sie einmal kurzzeitig frösteln; natürlich nur solange Sie Ihre Gesundheit damit nicht beeinträchtigen und nicht aus Figurgründen eine Erkältung riskieren.

➤ Nehmen Sie viel kaliumreiche Lebensmittel zu sich. Kalium hilft dem Körper, überflüssiges Wasser auszuschwemmen (Seite 31 f.). Auch Bananen, Kartoffeln, Sellerie, Spargel, Salate, alle grünen Gemüse, vor allem Brokkoli, Avocados oder Vollkornprodukte enthalten viel Kalium.

➤ Auch die Sonnenstrahlen haben einen guten Einfluss auf die Figur: Durch Sonneneinstrahlung bildet sich Vitamin D in der Haut, was den Körper in seinem Bestreben, Fett abzubauen, unterstützt. Lassen Sie also, sooft es Ihre Zeit und das Wetter in unseren Breiten zulassen, Sonne und frische Luft an Ihre Haut.

➤ Geben Sie Ihrem Körper auch dadurch Gelegenheit, Fett abzubauen, dass Sie ihn regelmäßig und ausreichend bewegen. Stubenhockern, Lift- und Rolltreppenfahrern hilft auch die beste Diät nichts oder nur wenig, wenn es an ausreichender Bewegung mangelt. Dabei müssen Sie sich nun nicht zu sportlichen Höchstleistungen aufschwingen, ein Rennrad kaufen oder ein Abonnement im Fitness-Studio abschließen. Es genügt vollauf, ein- bis zweimal die Woche durch Bewegung ins Schwitzen zu kommen und seinen Körper richtig zu fordern. Das kann bei einem zügigen Spaziergang, beim Radfahren oder beim Schwimmen sein. Oberstes Gebot: Es muss Ihnen Spaß machen, und Sie sollen es regelmäßig tun.

In der kalten Jahreszeit muss der Körper vermehrt »heizen«, um seine Temperatur konstant zu halten. Dies ist der Grund, warum man in diesen Monaten generell etwas mehr essen kann, ohne dabei zuzunehmen.

Fahrplan zur »essigschlanken« Figur

Nach soviel Theorie geht's nun an die praktische Umsetzung und den ungeliebten Pölsterchen an den Kragen. Zunächst haben Sie die Wahl zwischen einer siebentägigen und einer dreiwöchigen Kur. Abgesehen davon, wie viel Sie abnehmen möchten oder müssen, und davon, wie groß Ihr Durchhaltevermögen ist – wiewohl letzteres bei dieser Diät nicht so stark gefordert ist –, gibt es noch weitere Gesichtspunkte, die Ihnen bei der Entscheidung zwischen der siebentägigen oder der dreiwöchigen Kur helfen können.

Kuren mit Apfelessig

7 oder 21 Tage?

Die 7-Tage-Kur setzt auf eine Doppelstrategie: viel entwässerndes Kalium kombiniert mit fettabbauendem Eiweiß. Die individuelle Gewichtsabnahme liegt je nachdem, wie viel Übergewicht zu Beginn der Kur bestanden hat, zwischen zwei und vier Kilogramm.

Die 21-Tage-Kur baut überwiegend auf solchen Nahrungsmitteln auf, die reich an lipolytischen, also fettfreisetzenden Stoffen sind. Hier addieren sich also die Apfelessigwirkungen zu den fettabbauenden bestimmter anderer Lebensmittel. Die Gewichtsabnahme liegt, wieder abhängig davon, wie viel Übergewicht zu Beginn der Kur bestanden hat, zwischen 3,5 und 6,5 Kilogramm.

■ Das Prinzip

Einerlei, ob sieben Tage oder drei Wochen, gilt die Grundregel: Morgens gleich nach dem Aufstehen gibt es das Apfelessiggetränk und nach dem Frühstück noch einmal. Vor und nach dem Mittagessen ebenso und dann noch einmal zur Abendmahlzeit. Das Rezept dazu finden Sie auf Seite 75.

Damit haben Sie bereits den ersten Grundstein zum Abnehmen gelegt. Was darüber hinaus zu tun bleibt, ist sich fett- und damit kalorienarm sowie eiweißreich zu ernähren; allem voran mit Nahrungsmitteln, welche den Apfelessig in seinen fettabbauenden Effekten unterstützen. Dazu finden Sie auf den folgenden Seiten eine Auswahl erprobter Rezepte, jeweils für Frühstück, Mittag- und Abendessen, aus denen Sie auswählen können. Auf diese Weise können Sie sich Ihre Kur je nach momentanen geschmacklichen Wünschen und Vorlieben und je nach dem Tagesangebot auf den Märkten individuell zusammenstellen.

Die beste Gelegenheit für eine Kur bietet ein Urlaub, den Sie zu Hause verbringen wollen. Hier können Sie am besten entspannen und sich auf Ihre Bedürfnisse einrichten.

Die Rezepte

■ Frühstück

Vor der ersten Mahlzeit des Tages trinken Sie ein Glas Wasser mit zwei Teelöffeln Apfelessig; danach ein weiteres Glas Apfelessigwasser. Es empfiehlt sich darüber hinaus, morgens warmes statt kaltes Wasser für den Apfelessigtrunk zu verwenden. Denn das hilft den morgendlichen Darmtätigkeiten auf die Sprünge.

Nicht aufgeführt sind bei den einzelnen Frühstücksvorschlägen Kaffee oder Tee, die Sie natürlich trinken dürfen. Allerdings ohne Sahne oder Zucker; erlaubt sind lediglich fettarme Milch und Süßstoff.

Die Zutaten für alle Gerichte sind jeweils für eine Person angelegt.

HÜTTENKÄSE MIT BEEREN

Zutaten • 1 Becher Hüttenkäse (200 g) • 1 TL frisch gepresster Zitronensaft (von unbehandelten Früchten) • 1 EL Kürbiskerne • 100 g Himbeeren, Erdbeeren oder Heidelbeeren (je nach Saison) • 1/2 TL Honig

Waschen und zerkleinern Sie die Beeren, geben Sie den Zitronensaft darüber, lassen Sie es einige Minuten ziehen. Füllen Sie den Hüttenkäse in ein Schälchen, rühren Sie den Honig und die Kürbiskerne hinein, und heben Sie zum Schluss die Beeren unter.

BIRCHER-BENNER-MÜSLI

Zutaten • 1 Becher Bioghurt • 1 geschälter, klein geschnittener Apfel • 1/2 in Scheiben geschnittene Banane • 1 EL Haferflocken • 1 TL Honig • 1 TL geriebene Nüsse • 1 TL frisch gepresster Zitronensaft

Den Apfel schälen und klein schneiden, die Banane in Scheiben schneiden. Anschließend geben Sie alle Zutaten in eine kleine Schüssel und verrühren sie miteinander.

In jedem Fall sollten Sie den ganzen Tag über viel trinken: Mineralwasser oder Kräutertee.

AVOCADO MIT BROT

Zutaten • 1/2 vollreife Avocado • 1/2 Bund Petersilie • Saft 1/2 unbehandelten Zitrone • 1 TL Apfelessig • Pfeffer • 1 Scheibe Vollkornbrot

Kuren mit Apfelessig

Sie löffeln das Avocadofleisch aus der Schale, zerdrücken es mit einer Gabel, rühren den Zitronensaft und den Essig darunter. Dann hacken Sie die Petersilie sehr fein, geben sie zu dem Avocadomus und schmecken mit Pfeffer ab; dazu eine Scheibe Vollkornbrot ohne Butter.

KNÄCKEBROT MIT KRÄUTERKÄSE

Zutaten • 50 g Frischkäse (Halbfettstufe) • Petersilie, Schnittlauch, Dill und Kresse • 1 Spritzer Apfelessig • etwas Senf • 1 Vollkornknäckebrot

Sie hacken die Kräuter fein, verrühren sie mit dem Frischkäse, dem Senf und dem Apfelessig und streichen dies auf das Knäckebrot.

Grundsätzlich gilt: Verwenden Sie nur frische Kräuter. Meist haben sie mehr Aroma als ihre getrockneten Kollegen. Dadurch sparen Sie Salz beim Würzen. Wenn Sie keinen Garten oder Balkon haben, sollten zumindest die wichtigsten Kräuter an Ihrem Küchenfenster stehen.

VOLLKORNTOAST MIT HARZER ROLLER UND APFEL

Zutaten • 30 g Harzer Roller • 1/4 Apfel • 1 Vollkorntoast

Sie schneiden den Harzer Roller und den Apfel in Scheiben und belegen damit im Wechsel den Toast.

ANANASQUARK MIT KAROTTENSAFT

Zutaten • 100 g Magerquark • 2 Scheiben reife Ananas • 1 TL Honig • etwas Mineralwasser • 1 Prise gemahlener Ingwer oder Zimt • 1 Glas Karottensaft (selbst gepresst oder aus dem Reformhaus)

Sie rühren den Quark mit etwas Mineralwasser cremig und geben den Honig und das Zimt- oder Ingwerpulver hinzu. Dann schneiden Sie die Ananasscheiben in kleine Stücke und heben sie unter den Quark; dazu trinken Sie den Karottensaft.

RÜHREI MIT KRÄUTERN

Zutaten • 1 Ei • 1 Handvoll frische, gehackte Kräuter (z. B. Petersilie, Schnittlauch, Dill) • 1 TL Milch • Salz, Pfeffer • 1 Vollkorntoast

Sie verquirlen das Ei in einer Tasse mit der Milch, geben die Kräuter dazu und anschließend alles in ein kleines Pfännchen. Die Eimasse bei mittlerer Hitze unter Rühren bissfest werden lassen und sofort mit dem Vollkorntoast servieren. Mit Salz und Pfeffer abschmecken.

■ Mittagessen

Vor dem Essen trinken Sie ein Glas Wasser mit einem Teelöffel Apfelessig, nach dem Essen ein weiteres Glas. Ansonsten können Sie zur Mittagsmahlzeit Kräutertees oder Mineralwasser – aber nicht aus dem Kühlschrank – trinken.

LOUP DE MER – WOLFSBARSCH

Zutaten • 1 kleiner ausgenommener und geschuppter Wolfsbarsch • 2 frische Lorbeerblätter • 3 EL natives Olivenöl • 1 unbehandelte Zitrone in Scheiben • Saft 1/2 Zitrone • Pfeffer • 2 EL Weinessig

Sie waschen den Barsch, trocknen und pfeffern ihn von innen und außen. Danach machen Sie mit einem Messer beidseitig tiefe Einschnitte und stecken die Lorbeerblätter hinein. Sie legen den Fisch in eine tiefe feuerfeste Form, beträufeln ihn mit einem Esslöffel Olivenöl, gießen den Weinessig darüber und legen die Zitronenscheiben dazu. Dann schieben Sie die Form in den auf 250 °C vorgeheizten Ofen (Gasherd Stufe 7) und backen den Fisch etwa 15 Minuten. Anschließend verrühren Sie den Zitronensaft mit dem restlichen Olivenöl und gießen dies über den fertigen Barsch; sofort servieren. Dazu essen Sie einen grünen Salat, angemacht mit einer der auf Seite 222 ff. vorgestellten Marinaden.

Frischer Fisch sollte mindestens einmal pro Woche auf Ihrem Speiseplan stehen. Behalten Sie dies auch nach der Kur bei.

RATATOUILLE – GEMÜSEEINTOPF

Zutaten • 1 große reife Fleischtomate • 1/2 grüne Paprika • 100 g Zucchini • 100 g Auberginen • 1/2 kleine Zwiebel • 1/2 Knoblauchzehe • 1 EL natives Olivenöl • etwas Apfelessig • Pfeffer, Thymian und Rosmarin

Sie waschen die Gemüse, vierteln dann die Tomate, würfeln die Aubergine und die Zucchini und schneiden die Paprika in dünne Scheiben. Anschließend schälen Sie die Zwiebel, würfeln sie fein und zerdrücken den geschälten Knoblauch in einer Presse. Nun

Kuren mit Apfelessig

Gewöhnen Sie sich an, während einer Schlankheitskur das Essen generell auf kleineren Tellern und Schüsseln als sonst zu servieren. Ein voller kleiner Teller sieht einfach nach »mehr« aus als ein großer halb leerer – auch wenn die Portion eigentlich gleich groß ist.

erhitzen Sie das Olivenöl in einem Topf, dünsten die Zwiebel darin glasig und geben die Tomatenviertel hinzu. Leicht andünsten, dann die Paprikascheiben sowie die Auberginen- und die Zucchiniwürfel hinzufügen. Sie geben den gepressten Knoblauch zu dem Gemüse, schmecken mit Apfelessig und Pfeffer ab und lassen alles weitere 10 bis 15 Minuten schmoren – je nachdem, wie weich Sie das Gemüse möchten. Dann Thymian und Rosmarin darüber streuen und servieren; dazu gibt es vier Esslöffel gekochten Vollkorn- oder Basmatireis oder zwei bis drei Scheiben Vollkornbaguette.

GEMISCHTES GEMÜSE MIT PILZEN

Zutaten • 100 g frische Pilze (Steinpilze, Pfifferlinge oder Champignons) • $1/2$ Aubergine • 1 Zucchini • $1/2$ Bund gehackte Petersilie • $1/2$ Knoblauchzehe • Oregano • 1 TL natives Olivenöl • etwas Apfelessig

Schneiden Sie die Aubergine und die Zucchini in dünne Scheiben, und zerkleinern Sie die gewaschenen Pilze. Dann erhitzen Sie das Olivenöl in einem Topf, braten den zerdrückten Knoblauch und die Petersilie darin an und geben anschließend Zucchini, Pilze und Auberginen hinzu. Ebenfalls anbraten, mit dem Oregano bestreuen und bei kleiner Flamme etwa zehn Minuten schwach köcheln lassen. Vom Herd nehmen, mit etwas Olivenöl und Apfelessig beträufeln und servieren; dazu gibt es vier Esslöffel gekochten Vollkorn- oder Basmatireis oder zwei Scheiben Vollkorntoast.

BROKKOLICREMESUPPE MIT KRABBEN

Zutaten • $1/2$ Kopf grüner Salat • 1 Fleischtomate • 8–10 schwarze Oliven • 400 g Brokkoli • 200 g Krabben • 2 EL saure Sahne • $1/2$ TL Instant-Gemüsebrühe • 1 gehackte Knoblauchzehe • 2 EL natives Olivenöl • Pfeffer, Apfelessig

Sie waschen und zerkleinern den Salat, waschen und vierteln die Tomate und geben alles in eine kleine Schüssel. Dann die Oliven hinzufügen und mit einer der Marinaden auf Seite 222 ff. oder einfach mit etwas Olivenöl, Balsamessig, Salz und Pfeffer anmachen; dazu eine Scheibe Vollkornbrot.

Für die Suppe waschen und verlesen Sie den Brokkoli, zerkleinern die Röschen und lassen in einem tiefen Topf das Olivenöl heiß werden (es darf nicht rauchen). Darin die Knoblauchstücke glasig dünsten und dann den Brokkoli hinzugeben. Kurz anbraten, mit etwas Wasser ablöschen und anschließend die Instantbrühe unterrühren.

Bei mittlerer Hitze bissfest garen, vom Herd nehmen und mit einem Pürierstab pürieren. Wieder auf den Herd stellen, mit einer halben Tasse heißem Wasser verdünnen und die Krabben zugeben. Die Suppe mit den Krabben noch einmal zwei bis drei Minuten leicht köcheln lassen, mit Pfeffer und Apfelessig abschmecken und die saure Sahne unterrühren. In einen Suppenteller füllen, mit einem Klecks saurer Sahne und etwas Petersilie verzieren und sofort servieren; dazu gibt es außerdem zwei bis drei Scheiben Vollkornbrot.

Statt der Krabben können Sie auch zwei in Stücke geschnittene Putenwürstchen oder in wenig Fett gegarte Putenbruststücke (etwa 100 g) in die Suppe geben.

GEMÜSESALAT

Zutaten • 1/2 kleine Aubergine • 1/2 grüne Paprika • 2 reife Tomaten • 2 Knoblauchzehen • 1 EL Zitronensaft • 1 EL natives Olivenöl • etwas Weinessig

Sie heizen den Ofen auf etwa 200 °C (Gasherd Stufe 6) vor und legen dann die ganzen, gewaschenen Gemüse auf den Backrost; etwa 30 Minuten grillen lassen, bis die Gemüse leicht bräunlich sind. Dann aus dem Ofen nehmen, etwas abkühlen lassen, die Haut abziehen und die Kerne sowie die Zwischenwände der Paprika entfernen.

Zerschneiden Sie die Gemüse anschließend in einer tiefen Schüssel mit zwei scharfen Messern in große Stücke. Danach geben Sie die geschälten und in Scheiben geschnittenen Knoblauchzehen darüber. Zum Schluss mit dem Olivenöl und dem Zitronensaft begießen, mit Essig abschmecken und noch lauwarm servieren; zu dem Salat vier bis fünf Esslöffel gekochten Vollkorn- oder Basmatireis reichen.

Kuren mit Apfelessig

Kartoffeln zählen zu den wichtigsten Grundnahrungsmitteln. Sie lassen sich auf verschiedenste Art und Weise zubereiten.

KARTOFFELN MIT KRÄUTERQUARK UND SALAT

Zutaten • 4–5 kleine neue Kartoffeln • 250 g Magerquark • je 1 Handvoll frische gehackte Petersilie, Schnittlauch, Dill und Kresse • etwas Mineralwasser • 2 TL mittelscharfer Senf (oder Apfelessigsenf, Rezept Seite 174) • 2 TL saure Sahne • Pfeffer • Apfelessig • 1/2 Kopf grüner Salat • 1 EL natives Olivenöl

Sie putzen die Kartoffeln sehr gründlich und lassen sie mit der Schale in leicht gesalzenem Wasser kochen. Währenddessen rühren Sie den Quark mit etwas Mineralwasser und der sauren Sahne cremig, mischen die Hälfte der Kräuter unter und schmecken mit etwas Senf, Pfeffer und Apfelessig ab. Dann waschen Sie den Salat, zerkleinern ihn in mundgerechte Stücke, geben diese in eine kleine Schüssel und bereiten aus einem Teelöffel Senf, Apfelessig und etwas Wasser eine Marinade zu. Über den Salat gießen, die restlichen Kräuter darüber streuen und zum Schluss das Olivenöl dazugießen. Wenn die Kartoffeln weich sind, abgießen und mit dem Quark auf einem Teller anrichten.

LEBER-ZUCCHINI-PFANNE MIT REIS

Zutaten • 200 g Kalbsleber • 1 mittelgroße Zucchini • je 1 EL frischer oder getrockneter Thymian und Rosmarin • Pfeffer, Meersalz • 1 gehackte Knoblauchzehe • 1 EL natives Olivenöl • 3 EL Vollkorn- oder Basmatireis

Zunächst geben Sie den Reis in einem Topf mit Wasser auf den Herd, lassen ihn kurz aufkochen und dann bei schwacher Hitze weiter köcheln. In der Zwischenzeit waschen Sie die Zucchini und die Leber und schneiden die Zucchini in Scheiben; die Leber zerteilen Sie in kleine mundgerechte Stücke. In einer tiefen Pfanne das Olivenöl heiß werden lassen (es darf jedoch nicht rauchen) und die Knoblauchstücke darin glasig braten. Die Zucchinischeiben dazugeben und bei mittlerer Hitze dünsten. Nach etwa fünf Minuten geben Sie die Leberstücke in die Pfanne und lassen sie anbraten, bis sie durch sind. Zum Abschluss mit Meersalz sowie Pfeffer abschmecken und die zerkleinerten Kräuter darüber streuen. Mit dem Reis auf einem Teller anrichten und sofort servieren.

Wenn man beim Knoblauch den grünen Keim im Inneren der Zehen entfernt, mindert dies den unangenehmen Duft ein wenig.

Ein delikater griechischer Salat

Neue Kartoffeln mit einer Quarkcreme mit frischen Kräutern sind eine wahre Gaumenfreude.

▪ Abendessen

Abends gibt es weniger Kohlenhydrate, dafür umso mehr Eiweiß zu essen. Zum Essen trinken Sie wieder ein Glas Wasser mit einem Teelöffel Apfelessig.

GEBRATENE ROTBARBEN

Zutaten • 3 küchenfertige Rotbarben (à 120 g) • 1 EL Olivenöl • 1 Zitrone • etwas Aceto balsamico (Balsamessig) • frisch im Mörser zerstoßener Pfeffer

Sie waschen die Fische, tupfen sie mit Küchenpapier trocken und pfeffern sie leicht. In der Zwischenzeit lassen Sie das Olivenöl in einer tiefen Pfanne heiß werden und geben dann die Fische hinein. Braten Sie sie auf jeder Seite etwa zwei Minuten goldbraun. Anschließend servieren Sie die heißen Rotbarben sofort mit Zitronenscheiben garniert auf einem vorgewärmten Teller.

CHORIATIKI – GRIECHISCHER BAUERNSALAT

Zutaten • 50 g Kalamata-Oliven • 150 g reife Fleischtomaten • 50 g Feta (griechischer Schafskäse) • ¼ Salatgurke • 20 g Kapern •

Auch hierzulande fehlt der Bauernsalat »beim Griechen« auf keiner Speisekarte. Mit Oliven und Schafskäse ist der Salat ein herrliches Sommergericht.

1 TL Oregano • 1 EL natives Olivenöl • Aceto balsamico (Balsamessig) • Pfeffer

Sie waschen und vierteln die Tomaten, schälen die Gurke, schneiden sie in Scheiben und würfeln den Feta. Alles mit den Oliven in eine kleine Schüssel geben, die Kapern und den Oregano darüber streuen, mit Pfeffer und Essig abschmecken und zum Abschluss das Olivenöl dazugießen.

KALABRISCHE SPARGELSUPPE – ZUPPA DI ASPARAGI

Zutaten • 350 g grüner Spargel • $1/2$ fein gehackte Knoblauchzehe • 1 verquirltes Ei • 1 EL natives Olivenöl • Apfelessig • Pfeffer

Sie schälen den Spargel, schneiden die holzigen Enden ab und zerteilen den Rest der Stangen in drei Zentimeter lange Stücke. Diese kochen Sie in Salzwasser weich und gießen sie ab. In der Zwischenzeit erhitzen Sie das Olivenöl in einem Topf, lassen den Knoblauch darin glasig werden und geben die Spargelstücke hinzu. Leicht pfeffern und mit einem halben Liter kochendem Wasser, versetzt mit etwas Apfelessig, aufgießen. Lassen Sie alles für etwa drei Minuten kochen. Anschließend geben Sie das Ei dazu und rühren, bis das Ei gerinnt und Fäden zieht. Noch einmal abschmecken und servieren.

FISCHSALAT

Zutaten • $1/2$ Stangensellerie • $1/4$ Stange Lauch • $1/2$ Forellenfilet • 50 g Grönlandkrabben • 50 g Scampi • 1 EL natives Olivenöl • 1 unbehandelte Zitrone • etwas Apfelessig

Sie putzen den Sellerie, würfeln die Stangen für den Sud und schneiden das Herz für die Marinade in Scheiben. Auch den Lauch schneiden Sie in Scheiben, kochen dann zwei Liter Wasser auf und lassen darin Sellerie, Lauch und den Saft der Zitrone für zehn Minuten kochen. Währenddessen schneiden Sie das Forellenfilet in mundgerechte Stücke und lassen sie etwa vier Minuten in dem Sud gar ziehen – sie sollen jedoch nicht kochen. Danach nehmen Sie die Fischstücke heraus, tauchen sie kurz in eiskaltes Wasser und geben dann Scampis und Krabben in den Sud.

Keine Sorge wegen des Olivenöls: Es ist mit nur neun Kalorien pro Gramm das »Leichtgewicht« unter den Ölen und versorgt Ihren Körper dabei jedoch mit wertvollen Vitaminen und – wie heute wissenschaftlich erwiesen ist – mit den der Gesundheit höchst förderlichen, einfach ungesättigten Fettsäuren.

Eine erfrischende, kühle Suppe

Für die Marinade mischen Sie das Sellerieherz mit drei Esslöffeln Zitronensaft und dem Olivenöl. Mit dem Essig abschmecken und die Marinade über den abgetropften Fisch und die Meeresfrüchte gießen. Vorsichtig mischen, mit Sellerieblättern garnieren und servieren.

ROTE BETE MIT SENF

Zutaten • 1 große Rote Bete • 1 EL natives Olivenöl • 1 EL mittelscharfer Senf (oder Apfelessigsenf, Rezept Seite 174) • 1 TL Aceto balsamico (Balsamessig)

Sie schälen die Bete, kochen sie in etwas Wasser bissfest und schneiden sie dann in Scheiben. Sie bereiten eine Sauce aus Öl, Senf und Essig, gießen diese anschließend über die Bete und servieren das Gericht noch warm.

Statt der Roten Bete können Sie auch Mangold verwenden – das schmeckt ebenfalls vorzüglich.

GAZPACHO – GEKÜHLTE GEMÜSESUPPE

Zutaten • 200 g vollreife Tomaten • 1/2 grüne Paprika • 1/4 Gurke • 1/4 Selleriestange (mit Blättern) • 1/2 Scheibe trockenes (älteres) Weißbrot • 1 TL frisch gepresster Zitronensaft • 1/2 Zwiebel • 1/2 Knoblauchzehe • 1 Tropfen Tabasco • 1 EL Weinessig • 1 EL natives Olivenöl • frisch im Mörser gestoßener Pfeffer

Sie entfernen die Rinde von dem Weißbrot und zerkleinern es mit dem Pürierstab. Dann waschen Sie das Gemüse, achteln die Tomaten, schneiden die Paprika in Scheiben und die Selleriestange in zwei Zentimeter lange Stücke. Schälen Sie die Knoblauchzehe, und schneiden Sie die Gurke in dicke Scheiben; die Zwiebel halbieren Sie. Im Anschluss daran geben Sie das Gemüse in folgender Reihenfolge in einen Entsafter: Tomaten, Sellerie, Gurken, Paprika, Knoblauch, Zwiebeln und zum Schluss Zitronensaft. Danach geben Sie das pürierte Brot in eine Schüssel, gießen den Gemüsesaft darüber und mischen dies gut durch. Mit Essig, Tabasco und Pfeffer würzen und erneut umrühren. Sie decken die Schüssel zu und stellen sie für eine Stunde in den Kühlschrank. Anschließend füllen Sie das Gazpacho in einen tiefen Teller und streuen noch etwas Pfeffer darüber.

Aus Spanien stammt das Rezept für eine kalte, würzige Gemüsesuppe – ein ideales Gericht für heiße Sommertage.

FORELLENFILET MIT MEERRETTICHQUARK

Zutaten • 1 geräuchertes Forellenfilet • Saft 1 Zitrone • 1/2 TL geriebener Meerrettich • 2 EL Quark (Magerstufe) • 1/2 TL mittelscharfer Senf (oder Apfelessigsenf, Rezept Seite 174) • etwas Apfelessig

Sie richten das Forellenfilet auf einem Teller an und beträufeln es mit dem Zitronensaft. Dann verrühren Sie den Quark mit Meerrettich und Senf und schmecken mit Apfelessig ab. Den Meerrettichquark neben die Forelle geben und servieren; dazu eine in Alufolie gegarte mittelgroße Kartoffel oder zwei Vollkorntoasts.

▪ Für Zwischendurch

Hier noch einige Vorschläge für den kleinen Hunger zwischendurch, aus denen Sie zweimal am Tag auswählen dürfen:

➤ Ein Apfel, eine Banane oder 100 Gramm frisches Beerenobst

➤ Ein Becher Bioghurt mit einem Teelöffel Honig und etwas gemahlenem Zimt oder Ingwer

➤ Ein Glas (200 Milliliter) Tomaten- oder Gemüsesaft

➤ Eine Tasse Gemüsebrühe

➤ Lassi: Dieses erfrischende Joghurtgetränk, ein »Klassiker« der indischen Küche, ist leicht verdaulich, fördert die Verdauung und ist ideal für den Hunger zwischendurch. Mischen Sie einen Becher Bioghurt mit 100 Milliliter Wasser, und schlagen Sie dies solange mit einem Schneebesen, bis alle Joghurtklümpchen verschwunden sind. Nach Geschmack mit Honig oder etwas Rohrzucker, Ingwer, Kardamom und Honig oder Ingwer und Salz würzen. Eine Variante ist das Orangen-Lassi, für das Sie einen Becher Bioghurt mit etwa der gleichen Menge Orangensaft – am besten frisch gepressten – verquirlen und mit einem Esslöffel Rohrzucker verfeinern.

➤ Essiggurken oder in Essigmarinade eingelegter Kürbis, Fenchel oder andere eingelegte Gemüse (fragen Sie einmal im Feinkostladen oder bei Ihrem Lebensmittelhändler nach solchen essigsauren Köstlichkeiten; er hat sie sicherlich in großer Auswahl)

Lassen Sie sich beim Essen Zeit. Das Sättigungsgefühl tritt erst nach etwa 20 Minuten ein – unabhängig davon, welche Menge Sie essen. Meist hilft es bereits, wenn Sie langsam und gründlich kauen. Auch nach der Kur sollten Sie sich langsames Essen zur Gewohnheit machen.

➤ Ingwer-Zitronen-Wasser entschlackt und kurbelt den Stoffwechsel an: Sie mischen den Saft einer Zitrone mit einem Teelöffel gemahlener Ingwerwurzel, einem Glas heißem Wasser und einem Teelöffel Rohrzucker und trinken dies. Dazu gibt es ein Knäcke- oder Vollkorntoastbrot mit wenig Butter bestrichen.

Darmreinigung mit Apfelessig

Der saure Gärtrunk eignet sich aufgrund seiner gesundheitsfördernden Wirkungen, besonders auf die Ausscheidungsorgane Darm, Nieren, Leber und Haut, ideal für eine Darmreinigungskur. Bevor Sie jedoch lesen, warum das so ist, soll ein kleiner Ausflug ins Innere unseres mit am wichtigsten Organs einiges zum Verständnis des gesundheitlichen Werts einer Darmreinigungskur darlegen.

Die Darmflora – ein kompliziertes Ökosystem

Mit Darmflora bezeichnet man die Bakterienkolonien, welche die Schleimhaut des Dünn- und Dickdarms, eng aneinander geschmiegt, gleich einer Tapete auskleiden. Die illustre Schar unserer Darmbewohner rekrutiert sich aus bis zu 400 verschiedenen Bakterienarten, die natürlicherweise in unserem Körperinneren heimisch sind. Nahezu alle gehören zu den strikt anaeroben Bakterien, also zu jenen, die ohne Sauerstoff leben.

Die winzigen Gäste, die wir in unserem Verdauungstrakt beherbergen, erfüllen tagtäglich ein zwar kleines, für unsere Gesundheit jedoch sehr bedeutsames Werk: Sie regen mit ihren Stoffwechselprodukten die Darmtätigkeit an, verarbeiten die von den Verdauungssäften nicht vollständig zerlegte Zellulose aus Ballaststoffen und produzieren lebenswichtige Vitamine. Darüber hinaus aktivieren die Darmbakterien die Abwehrzellen des Immunsystems und tragen damit wesentlich zu unserer Gesunderhaltung bei. Sie setzen Gär- und Fäulnisprozesse im Dickdarm in Gang, im Zuge derer die letzten Reste der Nahrung zersetzt und der Aus-

Die Mikroorganismen im Darm sind für eine geregelte Verdauung notwendig. Ist die Darmflora aus dem Gleichgewicht geraten, werden wichtige Prozesse nachhaltig beeinträchtigt.

scheidung zugeführt werden. Nicht zuletzt machen sie all jenen Krankheitserregern und anderen schädlichen Keimen den Garaus, die der Salzsäure des Magens »entwischt« sind.

■ Die richtige Zusammensetzung

Entscheidend für ein gesundes Innenleben unseres Darms ist das richtige Verhältnis seiner kleinen Einwohner zueinander, denn Darmbakterien sind nicht gleich Darmbakterien. So gibt es solche, die dem Darm nützlich sind und andere, die ihm Schaden zufügen. Im gesunden Darm sind vielerlei verschiedene Bakterienarten vertreten, die einerseits zur Säuerungsflora und andererseits zur Fäulnisflora gehören. Wichtig sind vor allem die säurebildenden Bakterien, denn sie setzen schädlichen Keimen stark zu. Die Vertreter der beiden genannten Fraktionen halten sich gegenseitig in Schach und bilden gemeinsam einen zuverlässigen Schutz gegen körperfeindliche Keime. Gerät dieses Gleichgewicht aus dem Lot, geschieht das in der Regel auf Kosten der Säuerungsflora: Sie ist meist erheblich zurückgegangen, was den Fäulnisbakterien Vorschub leistet. Durch Vermehren der säurebildenden Bakterien kann die fäulnisbildende Flora auf ihren ursprünglichen Bestand zurückgedrängt und die Darmflora langfristig wieder ins Gleichgewicht gebracht werden.

Essigsäure trägt wirksam zu einer intakten Darmflora bei, die sich auf Gesundheit und Wohlbefinden auswirkt.

■ Was die Darmflora aus der Balance bringt

Eine der größten Gefahren für das Wohlergehen unseres Darms lauert auf unseren Tellern: Durch zu vieles, zu schnelles, zu häufiges und ungesundes Essen überfordern wir den Darm. Neben falschen Ess- und Ernährungsgewohnheiten schaden auch Pestizidrückstände, Konservierungs- und Farbstoffe dem Darmmilieu. Nicht zu vergessen Antibiotika, die in ihrem »Kriegszug« nicht zwischen schädlichen und nützlichen Bakterien unterscheiden können.

Unser Darm kann diesen Attacken zwar eine Zeit lang Paroli bieten, doch früher oder später kapituliert auch er. Die Folgen einer fortwährenden Überbelastung des Darms sind Schädigun-

Auch Kortison und eine Reihe anderer Medikamente verändern die Natur der Darmschleimhaut, die darauf mit einem Ungleichgewicht ihrer Bakterienbesiedlung reagiert.

Wenn das Gleichgewicht gestört ist

Frisches Gemüse – Vitamine, Mineralstoffe, Spurenelemente und Ballaststoffe.

gen seiner Schleimhaut. Dies kann zum Ungleichgewicht der auf ihr siedelnden Bakterien führen und dazu, dass sich zu den erwünschten Darmgästen so manch ungebetene gesellen. Gerät das fein abgestimmte Zusammenspiel der Darmflora aus der Balance, kann das mannigfaltigen Schaden anrichten:

- ➤ Der Bildung schädlicher Fäulnisbakterien wird nachhaltig Vorschub geleistet.
- ➤ Mit der Nahrung eingedrungene Krankheitserreger können sich ungehindert ausbreiten.
- ➤ Allergieauslösende Stoffe aus der Nahrung, die ansonsten durch die Darmbarriere abgefangen worden wären, gelangen in unseren Organismus.
- ➤ Die Darmperistaltik verlangsamt sich: Der Nahrungsbrei wird nicht mehr weitertransportiert, bleibt daher im Darm liegen und verfault.
- ➤ Der Darm verliert seine Funktion als Immunschutz gegen eindringende Krankheitserreger; immer mehr Gifte und schädliche Mikroorganismen sammeln sich an, was die Darmflora zusätzlich schädigt und das gesamte Abwehrsystem beeinträchtigen kann.

Gift- und Schadstoffe, die im Darm bleiben und nicht ausgeschieden werden, führen zu Beschwerden, die oftmals nicht mit dem Darm in Zusammenhang gebracht werden.

Kuren mit Apfelessig

Saure Hilfe für den Darm

Durch das regelmäßige Trinken von Apfelessig können Sie die Gesundheit Ihres Darms dauerhaft erhalten beziehungsweise wiederherstellen. Denn die Essigsäure im Apfelessig vernichtet schädliche Fäulnisbakterien und andere Keime im Darm, wirkt so gefährlichen Fäulnis- und Gärprozessen entgegen und reduziert die Bildung von Gasen und anderen Darmgiften. Dieser Effekt zeigt sich übrigens nicht nur bei einer Darmreinigungskur, sondern schon nach wenigen Tagen des Apfelessigtrinkens: Unangenehme Stuhlgerüche, Blähungen und Völlegefühle verschwinden, der Bauch wird flacher und straffer, Sodbrennen, Aufstoßen und andere mit Darmgiften in Zusammenhang stehende Beschwerden reduzieren sich. Die Darmflora regeneriert sich und kommt ins gesunde Gleichgewicht zurück.

Ein saures Darmmilieu kann das Wachstum krankheitserregender Keime wirksam hemmen. Eine der effektivsten Methoden, das saure Milieu in Magen und Darm zu erhöhen und langfristig für eine ausgewogene Darmflora zu sorgen, ist die regelmäßige Einnahme von Apfelessig.

■ Schutz gegen schädliche Keime

Zudem erhöht Apfelessig das saure Milieu im Darm. Eine der wichtigsten Voraussetzungen dafür, dass die Darmflora im für unsere Gesundheit äußerst wichtigen Gleichgewicht bleiben kann. Denn indem Apfelessig das saure Milieu erhöht, trägt er dazu bei, die Säuerungsflora im Darm zu vermehren. Auf diese Weise kann es zum Ausgleich zwischen den beiden »Darmfraktionen« kommen – der Weg zum intakten Darmmilieu ist geebnet.

Dazu kommt, dass schädliche Bakterien Säure nicht gut vertragen. Das ist der Grund, warum sie sich mit Vorliebe im basischen Milieu des Darms ansiedeln. Ein Großteil der unliebsamen Eindringlinge wird bereits durch die Salzsäure im Magensaft gestoppt. Diese Barriere kann durch Apfelessig noch verstärkt werden, denn er vermag das saure Milieu im Magen deutlich zu erhöhen – der pH-Wert sinkt, die Salzsäure im Magen nimmt zu. So wird den Bakterien der Weg noch wirkungsvoller verwehrt. Apfelessig wirkt im Stoffwechsel zwar eher basisch als sauer; dieser Effekt stellt sich aber erst nach seiner Magen-Darm-Passage ein. Er ist also ideal dazu geeignet, Magen und Darm zu reinigen und von schädlichen Bakterien und anderen Keimen zu befreien.

Gute Gründe für eine Darmkur

■ Der Kampf gegen Schlacken und Giftstoffe

Apfelessig regt durch seine Ballaststoffe die Darmperistaltik an und beschleunigt damit den Abtransport von alten Speisebreiresten, die sich zwischen den Darmzotten angelagert haben, sowie von Stoffwechselschlacken und Giftstoffen; übrigens nicht nur jene aus dem Darm, sondern auch Schlacken aus allen Körpergeweben. Das Kalium hilft zusätzlich dabei, Abfallprodukte und Schlackenstoffe aus dem Körper auszuleiten; die Nierenleistung wird verbessert und dadurch einer Übersäuerung des Organismus vorgebeugt. Und nicht zuletzt dämpft Apfelessig auch Hungergefühle, was einer fortwährenden Überbelastung des Darms durch zu reichliche Nahrungszufuhr ebenso entgegenwirkt.

Unsere Lebens- und Ernährungsgewohnheiten führen zu einer Überforderung des Darms: Er wird zunehmend träge.

Was eine Darmreinigung bewirkt

»Die Gifte im Darm sind es nachweisbar, die den Menschen krank, vorzeitig alt und hässlich machen.« So prägnant und eindring-

Eine Darmreinigung mit Apfelessig

- Sorgt für ein optimales Darmmilieu und hilft, eine gestörte Darmflora wieder ins Gleichgewicht zu bringen
- Regt die Darmperistaltik und damit die Selbstreinigung des Darms an
- Befreit den Darm von schädlichen Mikroorganismen, Fäulnisbakterien und Krankheitserregern
- Desinfiziert den Verdauungstrakt
- Stärkt das Immunsystem
- Kurbelt den gesamten Stoffwechsel an und fördert damit die Reinigungsprozesse im ganzen Körper
- Sorgt für eine optimale Vitamin- und Mineralstoffzufuhr
- Wirkt allgemein entwässernd und entschlackend
- Macht die Haut straffer und klarer, kräftigt Haare und Fingernägel
- Hilft, ungesunde Ernährungsgewohnheiten umzustellen, denn nach der Kur ist das Empfinden für die Bedürfnisse des Körpers deutlich ausgeprägter
- Fördert den Fettabbau

Kuren mit Apfelessig

Im Prinzip essen wir immer zu viel. Daher sollten wir unseren Darm ab und zu in Urlaub schicken. Der zeitweise Verzicht auf Nahrung stellt die Verdauung ruhig und wirkt sich positiv auf die Gesundheit aus.

lich, wie Dr. Franz Xaver Mayr (1875–1965) die Folgen eines kranken Darms formuliert hat, lassen sich auch die Ziele seiner Therapie zusammenfassen: Wichtigstes Anliegen einer Darmreinigungskur ist die Regeneration eines überforderten Darms. Die Tage der Kur sind für Ihren Darm wie Urlaub, denn dabei kann er sich entlasten, reinigen und so richtig erholen.

■ Ruhe und Erholung für den Darm

Die Reinigung des Darms ist am wirkungsvollsten, wenn Sie ihm während der Kur einige Tage Ruhe und Gelegenheit zur Regeneration gönnen. Das bedeutet, dass Sie ihm keine feste Nahrung zuführen, die er verdauen muss – die normale Fastenphase während der Nacht wird einfach einige Tage über die Zeit des sonst üblichen Frühstücks hinaus ausgedehnt. Wenn der Nahrungsnachschub von außen während einiger Tage des Fastens

Eine Darmreinigung mit Apfelessig

In der folgenden Checkliste sind typische Anzeichen für eine beeinträchtigte Darmgesundheit aufgeführt. Je mehr der Fragen Sie mit Ja beantworten, desto eher sollten Sie eine Darmreinigung mit Apfelessig ins Auge fassen.

- Haben Sie oft mit Verstopfung, Völlegefühlen, Durchfall und Blähungen zu kämpfen?
- Ist Ihre Darmflora gestört, Ihre Darmpassage sehr lang oder Ihr Stuhl nicht »ordnungsgemäß«?
- Sind Sie übermäßig anfällig für Infektionskrankheiten und Erkältungen?
- Sind Sie rasch erschöpft und häufig ohne ersichtlichen Grund müde?
- Bereitet Ihnen Ihre Haut immer wieder Probleme (Unreinheiten, Ekzeme oder allergische Reaktionen)?
- Haben Sie glanzloses und brüchiges Haar, von dem sich so manches in der Bürste wiederfindet?
- Fühlen Sie sich oft gestresst, antriebslos oder niedergeschlagen?
- Leiden Sie häufig unter Durchblutungsstörungen, Muskelkrämpfen und Gelenkschmerzen?

Physische und psychische Reinigung

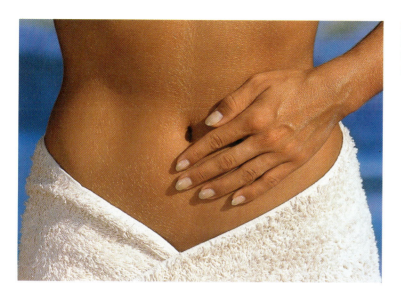

Eine Darmreinigungskur mit Apfelessig ist wie Urlaub für den Darm.

einmal stoppt, kann sich der Darm erholen und voll und ganz auf Ausscheidung anstatt wie sonst auf Verarbeitung konzentrieren. Das gilt nicht nur für den Darm, sondern ebenso für unsere anderen Ausscheidungsorgane Nieren, Lunge, Leber, Haut und im Prinzip für jede einzelne Zelle unseres Körpers. Sie haben nun Gelegenheit zu »Aufräumarbeiten« und können Schlacken- und Giftstoffe aus allen Bereichen des Körpers entsorgen.

Das bedeutet jedoch nicht, dass Sie nun gar nichts mehr zu sich nehmen dürfen. Statt fester Nahrung gibt es jetzt einfach flüssige: mehrmals täglich das Apfelessiggetränk, jede Menge Kräuter- und Früchtetees, Gemüsebrühen, frische Obst- und Gemüsesäfte. Das vermehrte Trinken füllt nicht nur den Magen und nimmt etwaige Hungergefühle. Es dient vor allem dazu, die gelösten Schlacken- und Giftstoffe aus allen Körperbereichen abzutransportieren.

Eine Darmreinigungskur ist nicht nur eine Wohltat für das Verdauungssystem, sondern kommt dem Organismus insgesamt zugute.

■ Balsam für die Seele

Auch die psychische Verfassung profitiert von der Kur: Zugleich mit der Reinigung und Entgiftung des Darms werden psychische »Schlacken« entsorgt, die Sie vielleicht schon seit Jahren als

Kuren mit Apfelessig

Die uralte Spruchweisheit »Mens sana in corpore sano« – »in einem gesunden Körper wohnt ein gesunder Geist« findet gerade bei einer Darmreinigung ihre eindrucksvolle Bestätigung.

unnötigen Ballast mit sich herumtragen. Viele Menschen berichten, dass sich ihre Stimmung schon nach den ersten Kurtagen sehr erhellt hat. Das kommt nicht von ungefähr: Die jahrelange Selbstvergiftung über den Darm belastet auch die Seele und äußert sich durch Gemütsverstimmungen, Angstzustände und übermäßige Gereiztheit. Wie sich der Darm auf unsere Psyche auswirkt, so beeinflusst diese wiederum unsere Verdauungsorgane. Ungelöste Konflikte und fortwährend unbewältigte Probleme sind häufig mit die Ursache von Beschwerden rund um die Verdauung. Die Redensarten »uns schlägt etwas auf den Magen« oder »wir fressen etwas in uns hinein« kommen nicht von ungefähr.

Eine Darmreinigung bietet die willkommene Gelegenheit, um seelischen Konfliktstoff abzubauen. Dies ist sogar eine wichtige Komponente während der Kur, denn sie erfasst den Menschen in seiner Gesamtheit von Körper, Geist und Seele. Deshalb kann es auch passieren, dass Sie an den Kurtagen mit manchem aus Ihrem Unterbewusstsein konfrontiert werden, was bislang stets verdrängt wurde und sich nun ins Bewusstsein rückt. Eine Auseinandersetzung damit kann durchaus schmerzhaft sein, aber gleichzeitig heilsam und befreiend – eine Darmreinigung wirkt eben nicht nur auf der körperlichen, sondern auch auf der geistig-seelischen Ebene.

▪ Natürliche Hautpflege

Wer bereits eine Darmreinigungskur durchgeführt hat, weiß: Sie hilft nicht nur der Gesundheit, sondern zudem der Schönheit.

Der enge Zusammenhang zwischen einer gestörten Darmflora sowie Darmgiften und Funktionsstörungen der Haut ist wissenschaftlich erwiesen: Hartnäckige Hautunreinheiten, Entzündungen, Falten, Doppelkinn, Hängewangen und schlaffe Haut – vor allem an Bauch, Oberschenkeln und Brüsten – haben ihre Ursache vielfach in einem überforderten Darm. Eine Darmreinigung ist daher mit die beste und vor allem natürlichste Schönheitspflege. Sie macht die Haut am ganzen Körper straffer, lässt über die zugleich stattfindende Reinigung des Blutes Hautunreinheiten schwinden, verbessert die Hautdurchblutung und fördert die Erhaltung des Säureschutzmantels der Haut.

Die Tradition der Darmreinigung

Vom »Hirt des Afters« bis zum »eingebildeten Kranken«

Die Reinigung des Darms ist keine der vielen neuen »Moden« aus dem breit gefächerten Reigen alternativer Therapieverfahren, sondern vielmehr eine uralte Behandlungsmethode, über deren großen Nutzen man sich bereits vor Jahrtausenden bewusst war. So gab es im alten Ägypten schon um 2000 v. Chr. Ärzte, deren alleinige Aufgabe es war, mittels Abführmitteln und Klistieren für eine gute Gesundheit zu sorgen – die »Hirten des Afters«, wie diese antiken Gastroenterologen passend genannt wurden. Der therapeutische Wert einer regelmäßigen Reinigung des Darms wurde auch in den folgenden Jahrhunderten nie in Frage gestellt: Neben dem Aderlass galt die Klistierspritze als Allheilmittel, mit der man unter anderem auch Lungenleiden, Gicht und Rheumatismus zu kurieren suchte. Im Barock und Rokoko gipfelte die Beliebtheit der Darmbehandlungen in einer regelrechten »Klistierwut«. Besonders bei Hofe hatten Abführkuren Hochkonjunktur: So soll sich Sonnenkönig Ludwig XIV. von 1647 bis zu seinem Tod 1715 rund 2000 Abführkuren und mehreren hundert Klistieren unterzogen haben. Molière ließ sich von den fragwürdigen Kuren seines Königs für seine Komödie »Der eingebildete Kranke« inspirieren, in der er die Klistierfreudigkeit des Adels karikiert.

Im 18. Jahrhundert ebbte der Klistierboom dann ganz allmählich ab, und die Darmreinigung per Spritze trat zu Gunsten artverwandter Methoden wie Einläufen und Abführmitteln in den Hintergrund.

Der Sonnenkönig ließ die zahllosen Behandlungen klaglos über sich ergehen. Allerdings entsprang seine Bereitschaft nicht einem gesteigerten Gesundheitsbewusstsein bei Hofe. Nach exzessiven Essgelagen musste schnell wieder Platz für das nächste üppige Mahl geschaffen werden.

Wie Sie sich auf eine Kur vorbereiten

Bevor es so richtig losgeht, noch einige Dinge, die Sie auf die nun kommenden Kurtage vorbereiten sollen. Bevor Sie die Darmreinigung beginnen, ist es ganz wichtig, dass Sie zur Ruhe kommen, um sich auch in Ihrem Inneren auf den bevorstehenden »Hausputz« einzustellen. Auch während der gesamten Kur ist Ruhe und Entspannung angesagt: Hektik und Stress beeinträchtigen die

> ### Darmreinigen übers Wochenende
>
> Wer sich keine ganze Woche Zeit für die Darmreinigung nehmen kann, sollte dennoch nicht darauf verzichten: Auch über das Wochenende besteht die Möglichkeit, den Darm zu entlasten – wenn auch nicht so intensiv. Dazu legen Sie den Entlastungstag auf den Freitag, führen am Samstag und Sonntag zwei Kurtage durch und nützen den Montag als Aufbautag.

Entgiftungsbestrebungen des Darms beachtlich und damit sämtliche Bemühungen, die mit der Kur verbunden sind.

Beginnen Sie bereits drei bis vier Tage vor der Kur, Ihren Körper auf die bevorstehende Reinigung einzustimmen: Essen Sie weniger als sonst, fokussieren Sie sich dabei auf leicht verdauliche Speisen, schränken Sie Alkohol, Kaffee und Zigaretten bereits ein, und trinken Sie schon jetzt mindestens zweieinhalb Liter Flüssigkeit pro Tag – jedoch keinen Alkohol.

Wählen Sie zur Darmreinigung in jedem Fall eine Woche, in der Sie sowohl beruflich als auch privat nicht zu sehr gefordert sind. Nur dann können Sie sicher sein, dass Ihre Mühe von Erfolg gekrönt ist.

■ Was man beachten sollte

Wenn Sie berufstätig sind, wäre es natürlich ganz ideal, wenn Sie sich für die Kur frei nehmen oder diese in Ihren Urlaub legen könnten. Falls dies jedoch nicht möglich ist, können Sie die Darmreinigung auch am Arbeitsplatz durchführen. Das erfordert zwar einige kleine Änderungen im Kurplan, aber mit etwas Kreativität und Verständnis seitens Ihrer Kollegen und Arbeitgeber lässt sich dies durchaus bewerkstelligen. Aus diesem Grund sollten Sie – die nötige Vertrauensbasis vorausgesetzt – alle Menschen, mit denen Sie an Ihrem Arbeitsplatz zu tun haben, von Ihrem Vorhaben in Kenntnis setzen. In den meisten Fällen ist Ihnen dann Rücksichtnahme garantiert – und wer weiß, vielleicht schließt sich einer Ihrer Kollegen auch gleich mit an.

Spaziergänge, leichte sportliche Aktivitäten, Saunabesuche und Ähnliches können Sie selbstverständlich in Ihr Kurprogramm integrieren. Sie sollten es jedoch stets abhängig davon machen, wie Sie sich fühlen. So werden Saunabesuche erfahrungsgemäß

Ein Arztbesuch vorab bringt Sicherheit

in den ersten beiden Kurtagen nicht gut vertragen, da sich der Körper erst umstellen muss. Danach jedoch sind sie sogar ein wichtiger Bestandteil der Reinigung und demgemäß zu empfehlen. Ab Seite 208 finden Sie eine Anzahl zusätzlicher Maßnahmen, die Ihre Kur sinnvoll abrunden.

■ Wer eine Kur durchführen kann

Grundsätzlich kann jeder eine ein- bis zweiwöchige Darmreinigungskur zu Hause durchführen, der sich gesund fühlt, sich nicht in dauerhafter ärztlicher Behandlung befindet und nicht regelmäßig Medikamente einnehmen muss. Dennoch sollten Sie Ihren Arzt oder Heilpraktiker von Ihrem Vorhaben in Kenntnis setzen, um etwaige Bedenken und Einwände abzuklären. Falls keine Gegenanzeigen vorliegen, wird er Ihre Absicht in der Regel befürworten und Ihnen vielleicht sogar noch ein paar wertvolle Anregungen mit auf den Weg geben.

■ Auf Genussmittel verzichten

Während der Darmreinigung sind außer dünnem schwarzen Tee alle anderen Genussmittel wie Kaffee, Alkohol und Zigaretten tabu. Für viele Raucher bietet sich in dieser Zeit auch die will-

Die empfohlene Dauer der Kur beläuft sich auf sieben Tage; wenn Sie sich fit fühlen, können Sie die Kur auch auf zehn Tage ausdehnen. Dann sollten Sie jedoch die Darmreinigung beenden und die Ernährung langsam wieder aufbauen.

Zu Ihrer Sicherheit

Eine Darmreinigung ist nicht angezeigt:
- Bei seelischer Labilität, Niedergeschlagenheit und starker Nervosität
- Bei Untergewicht
- In Phasen starker beruflicher oder privater Belastung
- Bei körperlicher und geistiger Erschöpfung
- Bei stetiger Einnahme von starken Medikamenten
- Bei Schilddrüsenüberfunktion, Magengeschwüren und Gastritis
- Bei Magersucht, Bulimie und anderen Essstörungen
- Während der Schwangerschaft oder Stillzeit
- Nach gerade überstandenen Krankheiten oder nach Unfällen und Operationen

Kuren mit Apfelessig

Kaufen Sie Ihre Tees am besten in Reformhäusern, Naturkostläden oder Apotheken. Hier haben Sie die Gewähr, hochwertige Kräuter zu erstehen, die auch nicht zu lange gelagert haben.

kommene Gelegenheit, ihrer Gewohnheit zu entsagen, denn bei der Kur wird der Körper von Giftstoffen befreit, und oftmals schmecken die begehrten Rauchwaren dann gar nicht mehr.

■ Sehr viel trinken

Das A und O – nicht nur während der Darmreinigung – ist die ausreichende Zufuhr von Flüssigkeit. Auf zweieinhalb bis drei Liter sollten Sie es täglich mindestens bringen. Geeignet sind Mineralwässer – mineralstoffarm und ohne Kohlensäure; frisch gepresste oder naturreine Obst- und Gemüsesäfte (auch Frischpflanzensäfte) – ungezuckert und mit Wasser verdünnt; Gemüsebrühen und Kräutertees, mit etwas Honig gesüßt. Mit Tees haben Sie die Möglichkeit, die Darmreinigung zusätzlich zu unterstützen, denn sie entfalten in dieser Hinsicht ihrerseits gezielte Wirkungen.

■ Einkaufsliste für eine Kurwoche

Folgende Dinge sollten Sie für Ihre Kur zu Hause haben:
- 2 l naturreinen Apfelessig
- Kohlensäurefreies Mineralwasser
- Diverse Teesorten nach Ihrer Wahl
- Grünen Tee
- Hochwertigen, reinen Bienenhonig
- 250 g ungeschroteter Leinsamen
- 4 Zitronen
- Frisches Obst und Gemüse zum Entsaften, zum Beispiel: Karotten, Tomaten, Sellerie, Orangen, Äpfel
- Alternativ: fertige, ungezuckerte und naturreine Obst- und Gemüsesäfte
- Gemüsebrühe
- Bioghurt und Buttermilch
- Einlaufgerät, bestehend aus einem 20 Zentimeter langen Einlaufrohr, Spülgefäß (Irrigator), Klysopompspritze oder für Kinder eine Klistierspritze (aus der Apotheke oder dem medizinischen Fachgeschäft)

Voraussetzung ist die Entleerung des Darms

Sich Zeit nehmen, entspannen, innere Ruhe finden – wichtige Voraussetzungen für eine Apfelessigkur.

➤ 30 g Bitter- oder Glaubersalz (aus der Apotheke oder dem Reformhaus)
➤ Wärmflasche
➤ Massagebürste oder Luffa-Handschuh (zum Trockenbürsten)
➤ Große Badehandtücher
➤ Bequeme, warme Kleidung
➤ Dicke Wollsocken
➤ Vaseline oder ein gutes Hautöl

■ Unverzichtbar: tägliches »Glaubern«

Ein wichtiger Bestandteil der Darmreinigungskur ist das allmorgendliche »Glaubern«, die Einnahme von in Wasser gelöstem Magnesiumsulfat – Bitter- oder Glaubersalz genannt – zur gründlichen Entleerung des Darms. Die isotonische Salzlösung durchspült den gesamten Verdauungskanal, ohne die Schleimhäute zu reizen, löst Ablagerungen und Verkrustungen und schwemmt diese aus.

Zum »Glaubern« lösen Sie einen Teelöffel Bittersalz in 250 Milliliter lauwarmem Wasser auf und trinken dies morgens nüchtern, gleich nach dem Aufstehen. Falls Ihnen der Geschmack die-

Das Salz wird kaum resorbiert und reinigt den Darm auf schonende Weise.

ser Mischung nicht behagt, können Sie einige Spritzer Zitronensaft dazugeben – das verbessert das Aroma ein wenig.

Nachdem Sie die Bittersalzlösung getrunken haben, sollten Sie unbedingt zu Hause bleiben, denn die Stuhlentleerung erfolgt sehr spontan und vor allem mehrmals hintereinander.

Wenn es zu häufigen Darmentleerungen – bis zu zehn oder mehr pro Tag – kommt, setzen Sie den Bittersalztrunk für einen Tag aus und nehmen am nächsten Tag nur die halbe Menge Salz, also einen halben Teelöffel. Sobald die Entleerungen auf drei bis vier am Tag zurückgegangen sind, können Sie wieder die ursprüngliche Menge Bittersalz verwenden.

■ Zur Ergänzung: ein Einlauf

Zusätzlich zum täglichen »Glaubern« beschleunigen Einläufe die Reinigungsvorgänge im Darm:

- ▶ Füllen Sie das Spülgefäß mit einem Liter zuvor abgekochtem, lauwarmem Wasser (38 °C), hängen Sie es im Bad über einen Handtuchhalter, und lassen Sie die Luft zur Probe aus dem Schlauch ins Waschbecken oder die Badewanne entweichen.
- ▶ Stecken Sie dann das Darmrohr an das harte Ansatzstück des Irrigatorschlauches, und fetten Sie das Ende des Rohrs mit Vaseline oder einer anderen Hautcreme ein.
- ▶ Gehen Sie in Hockstellung, oder knien Sie sich auf den Boden; stützen Sie dabei den Oberkörper mit den Ellbogen ab. Dann führen Sie das Darmrohrende langsam in den After ein.
- ▶ Lassen Sie das Wasser gleichmäßig in den Darm laufen; schieben Sie dabei das Rohr nach und nach weiter in den Darm hinein. Atmen Sie dabei ruhig und gleichmäßig ein und aus.
- ▶ Halten Sie das Wasser solange im Darm, bis Sie einen Entleerungs-(Stuhl-)drang spüren; dies ist etwa nach drei bis fünf Minuten der Fall.
- ▶ Beim ersten Einlauf gelingt es häufig nicht, den Darm vollkommen zu entleeren, da sich der Stuhldrang zu schnell einstellt. Aus diesem Grunde ist es gut, wenn Sie den Einlauf noch ein zweites Mal wiederholen.

Einen Tag vor dem eigentlichen Kurbeginn versuchen Sie auszuspannen und sich auf die folgende nahrungsfreie Zeit einzustellen. Auch der Körper sollte auf die kommenden Tage eingestimmt werden, indem Sie leicht verdauliche Kost zu sich nehmen und viel trinken.

So wird die Kur ein Erfolg

Der Weg zum gesunden Darm

Wie Sie Apfelessig zur Reinigung und Regeneration des Darms in Form einer mehrtägigen Kur einsetzen können, um in den Genuss seiner zahllosen gesundheitsfördernden Effekte auf den Darmtrakt zu kommen, erfahren Sie nun anhand eines Programms mit Tagesplänen für die gesamte Kur und vielen praktischen Empfehlungen und Tipps.

Die gesamte Kur unterteilt sich in einen Entlastungstag, fünf aufeinander folgende Reinigungstage und einen Aufbautag, an dem Sie langsam wieder auf leichte Kost umstellen. Sie lässt sich auch auf zwei Wochen ausdehnen, ebenso wie Sie sie auch auf ein Wochenende verkürzen können.

■ Tagesplan

Es ist sehr hilfreich, einen Tagesplan aufzustellen und diesen auch einzuhalten. Das gibt Halt und wappnet gegen »Versuchungen« – die sich ganz natürlich einstellen werden. Hier ein Vorschlag, wie Ihr Tag aussehen könnte:

- Morgens nüchtern Bittersalz, dann Darmentleerung
- Nach etwa 30 Minuten Apfelessiggetränk
- Frühstück
- Trockenbürsten des ganzen Körpers, danach duschen oder baden – zum Abschluss kalt abbrausen – und eincremen.
- Bauchmassage, vormittags
- Mittagessen
- Spazierengehen, Sauna, Sport etc.
- Bauchmassage, nachmittags
- Abendessen
- Trockenbürsten des ganzen Körpers vor dem Zubettgehen

Entlastungstag

■ Morgens

Beginnen Sie den Tag unmittelbar nach dem Aufstehen mit dem Apfelessiggetränk (Seite 75). Anschließend ist eine gute Gelegenheit für etwas Gymnastik am offenen Fenster und ein ausgiebiges Körperpflegeritual.

Zum Frühstück servieren Sie sich entweder frisches Obst nach Wahl oder ein Bircher-Müsli; das hängt auch von der jeweiligen Jahreszeit ab. Wenn Sie gerade kein Obst bekommen, das Ihrem

Kuren mit Apfelessig

Kleine Anregung, falls Sie unternehmenslustig sind: Ein Saunabesuch (Seite 208 f.) kurbelt den Stoffwechsel enorm an und stimmt Ihren Körper zusätzlich auf die nun folgende Reinigung ein.

Geschmack entspricht, bereiten Sie sich lieber ein Müsli: Einen Becher Bioghurt mit einem geschälten, klein geschnittenen Apfel, einer halben Banane, einem Esslöffel Haferflocken, einem Teelöffel Honig, etwas geriebenen Nüssen und einem Teelöffel frisch gepressten Zitronensaft verrühren.

Bis zur Mittagszeit können Sie Ihre Einkäufe für die nächsten Kurtage erledigen, spazieren gehen etc. In jedem Fall aber sollten Sie sich geistig auf die nun kommenden und für Ihren Körper so wichtigen Tage einstellen.

■ Mittags

Vor dem Mittagessen gibt es erneut das Apfelessiggetränk und daran anschließend einen Rohkostteller, bestehend aus Gemüsen Ihrer Wahl, zum Beispiel Karotten, Tomaten und Sellerie. Danach folgen Pellkartoffeln mit Magerquark, angemacht mit verschiedenen Kräutern, etwas Knoblauch und einem Schuss Olivenöl.

Als kleinen Snack bis zum Abend essen Sie einen Becher Joghurt, wenn Sie möchten mit einem Teelöffel Bienenhonig verrührt, oder einen Apfel.

■ Abends

Als Aperitif steht wieder der Apfelessigtrunk auf dem Programm, gefolgt von etwas frischem Obst und einem Knäckebrot mit Frischkäse oder Kräuterquark.

Zur Nachspeise gibt es einen Becher Bioghurt, angemacht mit etwas Zimt, dem Mark einer halben Vanilleschote, einem Teelöffel Bienenhonig und gehackten Nüssen.

Erster Kurtag

■ Vorab: Darm »durchputzen«

Den ersten Kurtag starten Sie mit einer gründlichen Darmentleerung: Dazu führen Sie den Einlauf, wie auf Seite 202 beschrieben, durch; gegebenenfalls wiederholen. Danach ruhen Sie sich eine Weile aus und trinken den Apfelessigtrunk.

Die ersten Kurtage

■ Morgens

Zum Frühstück trinken Sie zwei bis drei Tassen Tee Ihrer Wahl. Anschließend folgt das Trockenbürsten (Seite 208), um den Kreislauf anzuregen, und ein – nicht zu warmes und zu langes – Bad oder eine Dusche. Danach sorgfältig mit einem guten Hautöl einölen.

Während des Vormittags trinken Sie reichlich stilles Mineralwasser oder zwei Tassen Früchte- oder Kräutertee. Gut ist es auch, hin und wieder eine Scheibe Zitrone auszulutschen. Das stimuliert und regt den Stoffwechsel an.

■ Mittags

Als Erstes nehmen Sie wieder das Apfelessiggetränk zu sich. Dann gibt es einen Viertelliter Gemüsebrühe – entweder selbst gemacht oder fertige (aus dem Reformhaus oder Naturkostladen) –, der Sie Haferflocken zugeben können. Nachmittags trinken Sie wieder ausreichend Mineralwasser, frische Gemüse- und Obstsäfte oder drei bis vier Tassen Tee.

Den Rest des Tages können Sie mit ausspannen, lesen, schlafen oder einem Spaziergang verbringen. Vermeiden Sie jedoch übermäßige Anstrengungen, warme Vollbäder oder Saunabesuche; dies strengt den Kreislauf jetzt zu sehr an.

Gurgeln mit dem Apfelessigtrunk nimmt schlechten Mundgeruch und säubert eine belegte Zunge; beides typische Anzeichen, dass Schad- und Schlackenstoffe ausgeschieden werden.

■ Abends

Zu Beginn den Apfelessigtrunk und anschließend je einen Viertelliter frischen Obst- oder Gemüsesaft und Gemüsebrühe. Zum Tagesausklang empfehlen sich eine entspannende Lektüre und Musik, wenn Sie möchten auch ein kleiner Abendspaziergang. Beenden Sie den Abend frühzeitig, vor 22 Uhr.

Zweiter Kurtag

Wie am ersten Kurtag: Nehmen Sie die Getränke zu den von Ihnen bevorzugten Zeiten ein, und lassen Sie sich ausreichend Zeit dafür.

Treten am zweiten Tag der Kur Hungergefühle auf, trinken Sie Mineralwasser oder einige Schlucke Buttermilch. Wenn das nicht hilft, führen Sie noch einmal mit einem Einlauf ab. Bei leichtem

Kuren mit Apfelessig

Für eine ausreichende Flüssigkeitszufuhr während der Kurtage trinken Sie vorzugsweise mineralstoffarme und kohlensäurefreie Mineralwässer.

Vermeiden Sie es, morgens zu schnell aufzustehen. Stattdessen setzen Sie sich kurz an den Bettrand, führen unter Umständen ein Trockenbürsten durch und stehen erst auf, wenn sich Ihr Kreislauf stabilisiert hat.

Schwindel, der eine völlig normale Erscheinung ist, gehen Sie an der frischen Luft spazieren, legen sich hin oder erfrischen sich mit kaltem Wasser. Ihr Körper befindet sich jetzt in der Umstellungsphase, in der ab und an der Blutdruck absinken kann. Dies macht verständlich, warum generell empfohlen wird, während der Darmreinigung nicht angestrengt zu arbeiten und Belastungen zu vermeiden. Wenn Sie ein Hobby haben, das körperlich nicht anstrengend ist, haben Sie jetzt Zeit dafür. Beschäftigen Sie sich auf jeden Fall mit etwas, das Ihnen Spaß macht.

Dritter bis fünfter Kurtag

Der Tagesablauf entspricht grundsätzlich dem zweiten Kurtag. Ab dem dritten Kurtag hat sich Ihr Körper umgestellt; Hungergefühle oder Kreislaufbeschwerden treten in der Regel nicht mehr auf. Ab jetzt können Sie auch wieder wie gewohnt Sport treiben, beispielsweise schwimmen oder wandern. Allerdings sollten Sie es nicht übertreiben, sondern nur soweit es Ihnen Freude macht und bekommt. Wechseln Sie zwischen Aktivität und Erholung – das steigert Ihr Wohlbefinden. Die weiteren Kurtage verlaufen meist problemlos.

Aufbautage

Ebenso wichtig wie die Einstimmung und Vorbereitung auf die Darmreinigung ist auch ihr Abschluss und die langsame Umstellung des Körpers auf feste Nahrung. Deshalb sollten Sie den Aufbautagen mindestens ebenso viel Aufmerksamkeit schenken wie der Kur selbst. Gönnen Sie Ihrem Organismus mindestens drei Tage Zeit, sich wieder an die Nahrungsaufnahme zu gewöhnen; essen Sie dabei jeden Tag mengenmäßig ein wenig mehr.

■ Morgens
Bereiten Sie sich wieder wie gewohnt Ihren Apfelessigtrunk zu, und trinken Sie anschließend zwei Tassen dünnen schwarzen oder grünen Tee.

■ Fastenbrechen
Im Grunde ein denkwürdiger Moment: Nach fünf Tagen gibt es wieder etwas »zu beißen« – einen reifen Apfel, roh oder gedünstet, den Sie sehr gründlich und langsam kauen sollten. Das Ritual des Apfelessens bricht das Fasten und beginnt die Aufbauphase.

■ Mittags
Wie üblich zuerst den Apfelessig und zu Beginn etwas ganz Leichtes: einen Teller Gemüsesuppe – aus etwas Suppengemüse, Gemüsebrühe, Haferflocken und gehackten Küchenkräutern bereitet.

■ Zwischendurch
Zwei Tassen Kräuter- oder Früchtetee und eine Scheibe Knäckebrot mit Frischkäse oder ein Becher Bioghurt.

■ Abends
Nach dem Apfelessiggetränk gönnen Sie sich eine Zucchinicremesuppe, für die Sie zwei mittelgroße Zucchini in etwas Gemüsebrühe 15 Minuten dünsten, mit Salz und Pfeffer abschmecken und dann pürieren. Dann mit drei Esslöffeln Sauerrahm verfeinern und mit einer Scheibe Vollkorntoast servieren.

Lassen Sie Ihrem Körper genügend Zeit, sich wieder an das »normale« Leben zu gewöhnen. Mit leichter Kost stellen Sie Ihren Organismus nach und nach um.

Zur Abrundung des Kurprogrammes

Die nachfolgend aufgeführten Maßnahmen sollten Sie während der Darmreinigung täglich durchführen, denn sie erhöhen den Erfolg Ihrer Kur deutlich, da sie den Entgiftungs- und Reinigungsprozess stark unterstützen.

■ Trockenbürsten

Bürsten der Haut regt die Durchblutung und den Hautstoffwechsel an, stabilisiert und stärkt den Kreislauf und entschlackt. Giftstoffe werden abtransportiert und die Haut von überflüssigen Hornschüppchen befreit. Das Gewebe strafft sich, und die Haut wird aufnahmefähig für pflegende Cremes und Öle.

Achtung!
Bei Hautverletzungen- und entzündungen, Schuppenflechte, Akne und Schilddrüsenüberfunktion sollten Sie Trockenbürstenmassagen unterlassen. Auch bei entzündeten Krampfadern sollten Sie davon absehen.

▶ Beginnen Sie am rechten Fußrücken, bürsten Sie über die Fußsohle und anschließend kreisförmig nach oben über den Oberschenkel bis zum Po.
▶ Mit dem linken Bein verfahren Sie genauso und bürsten im Anschluss Ihren Po in kleinen Kreisen.
▶ Am Oberkörper beginnen Sie ebenfalls am rechten Handrücken, bürsten dann die Außenseite des Arms und anschließend die Innenseite; jeweils in Längsrichtung; am linken Arm verfahren Sie wieder ebenso.
▶ Dann bürsten Sie die Brust in Richtung Brustbein, den Bauch im Uhrzeigersinn und den Nacken zu den Schultern hin. Zum Abschluss kommt der Rücken an die Reihe.

■ Sauna

Die Erhöhung der Körpertemperatur beschleunigt sämtliche Stoffwechselvorgänge im Körper, die vermehrte Schweißausscheidung befreit den Organismus von Stoffwechselschlacken. Ideal also zur Unterstützung Ihrer Darmreinigungskur, denn ein Saunagang sorgt für die Entgiftung und Entschlackung über die Haut. Als angenehmer »Nebeneffekt« stärkt die Sauna zugleich die Abwehrkräfte.

▶ Nehmen Sie sich genügend Zeit; zwei Stunden sollten Sie mindestens einplanen.

Kurbegleitende Maßnahmen

- Duschen Sie vorher gründlich, und trocknen Sie sich gut ab, denn eine trockene Haut schwitzt schneller.
- In öffentlichen Saunen sollten Sie sich nie nackt auf die blanken Holzdielen setzen, da sonst die Gefahr von Scheidenentzündungen durch Bakterien besteht. Deshalb immer ein Handtuch unterlegen.
- Legen Sie sich zunächst hin, und setzen Sie sich erst in den letzten fünf Minuten aufrecht hin.
- Bleiben Sie nicht zu lange in der Sauna; Zwölf Minuten gelten als gute Richtzeit, deutlich mehr ist ungesund.
- Beginnen Sie die Abkühlphase zum Auskühlen der Atemwege an der Frischluft. Erst danach kühlen Sie sich mit Kaltwasser durch Güsse – bitte herzfern beginnen! – oder durch die Schwallbrause ab.
- Machen Sie, anschließend an die Kaltwasseranwendungen, ein knöchelhohes, warmes Fußbad. Es erweitert die Blutgefäße im ganzen Hautgebiet und härtet ab.
- Wenn Sie völlig abgekühlt sind – aber nicht bis zum Frösteln –, können Sie einen zweiten Gang einlegen; mehr als drei sollten Sie jedoch keinesfalls durchführen.
- Nach der Sauna sollten Sie ausreichend Flüssigkeit zu sich nehmen, um Ihren Mineralstoffhaushalt wieder auszugleichen; idealerweise Mineralwässer oder ungesüßte Obst- und Gemüsesäfte.

Ein Besuch in der Sauna ist eine ideale Unterstützung der Kur. Achten Sie dabei stets auf Ihr Wohlbefinden, und muten Sie sich nicht zu viel zu.

Vor dem Schlafengehen empfiehlt sich ein lauwarmes – aber nur kurzes – Vollbad (30–32 °C), dem Sie zwei Tassen Apfelessig zugeben.

■ Waschungen

Führen Sie morgens und abends – am besten nach dem Trockenbürsten – Waschungen des ganzen Körpers mit Apfelessig durch (Seite 86).

■ Bauchmassage

Diese sanft drückende Bauchbehandlung fördert die Darmtätigkeit und somit die Ausscheidung von Schlacken aus dem Darm. Führen Sie die Massage zwei-, besser noch dreimal täglich durch; am besten morgens nach dem »Glaubern«, während der Mit-

Kuren mit Apfelessig

tagsruhe und abends vor dem Einschlafen. Nehmen Sie sich für die Bauch- oder Colonmassage 20 bis 30 Minuten Zeit.

▶ Legen Sie sich auf den Rücken, strecken Sie die Beine aus, stützen Sie die Ellenbogen auf, und legen Sie beide Hände mit leicht gespreizten Fingern locker und ohne Druck auszuüben auf den Bauch; die Außenkanten der kleinen Finger placieren Sie vor den Leistenbeugen. Spüren Sie, wie sich der Bauch beim Einatmen hebt und beim Ausatmen wieder senkt?

▶ Dann falten Sie die Hände, sodass die Gelenke der drei mittleren Finger in einer Linie liegen. Beim Heben und Senken des Bauches lösen Sie die Finger nicht; so entsteht ein sanfter Druck auf die Handinnenflächen, der sich auf die Bauchdecke überträgt und die Darmperistaltik anregt.

▶ Im Anschluss daran führen Sie mit beiden Handflächen von außen nach innen zarte, vibrierende Bewegungen auf dem Bauch aus.

▶ Eine Hand am Oberbauch, die andere am Unterbauch, kreisen Sie mit beiden Handflächen und Fingerspitzen mit sanftem, gleichmäßigem Druck auf dem Bauch und verschieben dabei die Bauchwand in entgegengesetzte Richtungen.

▶ Zum Abschluss der Massage umfassen Sie mit beiden Händen von seitwärts den Bauch und drücken ihn beim Ausatmen einige Male sanft von außen nach innen; dabei nicht kreisen oder vibrieren.

Es gibt spezielle Bakterienpräparate auf natürlicher Basis, die dafür sorgen, dass sich wieder eine gesunde Darmflora aufbaut, beispielsweise Symbioflor, Hylac oder Omniflora. Fragen Sie einmal Ihren Arzt oder Apotheker danach. Pilze und Darmparasiten wie Helicobacter pylori müssen ohnehin durch entsprechende Medikamente beseitigt werden.

■ Die Ernährung umstellen

Der neben einer Darmreinigung wichtigste Schritt auf dem Weg zum gesunden Darm ist eine Umstellung Ihrer Ess- und Ernährungsgewohnheiten. Am empfehlenswertesten ist Vollwertkost, denn eine abwechslungsreiche und ausgewogene Ernährung mit vollwertigen Nahrungsmitteln versorgt den Körper mit allen Nährstoffen, Vitaminen und Mineralstoffen, die er braucht, um gesund zu bleiben.

Vollwertkost basiert auf naturbelassenen, pflanzlichen Lebensmitteln wie Vollgetreide, Gemüse, Obst, Kartoffeln und Hülsen-

Ändern Sie Ihre Essgewohnheiten

früchten; ergänzt durch Milch und Milchprodukte, zubereitet mit naturbelassenen Fetten und Ölen. Zum Süßen werden Honig, Birnendicksaft, Vollrohrzucker und Ahornsirup verwendet. An Getränken empfehlen sich Mineralwässer, ungesüßte Kräuter- und Früchtetees, verdünnte Obst- und Gemüsesäfte sowie Getreidekaffee. Schwarzer Tee und Kaffee reizen und sollten daher nur gelegentlich und in kleinen Mengen getrunken werden.

Natürlich geht eine Umstellung der Ernährungsgewohnheiten nicht binnen kürzester Zeit, sondern am erfolgreichsten, wenn Sie langsam, Stück für Stück vollwertige Nahrungsmittel in Ihren Speiseplan integrieren. Dazu gehört außerdem, dass Sie in Ruhe und langsam essen. Sie haben sich bereits während der Kur daran gewöhnt und sollten dies beibehalten.

Gerichte aus dem vollen Korn sollten ein fester Bestandteil Ihres Speiseplans werden.

■ Eine zusätzliche Maßnahme

Als unterstützende Maßnahme zur Wiederherstellung einer gesunden Darmflora empfiehlt sich das tägliche Essen einiger Löffel Joghurt (jedoch nur, wenn keine Milchunverträglichkeit besteht). Die im Joghurt enthaltene Milchsäure sowie die Milchbakterien (Laktobazillen) tragen sehr dazu bei, dass Ihr Darm wieder ins Lot kommt. Die Milchsäure erhöht das saure Milieu im Darm. Dies wiederum ist unerlässlich für eine gesunde Darmflora. Die Laktobazillen und Bifidobakterien gehören der Säuerungsflora des Darms an und helfen zusätzlich mit, die Darmflora zu sanieren. Geeignet ist allerdings nur Joghurt mit lebenden Bakterienkulturen und rechtsdrehender Milchsäure.

Joghurt mit lebenden Bakterienkulturen (Milchsäurebakterien) bringt die Darmflora wieder ins Lot.

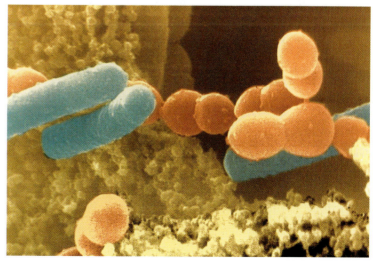

Apfelessig in Küche und Haushalt

Köstlichkeiten mit und rund um (Apfel-)Essig.

Dass sich Essig nicht nur zum Anmachen von Salaten und zu weit mehr als zum Einlegen kleiner Gürkchen eignet, haben Köche bereits zu Zeiten Kleopatras und Neros erkannt: Essigsaures stand bei den Gelagen der altrömischen Oberschicht hoch im Kurs, aber auch sozial schlechter Gestellte mochten nicht auf dieses Aroma verzichten. Die Vorliebe für das Gärprodukt hat sich durch die Epochen hindurch erhalten. Nach jahrzehntelanger Abstinenz halten Kreationen aus und mit Essig wieder Einzug in Kochtöpfe, Schüsseln und sogar in Aperitifgläser, wie später noch zu lesen sein wird. Saure Spezialitäten, oftmals über Jahre zu bestem Aroma gereift sowie mit sorgsam ausgewählten Kräutern, Gewürzen und Früchten veredelt, gelten als Geheimtip unter Feinschmeckern und werden zu Höchstpreisen gehandelt – eine Art neuer Essig-Ära ist angebrochen.

Saures für anspruchsvolle Gaumen

Bereits im Mittelalter und bis zu Beginn unseres Jahrhunderts war man stets der Überzeugung, dass Essig mit der beste Koch ist.

Der Gärtrunk hält Einzug in die Gourmet-Tempel, und wie: Immer mehr dekorierte Kochkünstler mögen nicht mehr auf die saure Zutat verzichten. Nicht ohne Stolz informieren sie ihren Gast auf der Speisekarte sehr genau darüber, mit welcher Essigkreation sie seinen Gaumen erfreuen werden. Im Zuge der Renaissance antiker römischer und mittelalterlicher Begeisterung für das essigsaure Aroma dient dieses nicht mehr nur der Verfeinerung der Speisen, sondern kommt auch selbst, für sich alleine auf den Tisch: in Gestalt des Aperitif-Essigs, der vor dem Mahl gereicht die Verdauungssäfte zum Fließen bringen und die Geschmacks-

Renaissance in der »edlen« Küche

nerven für die bevorstehenden Genüsse sensibilisieren soll. Zwischen den einzelnen Gängen serviert, dient ein Gläschen verdünnten Edel-Essigs als Stimulanz für den Magen und schafft Platz für das nächste Gericht; als Digestif wirkt er Völlegefühlen entgegen und unterstützt die Verdauung.

Von hier war es nur noch ein kleiner Schritt zum »Essig-Menü«, einer Abfolge von durchweg mit der sauren Zutat gefertigten und damit verfeinerten Speisen. Doch nicht nur in Feinschmeckerzirkeln wird wieder entdeckt, dass Essig die edle Kochkunst enorm bereichert – die sauren Köche, allen voran der Apfelessig, setzen in den Haushalten von Garmisch bis Flensburg zum Siegeszug an. So hat sich der Konsum des sauren Obstsaftes im Vergleich zu den Vorjahren um mehr als die Hälfte erhöht. Mit gutem Grund, denn wer mit Apfelessig einlegt, konserviert und würzt, erfreut nicht nur seinen Gaumen, sondern profitiert nebenbei auch von den zahlreichen gesundheitlichen Vorzügen.

Von den Sachverständigen für Gaumenfreuden noch bis vor einigen Jahren als kulinarisches »Himmelfahrtsunternehmen« verschmäht, wird ein Essig-Menü heute von eben diesen freudig goutiert.

■ **Saure Konkurrenz**

Anfang der siebziger Jahre zogen dunkle Wolken am Essig-Horizont auf: Um die Volksgesundheit besorgte Ernährungswissenschaftler plädierten, Essig hinfort stets durch reinen Zitronensaft zu ersetzen. Dieser sei »natürlicher« und könne vom Körper besser verwertet werden als die »unnatürliche« Essigsäure. Infolgedessen führte der Essig eine Weile ein Schattendasein – vor allem Diätküchen verbannten den Gärsaft vom Speiseplan.

Nun sind Essig- und Zitronensäure aber nahe Verwandte, weil beide natürlichen Ursprungs und im Stoffwechsel des Menschen reichlich vertreten sind. Beide sind für zahlreiche Reaktionen und Vorgänge im Körper unentbehrlich. Diese Tatsache und die (Wieder-)Entdeckung der zahlreichen gesundheitsfördernden Wirkungen des Essigs und seiner Säure sorgten für die Rehabilitation: Essig wurde wieder salonfähig erklärt.

Zusätzlich mit dem Segen der Mediziner und Ernährungswissenschaftler versehen, erobert er sich nun – in immer neuen Varianten – die Küchen.

> **Nur beste Qualität**
>
> Verwenden Sie auch zum Kochen nur Apfelessige, die aus ganzen und vollreifen Äpfeln von kontrolliert-biologischem Anbau stammen. Sie müssen auf natürliche Weise hergestellt und damit frei von jeglichen chemischen Zusatzstoffen sein. Sie wurden nicht gefiltert, erhitzt oder destilliert. Der Säuregehalt sollte bei fünf Prozent liegen. Diese hochwertigen Essige erhalten Sie in Naturkostläden, Reformhäusern und in manchen Feinkostgeschäften sowie bei den im Anhang genannten Bezugsquellen (siehe Seite 251).

Von blumig bis würzig: Kräuter- und Gewürzessige

Die ohnehin große Palette der Essigsorten, vom Balsamessig bis zum Weinessig, wird durch die mit Kräutern und Gewürzen versetzten und so aromatisierten Essige noch erweitert. Wer kulinarische Ambitionen hat, dem bietet sich heute ein umfangreiches Sortiment verschiedenster Essige. Eine essigsaure Spielwiese, aus der man sich je nach Geschmack und Verwendungszweck die entsprechende Variante auswählen kann. Ob sauer oder süß, würzig oder scharf, ob zu Salat, Gemüse, Fisch oder Fleisch – der passende Sauer-Stoff findet sich immer.

Die Begründer der französischen Firma Maille – Senfliebhabern ist der Name sicher ein Begriff – boten bereits um 1750 über 50 verschiedene Sorten aromatisierter Essige an.

■ Saure Sinnlichkeit

- ▶ Basilikumessig: allgemein zu Gerichten aus der italienischen und provenzalischen Küche, zu allen Gerichten mit Tomaten, Kürbis, Gurken, grünem Spargel und grünem Salat, Karotten und Paprika
- ▶ Beerenauslese-Essig: für Saucen zu Süßspeisen, Austern, Krustentieren, Salat- und Sahnesaucen, Pasteten (vor allem Gänseleberpastete), Morcheln
- ▶ Brennnesselessig: für Hülsenfrüchte, Blumenkohl, Kräutersalat, Bouillon, Frikassee sowie für Pilz- und Dillsaucen

Saurer Gaumenkitzler für Gourmets

- **Dillessig:** zu allen Fischgerichten (besonders Lachs und Matjes), Meeresfrüchten, zu Rote Bete, Gurken-, Kartoffel- und Bohnensalaten
- **Estragonessig:** für Chicorée, Kopfsalat, Rotkraut, Omeletts, Kartoffeln, Rahmsuppen, Geflügel- und Kalbfleisch, Pilzgerichte, für helle Saucen (zum Beispiel Sauce hollandaise)
- **Fenchelessig:** Avocado, Champignonsalat
- **Heidelbeeressig:** zu Feld- und Fruchtsalaten, Wildpasteten und süß-sauer eingelegten Früchten
- **Himbeeressig:** für Endivien- und Kopfsalat, Brunnenkresse, Eiersaucen und sauer eingelegtes Obst
- **Holunderessig:** an Rotkraut(salate), Tomaten, Radicchio, für Saucen zu Wild- und Lammbraten sowie für Pilzsaucen
- **Lavendelessig:** für Geflügel- und Kalbsfond, Lamm, Garnelen, Bouillon, Obstsoufflés
- **Maulbeeressig:** für Gemüsekuchen, Zucchini, Tomatengerichte, Kürbissuppe und Gemüsebrühe, Entenbraten und asiatische Gerichte
- **Melissenessig:** für Fonds zu Karpfen, Zander und Wels, zu Meeresfrüchten und Kartoffelgerichten, für Sauce hollandaise und béarnaise oder Béchamelsauce
- **Minzessig:** Mayonnaise, grüne Saucen, Fruchtsalate, Chutneys
- **Oreganoessig:** Eierspeisen, Pizzabeläge, Nudelgerichte
- **Pflaumenessig:** zum Bestreichen von Tauben und Enten, für Rapunzelsalate und lauwarme Pilzsalate, Ziegen- und Hammelfleisch sowie für Käse
- **Preiselbeeressig:** zu Kalbfleisch, Geflügelpasteten, Ziegen- und Schafskäse, Datteln und Feigen
- **Rosenessig:** für feine Pasteten, Blatt- und Spargelsalate, zum Marinieren von Steaks, zu Weichkäse
- **Rosmarinessig:** Lamm- und Schweinefleisch, Gurken- und Tomatensalat, allgemein zu Gerichten aus der italienischen und provenzalischen Küche
- **Salbeiessig:** für Geflügel, Ziegen- und Hammelbraten, Kaninchen, Schafskäse und Consommé

Essig, Essig, Essig – doch keine Panik: Sie müssen jetzt nicht gleich in den nächsten Feinkostladen laufen und sämtliche – teuren – Essigvarianten einkaufen. Ab Seite 216 erfahren Sie, wie Sie saure Köstlichkeiten selbst herstellen können.

Apfelessig in Küche und Haushalt

- Schwarzer Johannisbeeressig: für Blattsalate, Pasteten, Sauerbraten, zu Reh, Hase und Rebhuhn
- Thymianessig: Geflügelgerichte, ansonsten zu Gerichten aus der italienischen und aus der provenzalischen Küche

■ Hausgemachter Kräuter- und Gewürzessig

Mit erlesenen Kräutern und Gewürzen verfeinerte Essige haben Hochkonjunktur im Delikatess- und Feinkosthandel sowie auf den Wochenmärkten. Wer möchte, kann auf aromatisierte Essige aus hauseigener Produktion zurückgreifen, denn diese lassen sich recht einfach selbst herstellen. Grundvoraussetzung ist allerdings, dass der dazu verwendete Essig von ausgezeichneter Qualität ist, denn auch die besten und frischesten Kräuter und Gewürze lassen nicht über einen minderwertigen Ansatzessig hinwegtäuschen.

Das folgende Grundrezept macht Sie mit den wichtigsten Voraussetzungen für die Essigherstellung vertraut. Im Anschluss daran finden Sie einige Anregungen für essigsaure Kreationen.

Grundlage jeder Essigvariante ist ein geeigneter Basisessig. Diesen können Sie entweder selbst herstellen oder von einem Weinbauern kaufen. Aber auch in Reformhäusern und Bioläden erhalten Sie gute Obst- und Weinessige, die Sie verwenden können.

GRUNDREZEPT

- Der Behälter, in dem Sie den Essig ziehen lassen, sollte aus Ton, Glas oder Edelstahl sein. Wichtig ist, dass das Gefäß eine große Öffnung hat, damit es sich leicht abfüllen und gut reinigen lässt.
- Die Kräuter, die Sie verwenden, sollten frisch sein. Bei Essigen mit Früchten darf es auch Tiefkühlware sein.
- Kräuter und Gewürze werden durch Zerreißen oder Zerschneiden grob zerkleinert; Früchte in Stücke geschnitten. In jedem Fall sollten die Teile nicht zu fein sein, damit das Aroma nicht zu dominant wird.
- Wenn Sie verschiedene Kräuter verwenden, sollten Sie darauf achten, dass diese geschmacklich harmonieren. Ungünstig ist es beispielsweise, zwei Kräuterarten miteinander zu kombinieren, die beide ein sehr intensives Aroma haben.
- Die Menge der Kräuter richtet sich danach, wie intensiv Sie den Geschmack am Ende wünschen. Als Faustregel gilt: Die Kräuter sollten zwei Prozent des Gesamtvolumens ausmachen – das

Das Einmaleins des Essigmachens

bedeutet 20 Gramm Kräuter auf einen Liter Ansatzessig.

- Geben Sie zum Essig und den Kräutern stets eine kleine Menge Salz, denn das intensiviert das Aroma.
- Der Platz, an dem Sie die Kräuter im Essig ziehen lassen, muss unbedingt dunkel sein. Ansonsten kann es passieren, dass die Kräuter unter der Lichteinwirkung braun werden und damit den Essig insgesamt verfärben.
- Die Temperatur, unter der die Kräuter ziehen, sollte zwischen 18 und 20 °C betragen.
- Verschließen Sie das Ansatzgefäß fest, und schütteln Sie es alle paar Tage ein wenig durch. Gut ist zudem, bisweilen davon zu kosten – denn unter Umständen erreicht der Essig sein Aroma schneller als erwartet.
- Bei der genannten Temperatur ist der Essig etwa binnen drei Wochen fertig; ansonsten richten Sie sich nach den entsprechenden Angaben in den Rezepten.
- Sobald das gewünschte Aroma erreicht ist, filtern Sie den Essig durch einen Kaffeefilter ab und füllen ihn in zuvor mit heißem Wasser sterilisierte, dunkle Glasflaschen ab.
- Je nachdem wie geschmacksintensiv Sie Ihren Essig möchten, filtern Sie die Zutaten beim Umfüllen heraus oder lassen sie in der Flasche, um das Aroma zu verstärken.
- Wenn Sie in den Essig zu Dekozwecken Zweige von Kräutern, ganze Früchte oder Blüten hineingeben, achten Sie darauf, dass diese vollständig von Essig bedeckt sind; andernfalls können sie zu schimmeln beginnen.
- Sammeln Sie schön geformte Flaschen oder Gläser, denn in ihnen bereitet der selbstgemachte Kräuter- und Gewürzessig noch mehr Freude.

Ob kunstvolle Designerflasche oder wieder verwendete Mehrwegflasche – auf den Inhalt kommt es an.

Kräuter- und Gewürzessige – ob selbst gemacht oder gekauft – sollten Sie stets gut verschlossen an einem dunklen und kühlen Platz lagern. Auf diese Weise sind sie bis zu einem Jahr haltbar.

Apfelessig in Küche und Haushalt

Sie können den Basilikumessig auch mit drei bis vier Knoblauchzehen und einer halben Zwiebel ansetzen; das ergibt einen sehr intensiven Geschmack, der gut mit deftigen Gerichten harmoniert. Beim Abfüllen sollten Sie hier jedoch die Zutaten abfiltern, sonst wird der Essig zu geschmacksintensiv.

BASILIKUMESSIG

Zutaten • 1 l Apfelessig • 50 g Basilikumblätter • 12 grüne oder schwarze Pfefferkörner • etwas Meersalz

Die Pfefferkörner und das Salz intensivieren das ohnehin kräftige Basilikumaroma zusätzlich. Sie geben alle Zutaten in einen Krug oder einen anderen weithalsigen Behälter und lassen ihn vier bis fünf Wochen stehen. Beim Umfüllen in eine Flasche können die Zutaten im Essig bleiben.

WEIHNACHTSESSIG

Diese Kreation passt mit ihrem typischen Geschmack nach Weihnachtsgebäck sehr gut zu süßsauren Gerichten aus der fernöstlichen Küche und eignet sich zudem für Grillsaucen und zum Verfeinern von Süßspeisen.

Zutaten • 1 l Apfelessig • 20 g Basilikumblätter • 5 Zimtstangen • 6–8 Gewürznelken • 1 TL Ingwer • 1 TL brauner Zucker (Rohrzucker)

Sie zerkleinern die Zimtstangen im Mörser oder mit einem Messer und füllen sie gemeinsam mit allen anderen Zutaten in einen Behälter. Achten Sie darauf, dass sich der Zucker vollständig auflöst; ansonsten helfen Sie durch Umrühren etwas nach. Dann lassen Sie den Essig für mindestens drei Wochen ziehen, filtern die Zutaten ab und füllen ihn um. Eine oder zwei Zimtstangen sorgen für eine schöne Optik.

DILLESSIG MIT ROSA PFEFFER

Die feine Schärfe des rosa Pfeffers, im Verbund mit dem feinen Dillaroma, macht sich hervorragend zu Fischgerichten, besonders zu Lachs und Lachsforellen.

Zutaten • 1 l Apfelessig • 10 g Basilikumblätter • 30 g Dillkraut • 30 g rosa Pfefferkörner

Sie zerschlagen einige der Pfefferkörner grob und geben sie mit den anderen, zuvor grob zerkleinerten Zutaten und dem Essig in einen Krug. Zwei bis drei Wochen ziehen lassen, dann die Zutaten abfiltern und den Essig umfüllen.

ESTRAGONESSIG

Er steht ganz oben auf der Hitliste der essigsauren Spezialitäten – und zwar schon seit Jahrhunderten.
Zutaten • 1 l Apfelessig • 40 g Estragonblätter • etwas Meersalz
Füllen Sie sämtliche Zutaten in einen passenden Behälter. Lassen Sie die Mischung vor dem Umfüllen mindestens vier Wochen ziehen.

POTPOURRI-ESSIG

Dieses Rezept können Sie je nach Angebot auf den Märkten oder Ihres eigenen Kräuteranbaus beliebig variieren; wichtig dabei ist nur, dass die Mischung geschmacklich harmoniert. Die angegebene Zusammenstellung der Kräuter ist eine Möglichkeit.
Zutaten • 1 l Apfelessig • je 10 g Schnittlauch, Dill, Majoran, Petersilie, Thymian und Liebstöckl • etwas Meersalz
Sie zerkleinern alle Kräuter grob und setzen sie mit dem Salz für mindestens vier Wochen in dem Apfelessig an. Danach abfiltern und in eine Flasche umfüllen. Zur Dekoration geben Sie ein Kräutersträußchen mit in die Flasche.

ESSIG PROVENCIALE

Zutaten • 1/2 l Apfel- oder Weißweinessig • je 10 g Basilikum- und Oreganoblätter, Bohnen-, Rosmarin- und Thymiankraut • etwas Meersalz
Sie bestreuen die zerkleinerten Kräuter mit dem Salz, geben sie in einen Behälter und gießen den zuvor leicht erwärmten Essig darüber; drei Wochen ziehen lassen, dann abseihen und in eine Flasche umfüllen. Als Dekoration eignet sich ein Rosmarinzweig.

KNOBLAUCHESSIG

Das typische Knoblaucharoma harmoniert vor allem mit deftigen Gerichten – etwa Wurstsalaten – sowie mit allen Gerichten aus der mediterranen Küche.
Zutaten • 1 l Apfel- oder Rotweinessig • 10–12 Knoblauchzehen • 1/2 Lauchstange

Estragonessig eignet sich besonders zur Bereitung von hausgemachtem Senf und für Saucen; auf keinen Fall fehlen darf er in der berühmten Sauce béarnaise, eine Sauce hollandaise bekommt durch ihn erst ihr weithin geschätztes Aroma.

Apfelessig in Küche und Haushalt

Wenn Sie Knoblauchessig zum Verfeinern verwenden, erübrigt sich die Zugabe von frischem Knoblauch.

Sie schälen und zerdrücken die Knoblauchzehen und setzen sie mit dem Essig und dem in feine Scheiben geschnittenen Lauch an. Die Ansatzzeit ist abhängig davon, wie intensiv Sie den Knoblauchgeschmack wünschen; deshalb zwischendurch öfter probieren. Sobald Ihnen das Aroma behagt, den Essig abseihen und in eine Flasche umfüllen.

MELISSEN-MINZEN-ESSIG

Sein frischer Geschmack empfiehlt sich zu sommerlichen Salaten sowie zu Fruchtspeisen. Mit Wasser verdünnt wird ein außergewöhnlicher und gesunder Durstlöscher daraus.

Zutaten • 1 l Apfelessig • 30 g Pfefferminzblätter • 30 g Zitronenmelissenblätter • 1 EL Waldhonig

Sie zerkleinern die Kräuter und füllen dann alle Zutaten in ein Gefäß. Nach fünf bis sechs Wochen ist der Essig fertig und kann in Flaschen umgefüllt werden. Wer möchte, kann die Kräuter als Dekoration in die Flasche dazugeben.

Schon vor vielen Jahrhunderten gab es kreative Essigmacher, die ihre sauren Produkte mit Orangen- und Rosenblüten, Estragonblättern oder Ingwerwurzeln veredelt haben.

INGWERESSIG MIT ROSMARIN

Eine außergewöhnlich leckere Kombination: die feine Schärfe des Ingwers und das würzige Aroma von Rosmarin. Das Duo eignet sich vor allem für Marinaden zu Fleischspeisen und zum Aufpeppen von Saucen.

Zutaten • 1 l Apfelessig • 20 g frischer Ingwer • 40 g Rosmarinblätter • etwas Meersalz

Sie zerhacken Sie den Ingwer und die Rosmarinblätter und setzen sie mit Essig und Salz an. Nach vier bis fünf Wochen kann der Essig gefiltert und umgefüllt werden.

MEERRETTICHESSIG

Zutaten • 1 l Apfelessig • 4 EL frisch geriebener Meerrettich • etwas Meersalz • 1 TL Honig

Füllen Sie alle Zutaten in ein entsprechendes Gefäß. Lassen Sie den Essig zwei Wochen ziehen; dann wird er gefiltert und in eine Flasche umgefüllt.

Melisse, Minze, Ingwer, Meerrettich, Erdbeeren, Nüsse ...

ERDBEERESSIG

Eine fruchtige Essenz für sommerlich leichte Salate.
Zutaten • 1 l Apfelessig • 300 g Walderdbeeren • 30 g brauner Zucker (Rohrzucker)
Sie lösen den Zucker im Essig auf und gießen dies über die zerkleinerten Erdbeeren im Ansatzgefäß. Nach fünf bis sechs Wochen können Sie den Essig abseihen und umfüllen.

NUSSESSIG

Eine exklusive Spezialität, die Salaten das gewisse Etwas verleiht; aber auch Süßspeisen können Sie mit diesem Essig enorm aufpeppen.
Zutaten • 1 l Apfelessig • 200 g geschälte und fein gehackte Wal- oder Haselnüsse • 1 TL Zimtpulver
Sie füllen Nüsse und Zimtpulver in einen Kochtopf, gießen den Apfelessig darüber und erwärmen dies langsam auf etwa 40 °C. Damit die Mischung nicht zu heiß wird, sollte man ein Thermometer verwenden. Anschließend vom Herd nehmen und in das Ansatzgefäß umfüllen. Je nach gewünschter Geschmacksintensität zwischen sechs und acht Wochen ziehen lassen, dann sorgfältig abfiltern und in eine Flasche füllen.

Die Wal- oder Haselnüsse können Sie durch ungesalzene Erdnüsse oder Cashewnüsse ersetzen.

Erdbeeressig – ideal für fruchtige Sommersalate.

Kulinarisches rund um Apfelessig

Prinzipiell kann bei allen Rezepten, bei deren Zubereitung Essig erforderlich ist, Apfelessig verwendet werden. Sofern nicht anders angegeben, sind die im Folgenden vorgestellten Rezepte jeweils für vier Personen ausgelegt. Auch hier gilt: Für gutes Gelingen der Köstlichkeiten benötigt man frische und qualitativ hochwertige Zutaten – ob ein gutes Olivenöl oder frisch gemahlener Pfeffer aus der Mühle.

Dressings und Marinaden aus raffiniert zusammengestellten Zutaten sind die Quintessenz der feinen Küche. Mit originellen Variationen lassen sich neue Geschmacksnoten zaubern und Salate optisch verführerisch zubereiten.

■ Das Tüpfelchen auf dem Salat

Raffinierte Salatmarinaden und Dressings mit Apfelessig und anderen seiner sauren Kollegen sind das Tüpfelchen auf einem knackig-frischen Salat. Mit ihrer Hilfe können Sie jeden Salat zu einem kulinarischen Erlebnis machen. Der Fantasie sind dabei keine Grenzen gesetzt.

Marinaden und Dressings lassen sich sehr gut auf Vorrat zubereiten: einfach in ein Plastikgefäß oder ein Schraubglas mit Deckel füllen und fest verschlossen im Kühlschrank aufbewahren. Die frischen Kräuter sollten Sie dann allerdings erst kurz vor dem Servieren dazugeben. Hier sind einige Anregungen für fantasievolle Kreationen.

MEERRETTICH-DRESSING

Diese Variante eignet sich hervorragend zu allen Blattsalaten, besonders zu Endiviensalat.

Zutaten • 3 Eigelb • 1 TL gemahlener Meerrettich • 50 g gehackte rote Paprika • 6 gehackte Basilikumblätter • 2 EL Apfelessig • etwas Salz, weißer Pfeffer • 5 EL Olivenöl

Schlagen Sie Eigelb und Olivenöl schaumig. Dann verdünnen Sie dies mit etwas Essig und geben die restlichen Zutaten hinzu. Alles gut verrühren und vor dem Anmachen noch für kurze Zeit im Kühlschrank ruhen lassen.

TUNFISCH-DRESSING

Passt ideal zu gemischten Blattsalaten und griechischem Salat.

Der besondere Pfiff für alle Salate

Zutaten • 250 g Tunfisch aus der Dose • 1/2 Zwiebel • je 1/2 grüne und rote Paprika • 1 Gewürzgurke • 6 EL Olivenöl • 3 EL Aceto Balsamico (Balsamessig) • Salz, schwarzer Pfeffer
Lassen Sie den Tunfisch gut abtropfen. Zwiebel, Paprika und Gewürzgurke klein hacken und mit dem Tunfisch vermischen. Dann Essig und Öl zugeben und mit Salz und Pfeffer abschmecken.

Verwenden Sie grundsätzlich – nicht nur für Salatmarinaden – hochwertiges, kaltgepresstes Olivenöl extra vergine.

VINAIGRETTE

Der Klassiker eignet sich nicht nur zu Salaten und Rohkost, sondern auch als Dip für Artischocken, Spargel und zu kaltem Fleisch.
Zutaten • 2 EL Olivenöl • 2 EL Apfelessig • 1 TL Salz • 1/4 TL schwarzer Pfeffer
Sie geben Salz und Pfeffer in eine kleine Schüssel, fügen den Essig hinzu und rühren so lange, bis sich das Salz vollständig aufgelöst hat. Dann wird das Olivenöl dazugegossen und verrührt.

Vinaigrette-Variationen

- **Knoblauch-Vinaigrette** Eine halbe Knoblauchzehe mit Salz und Pfeffer zu einem Brei zerstoßen; dann Essig und Öl dazugeben.
- **Grüne Vinaigrette** Vor dem Hinzufügen des Öls zwei Esslöffel gekochten, passierten Spinat sowie einen Esslöffel gehackte Küchenkräuter oder Gartenkresse einrühren.
- **Tomaten-Vinaigrette** Zwei Esslöffel eingekochte, pürierte Tomaten (alternativ ungesalzenes Tomatenmark) untermischen.
- **Eier-Vinaigrette** Vor dem Hinzugeben des Öles ein weich gekochtes Eigelb unterrühren; zusätzlich kann auch das sehr fein gehackte Eiweiß dazugemischt werden.

KRÄUTERDRESSING

Zutaten • 1 Frühlingszwiebel • je 1 EL Basilikum, Dill und Petersilie • 1 hart gekochtes Ei • 1 TL mittelscharfer Senf • 1 EL Apfelessig • 3 EL Olivenöl • Meersalz, schwarzer Pfeffer

Sie schälen und würfeln die Zwiebel und das Ei, waschen und hacken die Kräuter und verrühren alles in einer kleinen Schüssel mit dem Essig und dem Senf. Mit Salz und Pfeffer abschmecken und zum Abschluss das Olivenöl darunter schlagen. Sehr gut schmeckt auch ein Esslöffel Honig untergerührt – allerdings ist das etwas für Freunde einer süßsauren Note.

■ Die besten Marinaden und Saucen

Eine Marinade aus Essig, Öl und verschiedenen Kräutern schlägt gewissermaßen »drei Fliegen mit einer Klappe«: Sie macht Fleisch zart, verleiht den marinierten Speisen einen angenehm aromatischen Geschmack und sorgt für eine längere Haltbarkeit, was vor allem bei Fisch und Fleisch von Bedeutung ist. Auch Geflügel und Wild werden zum einzigartigen Genuss.

Nicht nur Fleisch- und Fischgerichte gewinnen durch Marinaden. Sauer oder süß eingelegtes Gemüse oder Obst bereichert die Tafel um weitere exquisite Geschmacksnuancen.

MARINIEREN MIT ESSIG

▶ Tiefgefrorene Speisen müssen vor dem Marinieren grundsätzlich immer vollständig aufgetaut werden.

▶ Zum Marinieren eignen sich keine Gefäße aus Aluminium oder anderen säureempfindlichen Materialien; am besten sind Glas, Keramik und Edelstahl.

▶ Außer Fleisch, Fisch und Eier können auch Obst und Gemüse sowie Käse mariniert werden; vor allem die mediterrane Küche bietet hierzu eine Fülle an Rezepten.

▶ Große Fleischstücke und ganze Fische sollten für drei bis fünf Tage mariniert werden; Steaks, Fischfilets, Geflügel und andere kleinere Speisen dagegen nur für einige Stunden. Wenden Sie die Speisen während des Marinierens mehrmals, damit sie von allen Seiten durchtränkt werden.

▶ Marinaden-Grundrezept: Sie mischen Olivenöl oder Sonnenblumenöl zu gleichen Teilen mit Apfelessig, geben je nach Menge des Mariniergutes einen bis drei Esslöffel frisch gehackte Kräuter nach Saison dazu und verrühren alles gut. Dann legen Sie die zu marinierenden Speisen darin ein; sie sollten dabei vollkommen von der Marinade bedeckt sein.

MAYONNAISE

Zutaten • 4 Eigelb • 1/2 l nicht zu kaltes Oliven- oder Sonnenblumenöl • 2 EL Apfelessig • Meersalz • schwarzer Pfeffer
Sie rühren die Eigelbe mit etwas Salz schaumig, geben langsam und unter ständigem Rühren das Öl hinzu und schmecken dann mit Apfelessig, Pfeffer und Salz ab.

EPITYRUM – RÖMISCHE OLIVENPASTE

Dieses traditionsreiche Rezept stammt aus dem »De condituris« von Apicius, einem Kochbuch ausschließlich für Saucen aus dem antiken Rom.
Zutaten • je 1 Tasse grüne und schwarze Oliven • je 1 TL gehackte Fenchel- und Korianderfrüchte, Minzblätter sowie Kumin (Kreuzkümmel) • 1 EL Apfelessig • 1 EL Olivenöl
Sie entkernen die Oliven und mahlen sie in einem Mixer zu Brei; ganz traditionell wäre natürlich das Zermahlen im Mörser. Anschließend geben Sie die Kräuter, Essig und Öl in den Olivenbrei und verrühren alles gut miteinander. In eine Tonschale füllen und mit einigen Kräutern garnieren.

Beim Einlegen und Marinieren, aber auch bei der Zubereitung »antiker« Dips und Dressings verbinden sich Essig und Olivenöl zu einer köstlichen und gesunden Liaison.

HYPOTRIMMA – KÄSESAUCE

Dieses ungewöhnliche Rezept darf gewissermaßen als antiker Vorläufer der Roquefortsauce betrachtet werden, mit der man vor allem in Frankreich den Salat verfeinert.
Zutaten • 1 Hand voll Pinienkerne und Rosinen • 4–5 Datteln • 100 g milder Weichkäse • 1 TL Bienenhonig • 1 EL Apfelessig • 1 Tasse Olivenöl
Verrühren Sie Weichkäse, Honig, Essig und Öl im Mixer. Dann geben Sie Pinienkerne, Rosinen und die zuvor zerkleinerten Datteln hinein, rühren sorgfältig um und gießen es über den Salat.

ANCHOVIADE

Schmeckt auf geröstetem Weißbrot oder als Dip zu rohem Gemüse. Sie können die Paste aber genauso gut als Dressing zum gemischten Salat reichen.

Zutaten • 50 g Anchovispaste • 2 TL Dijonsenf • 2 Knoblauchzehen • 1 EL Apfelessig • 150 ml junges, fruchtiges Olivenöl
Sie schälen die Knoblauchzehen, zerdrücken sie mit der Knoblauchpresse und verrühren sie in einer Schüssel mit der Anchovispaste, Senf und Essig. Dann geben Sie langsam das Olivenöl dazu und schlagen die Paste mit einem Schneebesen leicht schaumig.

MANGO-CHUTNEY

Chutneys sind vor allem in Südostasien sehr beliebt. Mit exotischen Gewürzen und Früchten sind sie – süßsauer, würzig oder feurig-scharf – eine köstliche Beilage zu vielerlei Gerichten.

Zutaten • 1 kg unreife Mangos • 1 unbehandelte Zitrone • 2 gehackte Chilischoten • 0,3 l Apfelessig • 250 g brauner Zucker • 1 TL Salz • je 1 TL gemahlener Kardamom und Kümmel • einige Fäden Safran
Sie schälen und würfeln die Mangos und schneiden die Zitronen in Scheiben. Beides wird zusammen mit den Chilischoten und dem Essig aufgekocht. Dann weitere zehn Minuten bei mittlerer Hitze köcheln lassen, bis die Mangos weich sind. Anschließend rühren Sie Zucker und Salz unter und lassen das Chutney für weitere 45 Minuten auf dem Herd eindicken. Die restlichen Gewürze zugeben, in heiß ausgewaschene Einmachgläser füllen und für 20 bis 30 Minuten einkochen.

■ Salatkreationen

Klar, sie dürfen hier nicht fehlen, denn was wäre ein knackig-frischer Salat ohne einen Spritzer des sauren Saftes. Die folgenden Rezepte bieten eine Abwechslung für den Speiseplan und sollen Sie inspirieren, immer neue Variationen zu erfinden.

CHORIATIKI – GRIECHISCHER BAUERNSALAT

Auch hierzulande fehlt er beim Griechen auf keiner Speisekarte.
Zutaten • 250 g Kalamata-Oliven • 500 g reife Fleischtomaten • 300 g Feta (griechischer Schafskäse) • 1/2 Salatgurke • 50 g Kapern • 1 EL Oregano • 2 EL Apfelessig • 2 EL Olivenöl • Essig, Salz, Pfeffer
Sie waschen und vierteln die Tomaten, schälen die Gurke, schneiden sie in Scheiben und würfeln den Feta. Alles mit den Oliven in

eine große Schüssel geben und darüber Kapern und Oregano streuen; mit Salz, Pfeffer und Essig abschmecken und zum Abschluss das Olivenöl dazugießen.

SALAT VON BLIESTALER KÄSE UND ÄPFELN
Dieses Rezept stammt vom Weinessiggut Doktorenhof.
Zutaten • 4 Bliestaler Käse • 2 Äpfel (Klosteräpfel) • 2 Schalotten • 4 EL Apfelessig • 4 EL trockener Weißwein • 3 EL Distel- oder Sonnenblumenöl • schwarzer Pfeffer
Schneiden Sie die Käse in Stücke; dann waschen und vierteln Sie die Äpfel, schneiden diese in Scheiben und schälen und hacken die Schalotten. Alles in eine Schüssel füllen. Sie verrühren Essig, Wein und Öl, schmecken mit dem Pfeffer ab und gießen die Marinade über Käse und Äpfel. Den Salat mit Löwenzahnblättern oder Blüten garnieren und servieren.

ENDIVIE MIT SPECK UND PFIFFERLINGEN
Dieses Rezept stammt vom Weinessiggut Doktorenhof.
Zutaten • 4 EL kräftige Rinderbrühe • 2 EL Riesling-Weinessig oder Apfelessig • schwarzer Pfeffer • je 1 Prise Salz und Zucker • 2–3 geschälte Knoblauchzehen • 2–3 EL Mandelöl • 100 g magerer Räucherspeck • 2–3 Schalotten • 1 EL Salbeiessig • 200 g frische Pfifferlinge • 1 Kopf Endiviensalat
Verrühren Sie in einer kleinen Schüssel Brühe, Wein- oder Apfelessig, Öl und Knoblauch. Sie schmecken mit Zucker, Salz und Pfeffer ab und lassen die Vinaigrette zugedeckt für zwei bis drei Stunden ziehen. Danach die Knoblauchzehen entfernen.
In der Zwischenzeit den Speck in kleine Würfel schneiden und die Schalotten sehr fein hacken. Lassen Sie beides unter Rühren in einer (am besten beschichteten) Pfanne bräunen; mit dem Salbeiessig ablöschen. Die geputzten Pfifferlinge lassen Sie in einem anderen Topf in etwas heißer Butter für fünf bis sieben Minuten dünsten; anschließend die Speck-Schalotten-Mischung unterrühren. Den Endiviensalat putzen, grob zerkleinern und in eine große Schüssel füllen. Sie gießen die Vinaigrette darüber und

Ob mit Käse oder Speck, frischen Pilzen oder Früchten – Salatvariationen kennen (beinahe) keine Grenzen. Lassen Sie Ihrer Fantasie freien Lauf. Sie werden sehen: Gerade in den Sommermonaten sind Salate leichte und gesunde Fitmacher.

Apfelessig in Küche und Haushalt

Erbsen, Linsen, Bohnen – Hülsenfrüchte in allen Variationen.

mischen alles gut durch. Auf Tellern anrichten, die warme Pilz-Speck-Mixtur darüber geben und sofort servieren.

■ Allerlei Gemüse

Apfelessig ist der ideale Begleiter für viele Arten von Gemüse, denn er erhöht deren Bekömmlichkeit – insbesondere von Hülsenfrüchten und Kohlgemüsen – und hebt ihren Geschmack hervor.

WÜRZIGE BATATEN MIT ERBSEN

(für 6 Personen)

Zutaten • 600 g Bataten • 125 g frische oder tiefgekühlte Erbsen • 2 TL Honig • 4 EL Apfelessig • je 1/2 TL Chili- und Zimtpulver • 2 EL Sonnenblumenöl • 150 g gehackte Zwiebeln • 15 g Butter • 1 Prise Salz

Bataten sind südamerikanische Süßkartoffeln, die sich mittlerweile auch in unseren Breiten zunehmender Beliebtheit erfreuen. Bataten erinnern an unsere heimischen Kartoffeln, schmecken jedoch süßlich.

Verrühren Sie in einer kleinen Schüssel Honig, zwei Esslöffel Essig, Chili- und Zimtpulver. Die Bataten schälen und klein würfeln. Erhitzen Sie das Öl bei schwacher Hitze in einer großen, tiefen Pfanne. Die Bataten hineingeben, unter Rühren etwa fünf Minuten anbraten und bei etwas höherer Temperatur noch fünf Minuten weitergaren; dabei ab und zu umrühren. Dann Zwiebeln, Butter, Salz, den restlichen Essig und vier Esslöffel Wasser sowie anschließend die Erbsen hinzufügen; alles unter Rühren fünf Minuten garen, bis die Zwiebeln leicht braun werden. Dann die Honigmarinade darüber gießen, noch weitere zwei bis drei Minuten garen, vom Herd nehmen und servieren.

EGERLINGE IN KRÄUTERSAHNE MIT SALBEIESSIG

Das Rezept zu dieser Vorspeise stammt vom Weinessiggut Doktorenhof. Egerlinge – besser bekannt als Champignons – sind heute als Zuchtpilze erhältlich. Frische Egerlinge können Sie das ganze Jahr über auf den Bauernmärkten kaufen.

Gemüse, Gemüse, Gemüse

Zutaten • 100 g Egerlinge • 2 EL Butter • 400 ml süße Sahne • 1 Schuss trockener Weißwein • 1 TL Salbei- oder Apfelessig • je 1 Bund Petersilie und Schnittlauch • Salz, schwarzer Pfeffer

Zunächst die Egerlinge putzen und in Scheiben schneiden. Erhitzen Sie die Butter in einer Pfanne und braten darin die Egerlinge goldbraun an; mit der Sahne ablöschen, mit Salz und Pfeffer abschmecken und etwas einköcheln lassen. Dann mit Weißwein und Essig abschmecken und zuletzt die gewaschenen und gehackten Kräuter unterrühren. Dazu servieren Sie frisches Baguette oder Vollkorntoast.

BUNTES GEMÜSE

Zutaten • 400 g große Zwiebeln • 1 Fenchelknolle • 1 kleine Aubergine • 4 reife Eiertomaten • 300 g Zucchini • 1/2 TL Salz, schwarzer Pfeffer • 3 EL Apfelessig • 1 gehackte Knoblauchzehe • 2 EL Olivenöl • je 1 TL Rosmarin und Oregano

Die Zwiebeln schälen und in Scheiben schneiden; den Fenchel in dünne Scheiben schneiden und das Grün zum Garnieren aufheben. Die Zucchini werden ebenfalls in Scheiben geschnitten. Sie geben Zwiebeln, eine Prise Salz und die Hälfte des Rosmarins in einen großen Topf, fügen den Essig und vier Esslöffel Wasser hinzu und lassen das Gemüse bei mittlerer Hitze 30 Minuten garen, bis es gebräunt ist.

In der Zwischenzeit mischen Sie die Zucchini mit dem Knoblauch, etwas Salz und der Hälfte des Oreganos und heizen das Backrohr auf mittlere Hitze vor. Die Tomaten schneiden Sie in Scheiben, legen sie auf einen Teller und salzen und pfeffern sie leicht. Die Aubergine der Länge nach halbieren, in Scheiben schneiden und auf ein Backblech legen, mit etwas Öl bepinseln und kurz im Backofen grillen, bis sie leicht gebräunt sind; wenden und auf der anderen Seite grillen.

Dann verteilen Sie die Zwiebeln und den Fenchel in einer großen Auflaufform, geben die Auberginen darüber und richten Tomaten und Zucchini in Reihen darauf an; Sie träufeln einen Esslöffel Öl darüber und decken das Ganze mit Alufolie (Glanzseite zum

Vorsicht!
Den »wilden« Verwandten des Egerlings – den Wiesenchampignon – sollten Sie nur dann selbst sammeln, wenn Sie über Erfahrung beim Pilzesuchen verfügen: Er wird häufig mit dem giftigen weißen Knollenblätterpilz verwechselt!

Gemüse) ab. Im Backofen 15 bis 20 Minuten garen lassen, dann die Alufolie entfernen und noch einmal zehn Minuten weitergaren lassen. Die restlichen Kräuter darauf streuen, mit dem Fenchelgrün dekorieren und servieren. Dazu können Sie Reis oder Baguette reichen.

SELLERIE MIT SAUCE REMOULADE

Dieses Rezept stammt vom Weinessiggut Doktorenhof.
Zutaten • 1 Sellerieknolle • 3 EL frisch gepresster Zitronensaft • 1 EL Dijon-Senf • 1 Eigelb • 50 ml Traubenkernöl • 2 EL Burgunder- oder Apfelessig • 2 EL süße Sahne • Salz, schwarzer Pfeffer

Wenn Sie auf dem Markt oder beim Gemüsehändler eine Sellerieknolle kaufen, sollten Sie darauf achten, dass die Knolle nicht hohl klingt, wenn man darauf klopft, da sie ansonsten im Inneren bereits weich ist.

Sie schälen den Sellerie, schneiden ihn in feine Streifen und vermischen diese mit dem Zitronensaft. Dann bringen Sie in einem Topf Wasser mit einer Prise Salz zum Kochen und geben Selleriestreifen und Zitronensaft hinein; kurz aufkochen lassen, vom Herd nehmen, Sellerie herausnehmen und mit kaltem Wasser abschrecken. In einem Sieb gut abtropfen lassen.

Für die Sauce verschlagen Sie das Eigelb mit dem Senf, geben anschließend langsam das Öl hinzu und schmecken die entstandene Mayonnaise mit Salz, Pfeffer und Essig ab. Mit der Sahne cremig rühren und die Selleriestreifen mit der Sauce vermengen. Eine Stunde ziehen lassen und dann servieren.

CHICORÉE MIT ÄPFELN

Zutaten • 500 g Chicorée • 1 roter Apfel • frisch gepresster Saft 1 Zitrone • 1 EL Distelöl • 1 Prise Salz • schwarzer Pfeffer • 2 EL Apfelessig

Den Chicorée und den Apfel waschen und in gleichmäßige, feine Scheiben schneiden.

Beides im geschlossenen Topf mit einem halben Liter Wasser, Zitronensaft, Salz und Pfeffer zum Kochen bringen. Sobald der Chicorée weich ist, den Deckel abnehmen und weiterkochen, bis die gesamte Flüssigkeit verdampft und das Gemüse goldbraun ist. Den Essig dazugeben, verrühren und alles in eine vorgewärmte Schüssel füllen und servieren.

Nicht nur als Beilage delikat

MANGOLD MIT SENF

Zutaten • 2 große rote Rüben • 4 EL Olivenöl • 1 EL Apfelessig-Senf (Rezept S. 174) oder Estragon-Senf • 1 EL Apfelessig

Die Rüben schälen, in etwas Wasser bissfest kochen und dann in Scheiben schneiden. Anschließend übergießen Sie diese mit einer aus Öl, Senf und Essig gerührten Sauce und servieren sie noch warm.

WIRSINGSUPPE MIT GERÄUCHERTEM FORELLENFILET

Das Rezept stammt vom Weinessiggut Doktorenhof.
Zutaten • 600 g Wirsing • 2 geräucherte Forellenfilets • 1 große Kartoffel • 2 EL Butter • 1 Zwiebel • 500 ml Sahne • 500 ml Gemüsebrühe • 2 EL Weißer Burgunder- oder Apfelessig • Salz, schwarzer Pfeffer, Muskat

Zunächst zerpflücken Sie die Forellenfilets in kleine Stücke und marinieren sie mit dem Essig.
Den Wirsing von Strünken und Rippen befreien, in feine Streifen schneiden; die geschälte Kartoffel ebenfalls in Scheiben schneiden.
Dann schälen und würfeln Sie die Zwiebel, zerlassen in einem Topf die Butter und schwitzen die Zwiebelstückchen darin an. Die Wirsingstreifen dazugeben (einige blanchiert für später aufheben), etwas andünsten lassen und danach die Kartoffelscheiben hinzufügen. Anschließend gießen Sie die Brühe zu und kochen alles auf. Mit der Sahne aufgießen, würzen und fein pürieren. Zum Schluss die marinierten Forellenfiletstückchen und die zurückbehaltenen Wirsingstreifen hinzugeben und servieren. Dazu passt – in allen Ehren – ein Gläschen trockener Weißwein.

Für die Wirsingsuppe empfiehlt sich als delikate Variante ein zarter Fischfond statt der Gemüsebrühe.

■ Fisch und Meeresfrüchte

Essig, ob aus Äpfeln oder Wein, macht sich nicht nur aus geschmacklichen Gründen ganz vorzüglich zu Fluss-, See- und Meeresgetier: er lässt es zudem weiß bleiben und hemmt schädliche Keime, die sich vor allem bei Fisch und Meeresfrüchten gerne einfinden.

TINTENFISCHE ZYPRIOTISCHE ART

(für 6–8 Personen)

Zutaten • 500 g kleine gesäuberte Tintenfische, mit Salz eingerieben • 4 EL Oliven- oder Maisöl • 4 EL Apfelessig • 3 Zwiebeln • 0,1 l trockener Rotwein • 2 Zimtstangen • 4 Gewürznelken • 1 Lorbeerblatt • schwarzer Pfeffer

Zunächst werden die Zwiebeln geschält und in Scheiben geschnitten. Sie erhitzen das Öl in einer tiefen Pfanne, geben Tintenfische und Zwiebelringe hinein und lassen alles etwa zehn Minuten anbraten, bis die Zwiebeln glasig sind. Essig und Wein darüber gießen, alle übrigen Zutaten dazugeben und mit so viel Wasser angießen, bis die Tintenfische gerade bedeckt sind. Bei schwacher Hitze zugedeckt 60 bis 70 Minuten köcheln lassen, bis die Tintenfische weich sind und die gesamte Flüssigkeit aufgesogen haben. Gewürze herausnehmen und servieren; dazu Baguette und frischen Salat reichen.

MARINIERTE SARDELLEN

So mancher kennt dieses einfache Fischgericht vielleicht von einem Spanienurlaub, denn dort wird es in jedem Fischerort serviert.

Zutaten • 700 g frische, ausgenommene Sardellen • 1 Bund Schnittlauch • 5 EL fruchtiges, junges Olivenöl • 3 EL Apfelessig • 4 EL grobes Meersalz • frisch im Mörser zerstoßener Pfeffer

Sie spülen die Sardellen mit Wasser ab, tupfen sie trocken und bestreuen sie von beiden Seiten mit dem Meersalz; in Lagen auf eine große Platte oder ein Blech stapeln und 30 Minuten ziehen lassen. Anschließend spülen Sie die Sardellen wieder mit Wasser ab, zerteilen sie in Filets und entfernen die Gräten. Nun verrühren Sie Olivenöl und Essig und verteilen die Hälfte dieser Marinade auf vier Teller; die Sardellenfilets mit der Hautseite nach unten hineinlegen, mit der restlichen Marinade übergießen und für 60 Minuten in den Kühlschrank stellen. Dann herausnehmen, mit gehacktem Schnittlauch und Pfeffer bestreuen und servieren. Dazu passen geröstete Weißbrotscheiben und ein gemischter Salat mit schwarzen Oliven.

Es muss nicht immer… Salzhering sein. Fischgerichte können Sie in zahlreichen Variationen genießen. Auch wenn manche Rezepte für unseren Gaumen etwas exotisch anmuten: Probieren Sie es einfach einmal aus.

Aus Neptuns Vorratskammer

Da werden Urlaubserinnerungen wach: marinierte Sardellen.

■ Fleisch und Geflügel

Durch Marinieren und Beizen mit Essigzubereitungen lässt sich Fleisch und Geflügel weich und zart machen sowie eine wunderbare Kruste zaubern. Tipps und Tricks zum Marinieren mit Essig finden Sie auf Seite 224 ff.

CARPACCIO VON DER ENTENBRUST

Dieses Rezept stammt vom Weinessiggut Doktorenhof.
Zutaten • 400 g Barberie-Entenbrust • Salz, schwarzer Pfeffer • 1 EL Kastanienessig • 2 EL Walnussöl • frischer Parmesan
Sie nehmen das Fett von der Entenbrust ab und wickeln sie ganz fest in Klarsichtfolie ein. Dann lassen Sie die Brust für zwei bis drei Stunden im Tiefkühlfach anfrosten. Einen Teller mit Salz und Pfeffer besprenkeln, die Entenbrust hauchdünn aufschneiden und dachziegelartig auf dem Teller anrichten. Anschließend Essig und Öl verrühren und die Entenbrustscheiben damit bestreichen; noch einmal mit Salz und Pfeffer sowie zur Abrundung mit frisch gehobeltem Parmesan bestreuen.

Noch ein Tipp: Wenn Sie Ihren Metzger fragen, wird er Ihnen die Entenbrust sicherlich gerne aufschneiden.

Wenn Ihnen nicht nach Geflügel ist, ersetzen Sie einfach die Entenbrust durch Rinder-, Wildschwein- oder Hirschfilet.

PUTENCARPACCIO

Zutaten • 350 g Putenfilet • 1 Zwiebel • 1 Lorbeerblatt • 100 ml trockener Weißwein • je 200 g gelbe und grüne Zucchini • 30 g gehackte Walnusskerne • 2 EL Himbeer- oder Apfelessig • 3 EL Walnussöl • Salz, schwarzer Pfeffer

Waschen Sie das Putenfilet, und tupfen Sie es trocken. Die Zwiebel schälen und mit dem Fleisch, Lorbeerblatt, Wein und etwas Salz in 400 Milliliter Wasser aufkochen. Bei schwacher Hitze 15 bis 20 Minuten ziehen lassen, dann herausnehmen und abkühlen lassen. In der Zwischenzeit waschen und hobeln Sie die Zucchini in dünne Streifen und geben die Walnüsse dazu. Aus Essig, Salz, Pfeffer und Öl bereiten Sie eine Marinade zu. Das abgekühlte Putenfleisch schneiden Sie in dünne Scheiben, verteilen es auf vier flache Teller, geben die Zucchinimischung darüber und übergießen alles mit der Marinade.

Einmachen mit Apfelessig

»In Essig und Öl« geht praktisch alles: Ob Gemüse, Früchte, Pilze, Käse, Fleisch oder Fisch – mit Essig, Öl und Gewürzen lassen sich Lebensmittel auf köstliche Art und Weise haltbar machen. Ein Versuch lohnt sich!

Essig gehört neben Salz und Olivenöl zu den ältesten Konservierungsmitteln: Seine Säure hemmt das Wachstum von schädlichen Mikroorganismen und bewahrt die so behandelten Lebensmittel vor dem Verderben.

■ Über das Konservieren

▶ Verwenden Sie grundsätzlich nur absolut frische Lebensmittel. Früchte und Gemüse sollten reif und unbeschädigt sein, also keine fauligen Stellen oder Druckstellen haben. Schneiden Sie das zu konservierende Speisen gut in Stücke.

▶ Zum Konservieren eignen sich am besten Gläser mit Schraubdeckel wie etwa Marmeladengläser sowie natürlich Großmutters gute alte Einmachgläser. Die Gläser müssen vor dem Abfüllen durch kochend heißes Wasser keimfrei gemacht werden – am besten stellen Sie sie dazu in einen großen Topf mit Wasser und bringen dieses zum Kochen. Danach umgedreht auf sauberen Küchenhandtüchern trocknen lassen.

▶ Gemüse und Früchte blanchieren Sie nur kurz, schwer ver-

»Konserven« für den Vorratskeller

dauliche Speisen kochen Sie etwas länger; das Kochwasser abtropfen lassen und das Einmachgut in die Gläser füllen.

▶ Sie bereiten nach Rezept den Einmachsud mit dem Apfelessig zu, kochen ihn kurz auf und gießen ihn noch heiß über das Einmachgut; es sollte vollkommen damit bedeckt sein.

▶ Die gefüllten Gläser abdecken, über Nacht stehen lassen und am nächsten Tag den Einmachsud wieder abgießen. Den Sud kochen Sie erneut auf, geben ihn wieder heiß über die Speisen und verschließen dann die Gläser sofort nach dem Abfüllen. Für einige Minuten umgekehrt auf den Deckel stellen; und vor dem Verzehr für mindestens fünf bis sechs Wochen lagern.

▶ Zum Einlagern empfiehlt sich ein dunkler, kühler Raum – ein Keller wäre ideal; auf diese Weise hält sich das Eingemachte drei bis vier Monate. Geöffnete Gläser sollten Sie im Kühlschrank aufbewahren und binnen einer Woche aufbrauchen.

Einmachen ist zwar arbeitsintensiv, jedoch ganz einfach und außerdem kostengünstig – verglichen mit gekaufter Ware. Und vor allem: Selbst eingemachte Lebensmittel enthalten in der Regel mehr wichtige Vitamine und Mineralstoffe als Glas- oder Dosenkonserven.

BIRNEN SÜSS-SAUER

Zutaten • 1 kg Birnen • 2 Ingwerwurzeln • 1/2 l Apfelessig • 200 g brauner Zucker • 3 TL Zimt • etwas Honig
Birnen und Ingwerwurzeln schälen, in Scheiben schneiden und in Gläser füllen. Dann stellen Sie aus dem Essig und den Gewürzen einen Sud her, kochen ihn kurz auf und gießen ihn noch heiß über die Birnenstücke. Über Nacht ziehen lassen, den Sud am nächsten Tag abgießen, erneut aufkochen und wieder über die Birnen gießen. Die Gläser danach sofort verschließen und lagern.

ESSIGGURKEN

Sie dürfen hier natürlich nicht fehlen; deshalb anbei eines der zahllosen Rezepte für die sauren Gurken.
Zutaten • 1 l Apfelessig • 10–14 frische, kleine Einlegegurken • 1 EL Senfkörner • einige Zweige Dillkraut und Estragon
Legen Sie die frischen Gurken (ungeschält) für einen Tag und eine Nacht in Wasser, um ihnen so alle Bitterstoffe zu entziehen. Dann schichten Sie die Gurken gemeinsam mit den Senfkörnern und den Kräutern in ein Einmachglas mit Deckel und gießen den kurz

aufgekochten Essig noch heiß darüber. Dann weiter verfahren, wie bei den Regeln zum Konservieren auf Seite 234 f. beschrieben.

ROLLMÖPSE

Zutaten • 10 frische Heringsfilets • 3 EL scharfer Senf • 1/2 l Apfelessig • 1 EL Kapern • 2 große Zwiebeln • 2 große Essiggurken • 1/2 l Wasser • je 2 Wacholderbeeren, Pimentkörner und Gewürznelken • 5 schwarze Pfefferkörner • 1 Lorbeerblatt

Rollmöpse sind ein optimaler Partysnack. Die sauren Häppchen regen den Appetit und gleichermaßen die Verdauung an. Ein Tipp beim Selbermachen: Die Gräten aus den Heringsfilets entfernen Sie am besten und schnellsten mit einer einfachen Pinzette.

Sie legen die Heringsfilets in eine Schüssel, bedecken sie vollständig mit Wasser und lassen sie für 12 bis 14 Stunden im Kühlschrank ziehen; dabei das Wasser einmal wechseln. Dann abtropfen lassen, trocken tupfen und die Gräten entfernen. Die Gewürze werden im Mörser zerstoßen und für die Marinade in einem Topf mit Wasser und Essig zum Kochen gebracht. Sie lassen die Mischung bei schwacher Hitze noch fünf Minuten leicht köcheln und den Sud dann abkühlen.

Inzwischen die geschälten Zwiebeln und die Essiggurken in Scheiben schneiden.

Anschließend legen Sie die Heringsfilets mit der Haut nach unten auf einen Teller, bestreichen jedes mit Senf, geben jeweils ein paar Kapern, einige Zwiebelringe und Essiggurken darauf und rollen die Filets zusammen. Mit Zahnstochern durchspießen, damit sie sich nicht wieder entrollen, und die Päckchen in eine tiefe Schüssel legen. Die Marinade darüber gießen, mit Alufolie abdecken und alles für fünf bis sechs Tage im Kühlschrank ziehen lassen. Danach sind die Rollmöpse fertig und können mit neuen Kartoffeln oder einfach mit Vollkornbrot serviert werden.

MARINIERTER RETTICH MIT DILL

Zutaten • 2 große weiße Rettiche • 5 TL Salz • 4 EL Zucker • 3 EL Apfelessig • 3 EL frischer Zitronensaft • 0,1 l trockener Weißwein • 2 TL weißer Pfeffer • 1 EL gehackter Dill

Die Rettiche schälen und in Scheiben schneiden. Sie geben die Scheiben in einen Topf, bedecken sie mit Wasser, fügen je einen Teelöffel Salz und Zucker hinzu und lassen alles für 15 Minuten kochen. Aus dem Topf nehmen, abtropfen lassen und mit dem restlichen Salz und Zucker, Essig, Zitronensaft, Wein und Pfeffer vermischen. 24 Stunden zugedeckt ziehen lassen, dann aus dem Sud nehmen und mit Dill bestreut servieren.

TOMATEN IN ESSIG

Zum Einlegen eignen sich besonders die kleinen Kirsch- oder Cocktailtomaten. Als Alternative können Sie auch so genannte Eiertomaten verwenden. Sie schmecken leicht süßlich und entwickeln in Essig eingelegt ein ganz besonderes Geschmacksaroma.
Zutaten • 1 l Apfelessig • 250 g nicht zu reife, rote Kirschtomaten • 1 Zwiebel • etwas Meersalz • 1 EL grüne Pfefferkörner
Die Tomaten von den Stielchen und Blättern befreien und waschen; die Zwiebel schälen und in Scheiben schneiden; alles in ein Einmachglas füllen und den Essig darüber gießen. Dann geben Sie Pfeffer und Salz dazu, verschließen das Glas fest und lassen alles für 20 bis 30 Minuten – je nach Größe der Tomaten – im Wasserbad kochen.

Essigsaure Drinks

Abschließend einige Variationen des Grundrezeptes für das Apfelessiggetränk (siehe Seite 75); denn wie Sie gesehen haben, lässt sich Apfelessig sehr vielseitig zum Kochen einsetzen. Deshalb muss er auch als Getränk nicht immer in der gleichen »Verpackung« sein. Die wertvollen Wirkstoffe des Sauertrunks lassen sich gut mit anderen Zutaten kombinieren.

TROPICAL COCKTAIL

Zutaten • je 1/4 l Ananas- und Maracuja-Saft • 1 EL Honig • 1 EL Apfelessig • 1 Kiwi • 1 Scheibe frische Ananas • 1/2 Banane
Waschen und zerkleinern Sie das Obst und pürieren Sie es im Mixer oder mit dem Pürierstab; dann geben Sie die anderen Zutaten hinzu. Noch einmal alles gut vermischen und in hohe Saftgläser füllen. Sehr lecker schmeckt der Cocktail, wenn Sie noch eine Kugel Vanille- oder Zitroneneis hineingeben.

Essigsaure, erfrischende und gesunde Getränkemischungen waren bereits in der Antike bekannt und beliebt. So wurden die Soldaten der römischen Legionen mit dem Essiggetränk Posca gesund und kampftauglich erhalten – auch wenn die Legionäre letztlich gegen den Sauertrunk rebellierten und – erfolgreich – Weinrationen einforderten.

Apfelessig in Küche und Haushalt

Alkoholfrei, dennoch spritzig, erfrischend und gesund: Drinks mit Apfelessig. In Kombination mit Honig und/oder frischen Früchten, Kräutern und Gemüse sind die Apfelessigcocktails echte Vitaminbomben und Fitmacher. Und außerdem äußerst wohlschmechend.

SOMMER-DRINK

Zutaten • je ¼ l Kirsch- und Orangensaft • 1 l Mineralwasser • 3 EL Sanddornsaft • 2 EL Honig • 2 EL Apfelessig • 1 Spritzer Zitronensaft • 1 Hand voll Cocktailkirschen • 10–12 Erdbeeren • 1 reifer Pfirsich

Sie waschen und zerkleinern die Erdbeeren und den Pfirsich und pürieren die Früchte im Mixer oder mit dem Pürierstab. Das Fruchtmus verrühren Sie mit den anderen Zutaten und geben vor dem Servieren jeweils einige Cocktailkirschen ins Glas.

VITAMIN-STOSS

Zutaten • 4 Karotten • 3 Kiwis • 2 EL Apfelessig • ½ l frisch gepresster Orangensaft • 3 EL Honig

Die Karotten schälen und in Scheiben schneiden, die Kiwis schälen. Pürieren Sie anschließend alles mit dem Essig vermischt im Mixer. Den Brei mit Orangensaft und Honig verrühren und dann servieren.

APFELESSIG-TEE

Zutaten • 1 l Pfefferminztee oder dünner schwarzer Tee • 1 EL frisch gepresster Zitronensaft • 6 EL Honig • 2 EL Apfelessig • 1 TL gemahlener Zimt

Sie verrühren alle Zutaten mit dem Tee und geben zum Abschluss das Zimtpulver hinzu. Der Apfelessig-Tee schmeckt sowohl heiß wie auch eisgekühlt als sommerliche Erfrischung – dann sollten Sie noch einige Eiswürfel zufügen.

SAURER TOMATENSAFT

Zutaten • 0,7 l Tomatensaft • 3 EL Apfelessig • schwarzer Pfeffer oder 3 EL Honig

Verrühren Sie den Apfelessig mit dem Tomatensaft und schmecken Sie ihn entweder würzig mit Pfeffer oder süß mit Honig ab. Diese Kreation eignet sich in der pikanten Variante und mit einer grünen Olive als Deko sowie einigen Eiswürfeln versehen auch gut als alkoholfreier Aperitif.

Wirkungsvoller Helfer im Haushalt

BUTTERMILCH-FLIP

Zutaten • 1 EL Fruchtzucker • 1 Glas gekühlte frische Buttermilch • 2 EL Apfelessig • etwas gemahlener Zimt

Sie geben den Fruchtzucker zur Buttermilch, rühren um und fügen dann den Apfelessig hinzu; mit dem Zimtpulver bestreuen und servieren.

»Fleißiges Lieschen« Apfelessig

Neben seinen zahlreichen gesundheitlichen Vorzügen besitzt Apfelessig auch noch eine Reihe praktischer Vorteile, die sich vor allem in Küche und Haushalt, bei der Pflanzenpflege sowie bei gefiederten oder vierbeinigen Schützlingen bezahlt machen.

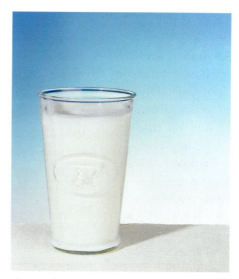

Die (Butter-)Milch macht's!

Der saure Obstsaft ist eine überaus vielseitige und dabei kostengünstige Haushaltshilfe, die viele herkömmlichen Putz- und Waschmittel überflüssig macht. Denn er entfernt durch seine natürliche Säure selbst hartnäckigsten Schmutz und löst Fett und Kalk. Er wirkt mild und ohne chemische Wirkstoffe desinfizierend und verbessert auf diese Weise die Hygiene auch an »kritischen Stellen« in WC, Bad und Küche. Außerdem tötet Essig schädliche Bakterien und andere Keime in Nahrungsmitteln, Wasch- und Spülwasser sowie an vielen anderen Orten ab, wo sich ungesunde Mitbewohner einnisten könnten.

Mit der größte Vorteil am Essig im Haushalt ist jedoch, dass er absolut chemiefrei und damit biologisch abbaubar ist – er schadet weder dem Grundwasser noch greift er anderweitig schädigend in die Umwelt ein. Durch seine Verwendung lässt sich ein nicht zu unterschätzender Beitrag für unsere Umwelt leisten. Fazit: Mit drei bis vier verschiedenen Haushaltspflegeprodukten und einer Flasche Essig lässt sich der Haushalt problemlos in Schuss halten.

Nutzen Sie die keimtötende Wirkung des Essigs auch beim Haus- und Fensterputz. Verzichten Sie auf die chemische Keule herkömmlicher Putz- und Scheuermittel: Mit Essig erzielen Sie die gleichen Ergebnisse und Effekte ohne umweltbelastende Stoffe.

Apfelessig in Küche und Haushalt

Saure Küchentricks

Auch den Brotkasten sollten Sie regelmäßig mit Essigwasser auswischen.

▶ Bei frischen Salaten wie auch bei Gemüse und Obst empfiehlt sich das Waschen in Essigwasser, um schädliche Keime oder Pilze unschädlich zu machen.

▶ Beim Frittieren sollten Sie ein bis zwei Esslöffel Apfelessig in das Fett geben. Dadurch saugt das Frittiergut nicht zu viel Fett auf und wird bekömmlicher.

▶ Bereits geschältes und noch nicht gekochtes Gemüse hält sich ein bis zwei Tage frisch, wenn Sie es in eine Schüssel mit Essigwasser legen und in den Kühlschrank stellen.

▶ Brotkörbe, in denen verschimmeltes Bort gelagert hat, legen Sie für einige Stunden in heißes Essigwasser. Anschließend mit klarem Wasser ausspülen und gut abtrocknen.

▶ Ein Schuss purer Apfelessig in das Kochwasser von Eiern macht ihre Schalen weicher und verhindert das Aufplatzen.

▶ Eischnee wird steifer, wenn Sie ihm während des Schlagens einige Spritzer Apfelessig zugeben; alternativ tut es auch etwas frischer Zitronensaft.

▶ Frische Küchenkräuter halten sich länger und bleiben knackig, wenn Sie diese mit den Stielen in ein Glas kaltes Wasser mit zwei Teelöffeln Essig stellen.

▶ Hülsenfrüchte und Kohlgemüse werden durch einen Schuss Apfelessig im Kochwasser leichter verdaulich. Gegen den Kohlgeruch beim Kochen klemmen Sie ein mit Essig getränktes Küchentuch zwischen Topf und Deckel.

Mit etwas Essig im Kochwasser hält die Farbe auf Ostereiern weitaus besser.

▶ Käse bleibt länger frisch, wenn man ihn in ein mit Apfelessigwasser getränktes Tuch einwickelt. Das empfiehlt sich ganz besonders für Parmesan und andere Hartkäse, denn auf diese Weise trocknen sie nicht so schnell aus und lassen sich besser reiben oder schneiden.

▶ Kochgeräte, Brettchen und sonstiges Geschirr aus Holz werden wieder ganz sauber, wenn Sie sie ab und an mit purem Essig einreiben.

▶ Nach dem Zubereiten von Fisch sollten Sie Ihre Hände mit purem Apfelessig einreiben und anschließend mit Wasser und

Die besten Tipps beim Kochen

Seife waschen. Das nimmt den Fischgeruch und hilft übrigens auch gegen Knoblauchduft an den Fingern.
➤ Purer Essig eignet sich gut zum Desinfizieren sämtlicher Küchengerätschaften, von Geschirr, Kochplatten sowie von Arbeitsflächen und Spülbecken. Einfach einen Lappen mit Essig tränken, das betreffende Teil gut einreiben, 30 Minuten wirken lassen und danach mit klarem Wasser abspülen.
➤ Der Rührteig wird besonders locker und geht besser auf, wenn Sie bei seiner Zubereitung ein bis zwei Teelöffel Apfelessig hineinrühren. Einen Schuss Essig können Sie übrigens jedem Kuchenteig beimischen.
➤ Salat, der schon einige Tage gelagert hat und etwas zusammengefallen ist, bringt Essig wieder auf die Beine: Lassen Sie in das Küchenwaschbecken kaltes Wasser einlaufen, geben Sie einen guten Schuss Apfel- oder Weinessig dazu, und legen Sie die Salatblätter vorsichtig einzeln hinein. Nach 10 bis 15 Minuten haben sie ihre alte Frische wieder und sind (fast) so knackig wie nach der Ernte.
➤ Selbst gebackene Brote und Semmeln bekommen eine schöne Kruste, wenn man sie kurz vor Ende der Backzeit mit purem Apfelessig bepinselt. Das empfiehlt sich außerdem für tiefgefrorenes Backwerk; dann allerdings mit Apfelessigwasser beträufeln, und zwar bevor Sie es zum Aufbacken in das Backrohr schieben.
➤ Spargel, Zucchini, Karotten oder Fenchelstangen bleiben länger frisch, wenn man sie in ein mit Essigwasser getränktes Tuch einwickelt und so in den Kühlschrank legt. Das bewährt sich auch bei rohem Fisch; zudem wird so unangenehmer Fischgeruch im Kühlschrank »gebannt«.
➤ Zähes Fleisch wird zarter, wenn Sie es vor dem Zubereiten für 30 bis 40 Minuten in Apfelessigwasser einlegen. Danach vorsichtig mit klarem Wasser abspülen und wie gewünscht weiterverarbeiten.
➤ Zitronenscheibchen halten sich länger frisch, wenn man sie auf ein mit Essigwasser getränktes Tuch legt.

Zu süß geratene Speisen lassen sich durch etwas Apfelessig retten. Wer beim Salzen zu großzügig war, gibt ein bis zwei Teelöffel Apfelessig und einen Teelöffel Zucker an das verunglückte Gericht – damit lässt sich eine Menge wettmachen.

Haushaltstipps

Verwenden Sie für Haushaltszwecke generell klaren und farblosen Essig, damit Sie keine Flecken auf Wäsche oder Möbelstücken bekommen. Sofern nicht anders angegeben, handelt es sich bei »Essigwasser« stets um eine Mischung aus einem Teil Essig und einem Teil Wasser. Welche Essigsorte Sie verwenden, ist im Grunde gleichgültig, denn jetzt kommt es nicht auf wertvolle Inhaltsstoffe, sondern einzig und allein auf die Wirkungen der Essigsäure an.

In hartnäckigen Fällen sowie zum Entkalken, Entfernen von Farbresten und Flecken eignet sich auch Essigessenz, die Sie pur oder mit Wasser verdünnt verwenden.

■ Abspülen

Ob Sie Geschirr spülen, das Bad putzen oder Wäsche bügeln: Essig kann für so manches Reinigungsmittel als Ersatz dienen.

➤ Mit etwas Apfelessig im Spülwasser bekommen Gläser und anderes Geschirr aus Glas wieder einen strahlenden Glanz und lassen sich leichter »streifenfrei« polieren. Zudem wird das Spülwasser mittels der Essigsäure weitgehend keimfrei. Essigwasser empfiehlt sich übrigens auch zum Putzen von Brillengläsern.

➤ Essig löst Fett – geben Sie dem Spülwasser oder dem Spülmittel in der Spülmaschine deshalb generell einen guten Schuss Essig zu; damit benötigen sie auch weniger Spülmittel.

■ Basteln und Heimwerken

➤ Bei Heimwerker- oder Bastelarbeiten mit Gips hat es sich bewährt, beim Anrühren etwas Essig beizumischen. Das lässt

> **Achtung!**
>
> Essigessenz ist mit Vorsicht zu handhaben, denn unverdünnt ist sie leicht ätzend und brennbar. Sollte Ihnen etwas davon in die Augen kommen, spülen Sie diese sofort mit reichlich klarem Wasser aus. Achten Sie auch darauf, das die Essigessenz nicht in Kinderhände gerät. Falls Ihr Kind davon getrunken haben sollte, müssen Sie sofort einen Notarzt rufen.

Die universale Haushaltshilfe

Gläser erhalten strahlenden Glanz, wenn man sie mit Apfelessig abspült.

den Gips nicht so rasch hart werden und gibt Zeit für Korrekturen und Nachbesserungen.

▶ Hartgewordene Modelliermassen werden wieder gebrauchsfähig, wenn Sie diese für etwa zehn Minuten in etwas Essigwasser einlegen.

▶ Tapeten lassen sich wesentlich leichter lösen, wenn man sie mit Essigwasser gut anfeuchtet: Dazu mischen Sie Essig und Wasser zu gleichen Teilen. Diese Mischung tragen Sie dann zwei- bis dreimal hintereinander mit Hilfe eines Schwamms oder Malerrollers auf die Tapeten auf.

■ Bügeln

▶ Wenn Sie einen Esslöffel Apfelessig in das Bügelwasser beim Dampfbügeleisen geben, bekommen Sie Bügelfalten wie mit dem Lineal gezogen. Das hilft übrigens auch gegen Kalkrückstände, die sich dann nicht so stark ansammeln.

▶ Bei hartnäckigen Knicks und Falten hilft es, das betreffende Kleidungsstück erst mit Essigwasser zu besprühen und anschließend mit einem feuchten Tuch zu bedecken und darüber zu bügeln.

Eine Mischung aus drei Teilen Wasser und zwei Teilen Essig im Wasserbehälter der Scheibenwischanlage sorgt für eisfreie Scheiben im Winter und ersetzt chemische Frostschutzmittel.

Apfelessig in Küche und Haushalt

Gießen Sie von Zeit zu Zeit eine Tasse puren Apfelessig in die Abflüsse von Küche und Badezimmer – das entfernt den Kalk in den Rohren, beugt also Verstopfungen vor, und wirkt zudem üblen Gerüchen entgegen.

■ Entkalken

- Ob Kaffeemaschinen, Wasserkessel oder Dampfbügeleisen – mit purem Apfelessig lassen sich Hausgeräte und Geschirr auf biologische Weise entkalken. Dazu füllen Sie Essigwasser in den Kessel beziehungsweise in den Wasserbehälter des zu entkalkenden Gerätes und lassen das Gerät wie gewohnt laufen; gegebenenfalls wiederholen. Zum Abschluss verwenden Sie klares Wasser, um die Essigreste zu entfernen und damit der Kaffee nicht plötzlich ein Essigaroma hat. In hartnäckigen Fällen geben Sie unverdünnten Essig in die Wasserbehälter, lassen dies 30 bis 60 Minuten (je nach Grad der Verkalkung) einwirken und spülen dann mit warmem Wasser gründlich nach.
- Lassen Sie in Ihren Kochtöpfen und im Wasserkessel alle zwei bis drei Monate Essigwasser sprudelnd kochen – das entfernt Kalkrückstände.
- Zum Entkalken der Waschmaschine füllt man fünf bis sechs Liter Essigwasser in die Trommel und lässt die Maschine einmal bei 60° oder 90° im Hauptwaschgang durchlaufen.
- Die Armaturen in Küche, Bad und WC werden strahlend blank und kalkfrei, wenn Sie sie mit einem Lappen, der mit erwärmtem purem Essig getränkt ist, abreiben.
- Dusch- und Wasserhahnköpfe sowie Syphons entkalken Sie, indem Sie sie für 10 bis 15 Minuten in kochendes Essigwasser legen. Falls der Duschkopf aus Plastik ist, lassen Sie ihn über Nacht in lauwarmem Essigwasser weichen.
- Bei Dampfbügeleisen finden sich häufig Kalkbeläge am Boden; sie können entfernt werden, wenn Sie den Boden vorsichtig mit einem Brei aus Salz und Essig zu gleichen Teilen einreiben und dann mit klarem Wasser nachspülen.

■ Flecken

- Hartnäckige Kalkflecken – etwa auf Kacheln, Wasserhähnen, im Waschbecken sowie in Bade- oder Duschwanne – lassen sich durch kräftiges Reiben mit einem in purem Essig getränkten Lappen gut entfernen.

Ein ideales Fleckenmittel

▶ Flecken jeglicher Herkunft gehen beim Waschen leichter heraus, wenn man sie zuvor mit unverdünntem Essig betupft. Das gilt besonders für Verunreinigungen durch fetthaltige Substanzen sowie für Leim und Farbe.

▶ Kleber oder Kaugummi auf der Kleidung? Einfach mit purem Essig einreiben, eine Weile warten und die weich gewordene Masse mit den Fingernägeln oder einem Messer vorsichtig abkratzen.

▶ Schneeränder und Salzspuren schwinden, wenn Sie die Schuhe mit einer in lauwarmem Essigwasser getränkten Schuhbürste putzen.

▶ Messing, Kupfer oder Edelstahl wird wieder strahlend blank, wenn man es mit einem Brei aus Essig und Kochsalz zu gleichen Teilen vermischt einreibt und anschließend mit heißem Wasser abspült.

▶ Mit dem Essig-Salz-Brei lassen sich auch braune Verfärbungen auf Geschirr, besonders in Kaffee- und Teetassen sowie Kannen, entfernen. Die Mischung auftragen, etwa zehn Minuten einwirken lassen und dann mit klarem Wasser wieder abspülen.

Lampenschirme, besonders aus Baumwolle oder Seide, sollten regelmäßig mit Essigwasser abgewischt werden, um Staub zu entfernen und zudem Mottenbefall entgegenzuwirken.

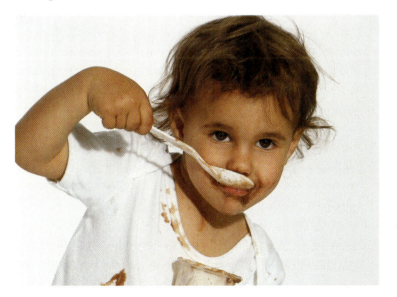

Keine Panik, wenn die Jüngsten wieder einmal kräftig kleckern: Flecken einfach vor dem Waschen mit Apfelessig behandeln.

Motten sind ungeliebte Gäste in der Wäschekammer. Sie legen ihre Eier in Baumwoll- und Wollstoffen oder Pelzen ab, die den Larven als Nahrung dienen. Essig ist ein wirkungsvolles Mittel dagegen.

▶ »Ausrutscher« mit Kugelschreiber und Filzstift lassen sich entfernen, wenn Sie diese mit einer Mischung aus Essig und Spiritus (oder 100 % Alkohol) zu gleichen Teilen herausreiben.
▶ Viel getragene Kleidungsstücke können Sie wieder »aufmöbeln«, indem Sie die speckigen Glanzstellen mit Essigwasser bürsten.
▶ Kleidungsstücke wie Sakkos, Mäntel, Jacken und Hosen sollten Sie ohnehin regelmäßig mit Essig ausbürsten. Der Geruch ist für die menschliche Nase schon nach wenigen Stunden nicht mehr wahrnehmbar, sehr wohl aber für Ungeziefer und insbesondere für Motten. Die so behandelten Kleidungsstücke sind für rund ein halbes Jahr vor unliebsamen Besuchern gefeit.
▶ Tintenspritzer entfernt man, indem man die noch frischen Flecken sofort mit Salz bestreut, dann mit Essig betupft und anschließend mit Seifenlauge auswäscht.

■ Möbelpflege

▶ Zur regelmäßigen Pflege von Ledersofas, Ledersitzflächen, aber natürlich auch von Schuhen sollten Sie sich eine Mischung aus Leinöl und Essig zu gleichen Teilen herstellen und die Lederstücke damit einmal im Monat einreiben.
▶ Zum Polieren von Möbelstücken aus Holz bewährt sich eine Mixtur aus je einem Teil Leinöl, Essig und Terpentinöl.
▶ Wischen Sie Schränke und Kommoden regelmäßig mit warmem Essigwasser aus. Das beugt »Müffeln« vor und hält zudem Motten fern.

Schnittblumen halten sich deutlich länger, wenn man dem Wasser einen Esslöffel weißen Zucker oder Salz sowie zwei Esslöffel Apfelessig beigibt.

■ Pflanzenpflege

▶ Fügen Sie dem Gießwasser einmal wöchentlich zwei Esslöffel Apfelessig zu; das wirkt durch die enthaltenen Mineralstoffe wie ein natürlicher Dünger und hält zugleich schädliche Insekten und Schnecken fern.
▶ Zudem sollten Sie die Blätter Ihrer Zimmerpflanzen ab und zu mit verdünntem Apfelessig abwischen – dazu mischen Sie Apfelessig und Wasser zu gleichen Teilen. Das entfernt zum

Ein vielseitiges Reinigungsmittel

einen Staub und die Pflanze kann wieder besser atmen, zum anderen zaubert es einen matten Glanz auf die Blätter.

▶ Unschöne Kalkränder an Blumentöpfen und Balkonkästen – wie sie besonders häufig bei Terrakotta-Töpfen auftreten – lassen sich mit einem in Essigwasser getauchten Lappen mühelos entfernen.

■ Reinigen

▶ Essig gilt mit Fug und Recht als Universalreiniger: Er löst nicht nur Fett und Schmutz, sondern desinfiziert, beugt üblen Gerüchen vor und verhindert Schimmelbildung – und das mit einer Tasse auf einen Eimer Putzwasser.

▶ Zur Fußbodenreinigung empfiehlt sich eine Mixtur aus zwei Esslöffeln Möbelpolitur und einem Glas Essig – das lässt den Boden wieder strahlen und wirkt zugleich schädlichen Keimen entgegen.

▶ Für klaren Durchblick bei stumpfen und blind gewordenen Glasscheiben sorgen in Essigwasser eingelegte, frische Brennnesseln. Sie reiben die Scheiben mit den Brennnesseln ab und polieren mit Zeitungspapier nach. Die Druckerschwärze macht das Glas zusätzlich klar.

▶ Bürsten mit Naturhaar werden wieder wie neu, wenn Sie diese über Nacht in Essigwasser einweichen und am nächsten Tag gründlich mit warmem Wasser spülen.

▶ Durch Farbreste hart gewordene Pinsel und Malerrollen lassen sich wieder verwenden, indem man sie über Nacht in heißem Essigwasser einweicht. Am nächsten Tag spülen Sie die Pinsel oder Rollen einfach mit warmem Spülwasser oder mit Seifenlauge aus.

▶ Bürsten Sie Ihre Teppiche von Zeit zu Zeit mit Essigwasser aus. Das reinigt, bringt die Farben wieder kräftiger hervor und wirkt zudem als guter Mottenschutz.

▶ Waschen Sie Ihren Kühlschrank einmal monatlich mit Essigwasser aus; das wirkt der Entwicklung unangenehmer Gerüche entgegen und hemmt Bakterien und Keime.

Naturschwämme werden mit der Zeit durch den Kalk im Wasser hart – dem lässt sich begegnen, indem man sie regelmäßig mit warmem Essigwasser wäscht und danach mit viel klarem Wasser ausspült. Noch besser ist es, sie über Nacht im Essigwasser weichen zu lassen.

Apfelessig in Küche und Haushalt

Essig im Spülwasser der Wäsche ersetzt den Weichspüler und kräftigt die Farben.

■ Wäschepflege

➤ Wenn Sie ins letzte Spülwasser der Wäsche ein bis zwei Esslöffel puren Apfelessig geben, können Sie auf Weichspüler verzichten.

➤ Ein guter Schuss Apfelessig bringt die Farben bei Buntwäsche wieder kräftig heraus und verhindert zudem, dass schwarze Kleidungsstücke mit der Zeit entfärben.

➤ Weiße Unterwäsche, Schlafanzüge und Negligés aus Seide, Viskose oder Kunstfasern vergilben häufig nach mehreren Maschinenwäschen und bekommen einen gelblich gräulichen Farbton. Das lässt sich vermeiden, indem Sie zum Waschpulver einen Schuss Essig geben – je nach Wäschemenge nehmen Sie ein bis zwei Esslöffel.

Seidige Damenstrümpfe sollten Sie nach dem gewohnten Waschen in Essig spülen. So behalten sie ihren schönen Glanz.

➤ Pullover, vor allem aus Angora und Mohair, werden weich und duftig und verfilzen nicht so leicht, wenn Sie ins letzte Spülwasser der Waschmaschine oder bei der Handwäsche ein bis zwei Esslöffel Essig geben. Darüber hinaus empfiehlt es sich, frisch gewaschene Mohair- und Angorapullis noch feucht für ein bis zwei Stunden ins Gefrierfach zu legen – getrocknet sehen sie dann aus wie neu, sind flauschig und wieder weich.

Die positive Wirkung bei Tieren

▶ Unschöne Schweißränder an Krägen oder in der Armbeuge lassen sich entfernen, wenn Sie die betreffenden Kleidungsstücke vor dem Waschen für ein bis zwei Stunden (bei großen Schweißflecken am besten über Nacht) in Essigwasser einweichen. Dann ganz normal waschen.

Apfelessig in der Tierpflege

Auch das liebe Vieh, ob gefiedert oder bepelzt, profitiert in vieler Hinsicht vom Apfelessig – denn was beim Menschen so zahlreiche positive Wirkungen entfaltet, kann auch Tieren wertvolle Dienste leisten. Und so gibt es nicht wenige Landwirte und Gestütsbesitzer, die auf den sauren Trunk schwören und ihn regelmäßig dem Futter beimischen oder in die Tränke geben.

Dr. D. C. Jarvis, einer der bedeutendsten Verfechter der essigsauren Kräfte, hat in Vermont des Öfteren beobachtet, dass Kühe, deren Futter regelmäßig Apfelessig beigemischt wurde, leichtere Geburten hatten. Die Kälbchen waren zudem schneller auf den Beinen, hatten ein dichteres Fell und waren allgemein widerstandsfähiger und kräftiger als ihre »essiglos« herangewachsenen Artgenossen.

Verdünnter Apfelessig empfiehlt sich überdies zum Reinigen der Futter- und Trinknäpfe, von Katzenklos und Käfigen. Das wirkt der Entwicklung »animalischer« Gerüche entgegen, desinfiziert und tötet schädliche Mikroorganismen ab.

■ Tierisch gut

Tiere, die regelmäßig Apfelessig erhalten, werden weniger von Läusen, Flöhen und anderen Parasiten befallen. Sie haben bessere Abwehrkräfte, die sie vor Erkrankungen durch schädliche Mikroorganismen sowie vielen anderen gesundheitlichen Beeinträchtigungen schützen.

Wenn es mit der Lust beim lieben Vieh nicht mehr so recht klappt, helfen Apfelessigbeigaben in Futter oder Trinkwasser weiter – und beispielsweise dem Hengst auf die Stute beziehungsweise dem Bullen auf die Kuh.

Auch beim Federvieh bewährt sich Saures: Es wächst größer heran, bekommt schönere und kräftigere Federn, ist widerstandsfähiger gegen Schädlinge und Parasiten und hat außerdem kräftigere Muskeln.

Apfelessig in Küche und Haushalt

Hier sind ein paar Empfehlungen zur essigsauren Tierpflege, die Gesundheit und Wohlbefinden Ihres vierbeinigen oder geflügelten Hausfreundes erhalten helfen.

Ebenso wie beim Menschen unterstützt Essig bei Tieren die Verdauung. Er ist aber zudem ein wirkungsvoller Schutz gegen alle Arten von Ungeziefer und ein unentbehrliches Desinfektionsmittel.

➤ Katzen oder Hunden mit Verdauungsschwierigkeiten (Darmträgheit, Durchfall, stark riechende Blähungen) gibt man etwas Apfelessig in ihr Trinkwasser. Sie gewöhnen sich in der Regel sehr schnell an den neuen Geschmack und haben ihn oft sogar gern. Mittelgroßen und großen Hunden geben Sie ein bis zwei Esslöffel pro Tag ins Trinkwasser, bei kleinen Hunden und Katzen genügt ein Teelöffel.

➤ Schönes und glänzendes Fell bekommen Mieze und Meerschweinchen, Hamster, Hase, Hund und alle anderen Pelztiere, wenn Sie ihnen täglich einen Teelöffel Apfelessig ins Futter beimischen.

➤ Wenn es dem Federvieh auf dem Hof so gut bekommt, warum nicht auch Kanarienvogel, Wellensittich, Papagei und Co.; geben Sie drei- bis viermal wöchentlich einen halben Teelöffel Apfelessig ins Trinkwasser.

➤ Von Flöhen, Läusen und ähnlichem Ungemach befallene Pferde, Hunde und Katzen sollten täglich mit lauwarmem Essigwasser abgebürstet werden. Das rückt den Parasiten zu Leibe und sorgt zudem für ein gesundes und glänzendes Fell.

➤ Zecken lassen sich leichter entfernen, wenn sie mit purem Apfelessig betupft werden; 15 bis 20 Minuten einwirken lassen und dann herausdrehen.

➤ Schlecht heilende Spuren von Rivalenkämpfen und anderen tierischen Raufereien sollten Sie täglich mit verdünntem Apfelessig betupfen. Nehmen Sie einen Esslöffel Essig auf ein Glas Wasser. Das desinfiziert und lässt die Wunden schneller schließen; zudem werden die Narben kleiner. Noch besser ist es, wenn Sie dem Raufbold einen Essigumschlag machen: Sie tränken ein Leinentuch mit verdünntem Apfelessig (1 EL auf 1 Glas Wasser), legen es auf die betreffende Stelle und befestigen es mit einer Mullbinde; einmal täglich sollte der Umschlag erneuert werden.

Bezugsadressen/Empfehlungen

- **Hensels Apfelessig**

Naturreiner Apfelessig höchster Qualität aus ganzen vollreifen württembergischen Streuwiesen-Äpfeln von kontrolliert biologisch-dynamisch gepflegten Kulturen (Anbau ohne chemische Spritz- und Düngemittel). Unter anderem wird dieser Essig mit Zusätzen aus der Acerola-Kirsche angeboten. Dieser Saft aus der Vitamin-C-reichsten Frucht der Erde wird ebenfalls ohne jegliche chemische Zusatzstoffe hergestellt, um seine wertvollen Inhaltsstoffe zu bewahren. Ferner gibt es Hensel-Apfelessig naturtrüb, gefiltert, mit Honig und Molke. Weitere Essigspezialitäten mit Premium-Qualität sind Bärlauch- und Thymianessig. In allen Reformhäusern Deutschlands und Österreichs erhältlich. In der Apotheke werden diese hochwertigen Apfelessig-Produkte unter dem Namen »Florabio« geführt.

Schoenenberger Firmengruppe
Mühlstr. 5–7
71106 Magstadt/Württemberg

- **Doktorenhof**

Das Weinessiggut Doktorenhof bietet eine Auswahl handwerklich hergestellter Essigspezialitäten höchster Qualität für Gourmets sowie verschiedene Heilessige mit wertvollen heilkräftigen Kräutern aus naturnahem Anbau an. Darüber hinaus gibt es Essigpralinen, Essigkaffee und für Interessierte ein Essigmenü.

Weinessiggut Doktorenhof
Georg Wiedemann
Raiffeisenstr. 5
67482 Venningen/Pfalz
Tel.: 0 63 23/55 05; Fax: 0 63 23/69 37

- Der Naturkosthandel bietet weitere Bio-Essige an; unter anderem von den Firmen Arche, Byodo, Demeter, Lima, Naturata und Rapunzel.

Nebenstehende Produzenten und Hersteller garantieren mit ihren Essigprodukten höchste Qualität. Wenn Sie Apfelessig einmal ausprobieren wollen, sollten Sie auf entsprechende Produkte zurückgreifen.

Über dieses Buch

Impressum

Es ist nicht gestattet, Abbildungen und Texte dieses Buches zu digitalisieren, auf PCs oder CDs zu speichern oder auf PCs/Computern zu verändern oder einzeln oder zusammen mit anderen Bildvorlagen/Texten zu manipulieren, es sei denn mit schriftlicher Genehmigung des Verlages.

Weltbild Buchverlag
© 1998 Weltbild Verlag GmbH, Augsburg
Alle Rechte vorbehalten

Redaktion: Michaela Mohr, Michael Kraft
Bildredaktion: Miriam Zöller
Umschlag: Stefan Weber, Nürnberg
Layout: Werner Fischer, München
Grafik/DTP: satz & repro Grieb, München
Reproduktion: Repro Ludwig, Zell am See (Österreich)
Druck und Bindung: Offizin Andersen Nexö, Leipzig

Gedruckt auf chlorfrei gebleichtem Papier

Printed in Germany

ISBN 3-310-00552-6

Die Autorin des Buchs

Birgit Frohn ist diplomierte Humanbiologin. Sie lebt und arbeitet heute in München. Dabei hat sie sich als Fachautorin und Medizinjournalistin mit den Themenschwerpunkten »Medizin«, »Ernährung« und »Alternative Heilmethoden« einen Namen gemacht. Im Midena Verlag ist von ihr bereits der Titel »Nahrung als Medizin. Alles über die heilende Wirkung in unseren Nahrungsmitteln« erschienen.

Haftungsausschluss

Die Inhalte dieses Buches sind sorgfältig recherchiert und erarbeitet worden. Dennoch können weder Autorin noch Verlag für alle Angaben im Buch eine Haftung übernehmen.

Die Deutsche Bibliothek – CIP Einheitsaufnahme
Birgit Frohn:
Kursbuch Apfelessig./Birgit Frohn. – Augsburg: Weltbild, 1998
ISBN 3-310-00552-6

Literatur

Angerstein, Joachim H.: Die Essig-Hausapotheke. Gesund leben und natürlich heilen mit Apfelessig, Kräuteressig und Co. Weltbild Verlag. Augsburg 1997
Bragg, Dr. Paul C./Bragg, Dr. Barbara: Natürlicher Apfelessig. Das Gesundheitselixier. Waldthausen Verlag. Ritterhude 1996
Fischerauer, Andreas: Essig selbst gemacht. Gär- und Kräuteressig, Senf. Leopold Stocker Verlag. Graz 1996
Weinmann, Marlene: Sanfte Darmreinigung mit Apfelessig. Midena Verlag. Augsburg 1998

Marketing

Ernst Schnarrenberger Kommunikation, Apotheker Jürgen Klitzner, Hauptstr. 23, 82327 Tutzing/Starnberger See

Danksagungen

Besonderer Dank für die freundliche Unterstützung gilt Herrn Georg Wiedemann vom Weinessiggut Doktorenhof sowie der Schoenenberger Firmengruppe (Hensel Apfelessig, Florabio Apfelessig).

Bildnachweis

Archiv für Kunst und Geschichte, Berlin: 10, 41, 48, 50, 134; Foto Traudel Bühler, Augsburg: 22, 109; Weinessiggut Doktorenhof, Venningen: 59, 69; FOOD Archiv, München: 13, 185, 217, 221, 233; Jens Kron, Augsburg: 2; Mauritius, Mittenwald: 4 (Schwarz), 5 (Fichtl), 6 (Phototeque SDP), 7 u. (Poehlmann), 29 und 34 (AGE), 65 (Fichtl), 71 (U. Kerth), 72 (O'Brien), 78 (AGE), 95 (Poehlmann), 124 (Glamour Intern.), 149 (Bach), 151 (Fichtl), 154 (Reinhard), 157 (Hackenberg), 160 und 173 (AGE), 195 (SST), 206 (Arthur), 212 (U. Kerth), 239 (Fichtl), 245 (Ridder), 248 (Poehlmann); MEV Verlag GmbH, Augsburg: 133; Bildarchiv Okapia KG, Berlin: 7 (Frauke Friedrichs), 66 (Hans Reinhard), 84 (A. Jorgensen/Photri), 89 (Hans Reinhard), 98 (Frauke Friedrichs), 118 (D. Scharf/Peter Arnold Inc.), 131 (Wolfgang Weinhäupl), 132 o. (D. Henclin), 132 u. (Photri Inc.), 167 (Christoph Storm), 211 (Scimat/PRScience Sc.); PhotoDisk, Hamburg/Seattle: 5 u., 103, 126, 130, 159, 160; Michael Woydich, Idstein: 52, 60; Studio für Illustration und Fotografie Sascha Wuillemet, München: 17; ZEFA Zentrale Farbbild Agentur GmbH, Frankfurt: 36 (Kotoh),113 (H.G. Rossi), 122 (Sharpshooters), 129 (Norman), 138 (Nikos), 144 (Ansgar), 153 (Shoot), 165 (Kaltenbach), 168 (K+H Benser), 178 (Wartenberg), 191 (Studio Z), 201 (Sharpshooters), 228 (Craddock), 243 (TM Foto);
Titelbild U 1: Foto Traudel Bühler; Einklinker: Mauritius (Ridder); U4: Weinessiggut Doktorenhof, Venningen

Sachregister

A

Abspülen 242
Acetobacter 52ff.
Akne 115, 170
Ansatzessig 63
Antioxidanzien 24, 29
Appetitlosigkeit 26, 30f., 91f., 94, 106, 170
Arnikatinktur 129
Arteriosklerose 20
Arthritis 120f., 170
Atemwegserkrankungen 81, 83, 93
Aufstoßen 106, 170
Augenbeschwerden 84, 132

B

Bäder 78ff.
Bakterien 13, 16f., 39, 43
Ballaststoffe 12, 21f., 25
Balsamessig (Aceto balsamico) 64
Basteln 242f.
Bauchmassage 209f.
Blähungen 17, 31, 91f., 94, 106f.
Blasenentzündung 80, 85, 93, 122ff.
Blut 28, 30, 32, 35
Blutzuckerspiegel 22, 35, 173
Boerhaaveverfahren 57
Branntweinessig 65
Bronchitis 81, 85, 91, 101f., 170
Brustwickel 81
Bügeln 243

C

Chlor 29f.
Cholesterin 20f., 28

D

Darmbeschwerden 94
Darmreinigung 189ff.
Darmsanierung 105, 107
Desinfektionsmittel 48ff.
Diät 23, 178
Drehbildnerverfahren 57
Durchblutungsstörungen 29, 85f., 94, 170
Durchfall 26, 36, 93, 107f., 170

E

Eisen 29ff.
Eiweiß 27
Ekzeme 117f.
Entkalken 243
Entlastungstag 203
Entschlackung 35
Enzyme 11, 16, 21, 23, 31
Erkältungen 81, 91, 94ff., 170
Erschöpfungszustände 111f., 132
Essigbäder 80, 158ff.
Essigbakterien 56
Essigbildnerverfahren 59f.
Essigessenz 55f.
Essiggärung 52ff.
Essigmutter 56ff., 77
Essigsäure 12, 14, 17, 48, 52, 54, 56
Essigstrumpf 82

F

Fastenbrechen 207
Fäulnisprozess 17
Fieber 81, 96f.
Frauenleiden 122ff.
freie Radikale 24, 26
Fußpilz 118f.

G

Gallenbeschwerden 26, 94
Gäressig 63

Gärungsprozess 17
Generatorverfahren 57
Geschwüre 92
Gesichtspflege 143ff.
Gewichtsverlust 33
Gewürzessige 214
Glaubersalz 201
Glykämischer Index 22
Grippe 94
Gurgeln 82f.

H

Haare 134ff
Halsentzündung 81
Halsschmerzen 98ff.
Haltbarkeit 88f.
Hämorrhoiden 170
Harnwegsinfektionen 80, 85
Haut 134ff.
Hauterkrankungen 83f., 91, 115ff., 170
Hautkrebs 26
Hautpflege 196
Hauttypen 143ff.
HDL-Cholesterin 20f., 103f.
Heilessig 87f.
Heiserkeit 94, 98
Herpes 170
Herz-Kreislauf-Krankheiten 22, 25, 35f., 170
Herz-Kreislauf-System 20
Herzleistungsstörungen 31
Herzrhythmusstörungen 33
Heuschnupfen 100f.
Hexenschuss 92, 132
Hildegard von Bingen 46, 50
Hippokrates 10, 45, 47
Husten 91, 93, 101f., 170

I

Infektanfälligkeit 28f.
Inhalation 83ff.
Insektenstiche 132
Ischias 80, 132

Register

K

Kalium 18, 20, 25, 29ff., 55
Kalkflecken 244ff.
Kalzium 29f., 32, 55
Karies 30, 35
Kehlkopfentzündung 81
Kehlkopfkrebs 26
Keuchhusten 81
Knochenbaustoff 32
Knochensubstanz 30f.
Kohlenhydrate 27
Konservierungsmittel 39, 45, 50, 69
Konzentrationsstörungen 132
Kopfflechte 132f.
Kopfschmerzen 35, 80, 85f., 91, 112f., 170
Krampfadern 85, 170
Kräuter 66, 87ff., 214ff.
Krebserkrankungen 25, 27
Kreislaufstörungen 13, 80, 84, 86, 92, 104
Küchentricks 240f.
Kupfer 30, 32
Kurtage 203ff.

L

Lähmungen 26
LDL-Cholesterin 20f., 28, 35f., 103f., 170
Lebensmittelvergiftung 45
Leberschäden 26
Lidzucken 133
Lungenentzündung 81
Lungenkrebs 26

M

Magenbeschwerden 94
Magen-Darm-Beschwerden 90f., 93, 108
Magenschleimhautentzündung 18

Magnesium 18, 29f., 33
Magnesiummangel 33
Masken 146f.
Massagen 158
Melissengeist 120
Menstruationsschmerzen 75, 94, 124f.
Migräne 35, 80, 86
Milchprodukte 55
Milchsäurebakterien 67
Mineralstoffe 12, 14, 21, 24f., 29ff., 36
Möbelpflege 246
Müdigkeit 28, 30, 170
Mundgeruch 133
Muskelkater, -krämpfe 92, 121
Muskelschwäche 31
Muskelzerrungen 133
Muskelzuckungen 33

N

Nasenbluten 80, 133
Natrium 29f.
Nervenstörungen 26
Nervosität 80, 86, 90, 170
Niereninfekte 80
Nierensteine 26
Nikotin 104
Nukleinsäure 28

O

Ohnmachten 51
Olivenöl 121
Orléans-Methode 57ff.
Osmotischer Druck 31
Osteoporose 32

P

Packungen 146f.
Pasteur, Louis 52ff.
Pasteurisierung 55
Pektin 17, 20f., 36, 103

Pest-Essig 49
Pflanzenpflege 246
Phosphor 29f., 33
Pilze 13, 53
Polioviren 16
Pollenallergie 100
Prellungen 128ff.
Proteine 28
Proteinstoffwechsel 33

R

Rachenbeschwerden 94
Rachenraumentzündungen 83
Reinigen 247
Riechfläschchen 51
Ringelblumenessig 92
Rote Blutkörperchen 28ff.
Rundpumpverfahren 57

S

Sauna 208
Säure-Basen-Haushalt 2, 15, 18, 20, 31
Säureschutzmantel 139f.
Schaufensterkrankheit 104
Scheidenentzündungen 125f., 170
Schlafstörungen 80, 85f., 90, 113ff., 170
Schluckbeschwerden 98, 133
Schützenbachverfahren 57
Schwangerschaftsbeschwerden 126f.
Schwefel 29f., 33
Schwindelgefühle 84
Sehkraft 25f.
Sekundärstoffe 27
Sobmers-Verfahren 61
Sodbrennen 110, 133, 170
Spurenelemente 12, 29ff., 36
Stoffwechsel 14ff., 19, 22, 28, 32, 172

Register

Stress 33
Stuhlgang 35f.
Submerses Durchlüftungsverfahren 57

T

Tierpflege 249f.
Trockenbürsten 114, 127, 208

V

Verbrennungen 128
Verdauungsstörungen 15, 35, 92, 105ff., 170
Verstauchungen 128ff.
Verstopfung 91, 110f.
Viren 13, 16, 28
Vitamine 12, 14, 24f., 27f., 36, 141f.
Völlegefühl 17, 94, 170

W

Wachstumsverzögerungen 26f.
Wadenkrämpfe 33
Wadenwickel 85
Warzen 119
Wäschepflege 248f.
Waschungen 78ff., 86, 209
Wasseranwendungen 105
Wechselgüsse 121
Weinessig 62, 68
Wunden 130f.

Z

Zahnbelag 30f.
Zahnfleisch 28, 35, 133, 170
Zahnpflege 165ff.
Zellstoffwechsel 28, 30f.
Zitronensäure 12, 32
Zuckerkrankheit (Diabetes) 22, 35

Rezeptregister

A

Altenglisches Orangen-Rosenwasser 149
Ananasquark mit Karottensaft 180
Anchoviade 225f.
Apfelessiggetränk 75
Apfelessig-Honig-Kur 100
Apfelessig-Kur 170
Apfelessig-Spülung 162
Apfelessig-Tee 238
Apfelmaske 147
Apfel-Zitronen-Lotion 151
Arnikaessig 167
Avocado mit Brot 179f.
Avocado-Öl-Packung 147

B

Baldrianessig 90
Basilikumessig 218
Bienenwachspackung 146f.
Bircher-Benner-Müsli 179
Birnen süß-sauer 235
Bouquet »Valerie« 154
Brennnessel-Haarwasser 163
Brennnessel-Zitronen-Wasser 163
Brokkolicremesuppe mit Krabben 182f.
Buntes Gemüse 229f.
Buttermilch-Flip 239

C

Carpaccio von der Entenbrust 233
Chicorée mit Äpfeln 230
Choriatiki 185f., 226f.

D

Dillessig mit rosa Pfeffer 218

E

Efeuessig Immaculata 153
Egerlinge in Kräutersahne mit Salbeiessig 228
Einlegeessig 66
Endivie mit Speck und Pfifferlingen 227f.
Erdbeeressig 221
Essiggurken 235f.
Essig Provenciale 219
Essig-Salz-Bad 160
Estragonessig 219

F

Fencheltee 107
Fischsalat 186f.
Forellenfilet mit Meerrettichquark 188
Fußbad mit Apfelessig 80

G

Gazpacho 187
Gebratene Rotbarben 185
Gemischtes Gemüse mit Pilzen 182
Gemüsesalat 183
Gewürzessig 66
Gurgelspülung 165
Gurkenpackung 146

H

Haarshampoo Katharina de Medici 163
Hammameliswasser 156
Hausgemachter Senf 174
Holunderblütenessenz 155f.
Holuneressig 90f.
Honigessig 67

Register

Hopfentonikum 152
Huflattichessig 91
Hüttenkäse mit Beeren 179

I

Ingweressig mit Rosmarin 220

K

Kalabrische Spargelsuppe 186
Kamillenkompressen 116
Kamillen-Pfefferminz-Tee 109
Kartoffeln mit Kräuterquark und Salat 184
Käsesauce 225
Knäckebrot mit Kräuterkäse 180
Knoblauchessig 219f.
Kräuterdressing 223f.

L

Lavendelblütenessenz Kaiserin Sissi 156f.
Lavendelessig 91, 155
Lavendelfußbad 166f.
Lavendelöl 113, 116
Leber-Zucchini-Pfanne mit Reis 184
Loup de Mer 181

M

Malzessig 67
Mango-Chutney 226
Mangold mit Senf 231
Marinieren mit Essig 224
Marinierte Sardellen 232
Marinierter Rettich mit Dill 236
Mayonnaise 225
Meerrettichrezepte 164, 220, 222

Melissen-Minzen-Essig 220
Minzeessig 150

N

Natürlicher Haarfestiger 164
Nussessig 221

O

Öl-Ei-Lotion 167
Orangenblütenmessig nach Gräfin Trani 150

P

Potpourri-Essig 219
Putencarpaccio 234

Q

Quarkumschlag 120
Quarkwickel 97

R

Ratatouille 181f.
Reisessig 68
Rollmöpse 236
Römische Olivenpaste 225
Rosenblütenbad 159f.
Rosen-Eier-Spülung 164
Rosenessig Diane de Potiers 150
Rosinenessig 68
Rosmarinfußbad 105
Rote Bete mit Senf 187
Rührei mit Kräutern 180f.

S

Salat von Bliestaler Käse und Äpfeln 227
Salbeiessig 92f.
Salbeitee 99
Sandelholzmundwasser 165f.

Saurer Tomatensaft 238f.
Schneemaske 146
Sellerie mit Sauce Remoulade 230
Sommer-Drink 238

T

Tunfisch-Dressing 222f.
Thymianessig 93
Tintenfische zypriotische Art 232
Toilette-Essig 152f.
Tomaten in Essig 237
Tonerdepackung 147f.
Tonerde-Zitronen-Lotion 157
Tonikum Gloriosa 151
Tropical Cocktail 237f.

V

Veilchen-Tonikum 154
Vinaigrette 223
Vitamin-Stoß 238
Vollbad mit Apfelessig 79
Vollkorntoast mit Harzer Roller und Apfel 180

W

Weihnachtsessig 218
Weizenkeim-Honig-Schampoo 162
Wermutessig 93f.
Wirsingsuppe mit geräuchertem Forellenfilet 231
Würzige Bataten mit Erbsen 228

Z

Zitronenbad 160
Zitronenkaffee 113
Zwiebelsocken 97